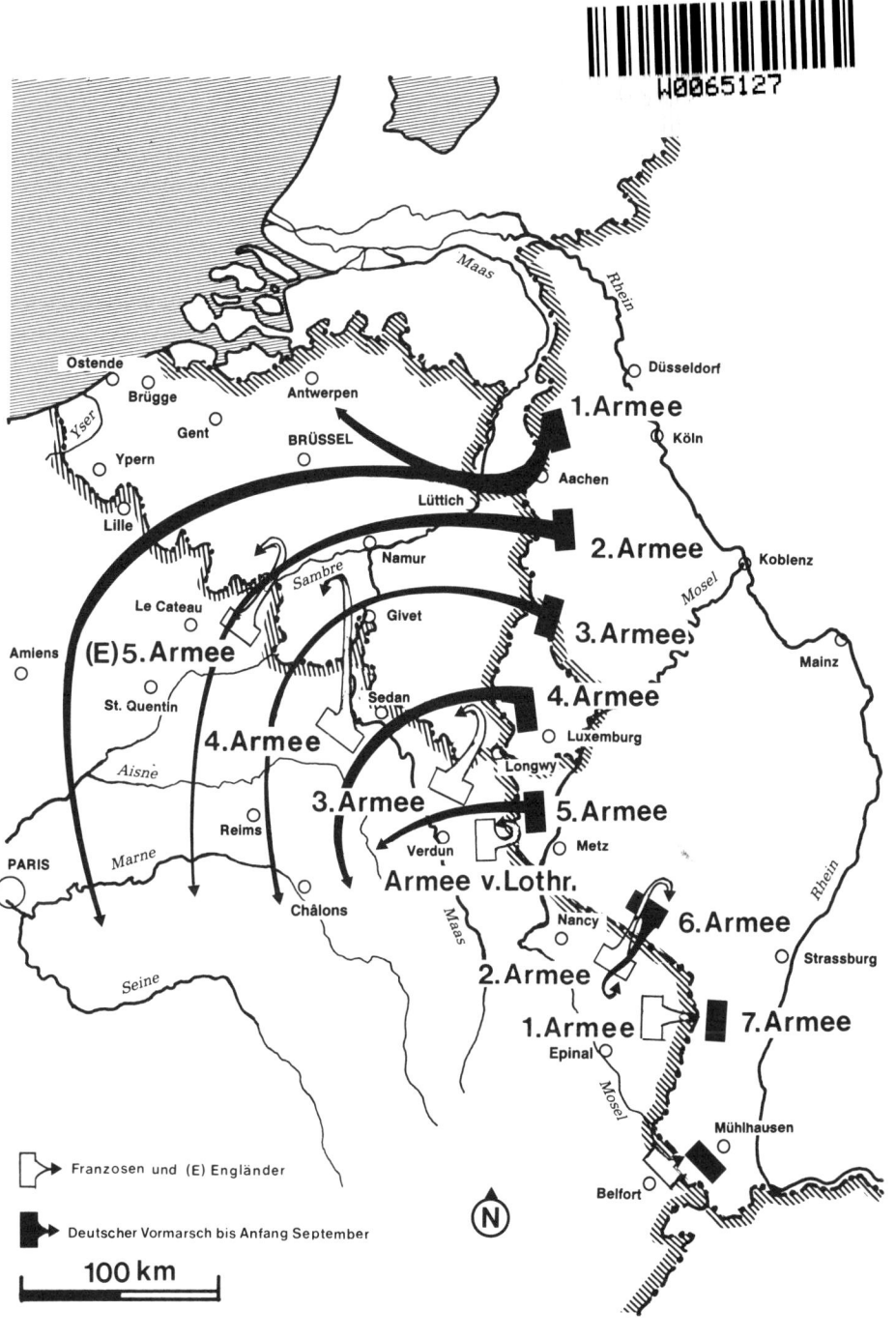

Karl Unruh, Langemarck

Lebe droben, o Vaterland,
Und zähle nicht die Toten! Dir ist,
Liebes! nicht einer zuviel gefallen.

Hölderlin, Der Tod fürs Vaterland

Gerippe gebleicht auf den Fluren,
auf tausend Meilen kräht nicht ein Hahn.
Von hundert, die lebten, kaum einer verschont,
nur es zu denken, zerschneidet das Herz.

Tsau Tsau (155—220), Lied von der Gräberstätte

Karl Unruh

Langemarck

Legende und Wirklichkeit

Bernard & Graefe Verlag

3. Auflage/Sonderausgabe Bonn 1997

© Bernard & Graefe Verlag, Koblenz 1986
Alle Rechte vorbehalten. Nachdruck und fotomechanische Wiedergabe,
auch auszugsweise, nur mit Genehmigung des Verlags.
Satz, Druck und Bindung: Isar-Post GmbH, Landshut
Herstellung und Layout: Walter Amann, München
Printed in Austria

ISBN 3-7637-5949-2

Meinen Söhnen

Inhalt

1. Kapitel: Ein Heeresbericht

Es gibt wenig Beispiele dafür, daß sich die Entstehung einer Legende auf einen bestimmten Tag festlegen läßt. Diesmal aber kennen wir das Datum genau. Es ist Mittwoch, der 11. November 1914.
An diesem Tage gab die deutsche Oberste Heeresleitung bekannt:

> Am Yserabschnitt machten wir gestern gute Fortschritte. Dixmude[1] wurde erstürmt. Mehr als 500 Gefangene und neun Maschinengewehre fielen in unsere Hände.
> Weiter südlich drangen unsere Truppen über den Kanal vor.
> Westlich Langemarck brachen junge Regimenter unter dem Gesange »Deutschland, Deutschland über alles« gegen die erste Linie der feindlichen Stellungen vor und nahmen sie. Etwa 2000 Mann französischer Linieninfanterie wurden gefangen genommen und sechs Maschinengewehre erbeutet.
> Südlich Ypern vertrieben wir den Gegner von St. Eloi, um das mehrere Tage erbittert gekämpft worden ist. Etwa 1000 Gefangene und sechs Maschinengewehre gingen dort in unseren Besitz über[2].

Dieser Bericht verschweigt mehr, als er enthüllt. Zweifellos wollte die deutsche Oberste Heeresleitung den Eindruck erwecken, als ob die Dinge im Westen, vor allem in Flandern, zum Besten stünden. Aber die Dinge standen sehr schlecht. Wie sich hinter der bekannten, später so gern gewählten, nichtssagenden Bekanntmachung »Im Westen nichts Neues« immer noch eine Fülle von Not, Angst und Tod verbirgt, so verschweigt zum Beispiel der Drei-Wörter-Satz »Dixmude wurde erstürmt«, daß die Stadt zwischen dem 21. Oktober und dem 10. November 1914 unter schrecklichen Verlusten für die deutschen Angreifer nahezu pausenlos berannt worden war, und daß ihre Einnahme keinen Vorteil und keine Erleichterung für die an der Flandernfront eingesetzten deutschen Truppen brachte. Und der Satz »Weiter südlich drangen unsere Truppen über den Kanal vor« ist nicht mehr als eine Farce: denn der Kanal oder Kanalabschnitt (südlich von Dixmuiden) wurde von den Deutschen zwar erreicht und an einer Stelle auch überschritten, doch mußte das Erreichte alsbald wieder aufgegeben werden.

Aber wir sprachen von der Geburt einer Legende. Sie geschieht im dritten Abschnitt dieses vielzitierten und vielgerühmten Heeresberichtes:

> Westlich Langemarck brachen junge Regimenter unter dem Gesange »Deutschland, Deutschland über alles« gegen die erste Linie der feindlichen Stellungen vor und nahmen sie.

Meistens wurde nur dieser Teil des Heeresberichtes zitiert, obwohl er wichtige Fragen offen läßt. Was heißt »Westlich Langemarck?« Das Land ist so dicht besiedelt, daß man den Ort ohne weiteres genauer hätte bestimmen können. Was man zu berichten hatte, fand bei Bixschote statt, 5 km westlich von Langemarck gelegen. Aber Bixschote eignete sich wohl nicht zum Weitersagen. Man brauchte den Namen Langemarck, der wie Bismarck oder Königsmarck etwas Ehernes und Kerniges an sich hat, für die vaterländischen Feiern, die folgten, für die Studentenaufmärsche und Theaterstücke. Man sprach von »jungen Regimentern«, man prägte den Begriff der »Jugend von Langemarck« und übersah, vermutlich in voller Absicht, daß auch die Angehörigen älterer Jahrgänge im Oktober und November an der flämischen Front schwer gelitten und geblutet haben. Es waren neben der Jugend vor allem die Männer der Landwehr, die im Herbst 1914 die barbarische Zeche von Langemarck, Dixmuiden und St. Eloi zu bezahlen hatten. In den meisten Fällen miserabel geführt und unzulänglich ausgerüstet (es fehlte vor allem an Spaten) wurden sie mit ihren jungen Kameraden zu immer neuen Angriffen getrieben, die von vornherein zum Scheitern verurteilt waren.

Als in den zwanziger und dreißiger Jahren der Erste Weltkrieg literarisch aufgearbeitet wurde, erschienen neben mehreren Romanen und Erzählungen über die Flandernkämpfe auch die Erlebnisberichte jener Regimenter, die im Herbst 1914 das große Massaker von Ypern und Langemarck mitgemacht hatten. Ihre Verfasser sind in der Hauptsache Männer, die im Kriege untere und mittlere Offiziersdienstgrade innehatten, Reserveoffiziere zumeist, die später in ihre zivilen Berufe zurückkehrten und die Verbindung zu ihren alten Einheiten durch regelmäßig stattfindende Regimenttreffen aufrecht hielten.

Aber auch aktive oder aktiv gewesene Stabsoffiziere — in einem Falle sogar ein General — sind unter den Autoren zu finden, und hier hält man im allgemeinen treu zur Fahne und zum angestammten Herrscherhaus, etwa dann, wenn der Oberbefehlshaber der 4. Armee (zu der jene sogenannten jungen Regimenter gehörten), Herzog Albrecht von Württemberg, nicht anders denn als Königliche Hoheit tituliert wird, oder wenn das inhaltlose Geplauder des zur Verabschiedung eines Regiments herbeigeeilten Landesfürsten als »tief zu Herzen gehende Worte« apostrophiert werden. Einer Königlichen Hoheit und ihren in den höheren Kommandostellen nachgeordneten Exzellenzen wollte man keinerlei Fehler oder Versehen anhängen — so zahlreich diese Fehler auch sein mochten. Man kann sagen, daß die Berichte umso kritischer und brauchbarer erscheinen, je niedriger der Dienstgrad des Verfassers war. Es ist ein Unterschied, ob man in der vorderen Linie kämpft oder seine Tage im Quartier eines höheren Stabes zubringt.

Auch die weniger hohen Dienstgrade zögern indessen nicht, sich hehrer Ausdrücke zu bedienen. So heißt es zum Beispiel bei der Beschreibung eines Feldgottesdienstes, der zwischen zwei schweren Einsätzen der Truppe stattfand: »Da schlägt die Brust freier. Der fröhliche Mut rankt in uns auf.« Oder es wird berichtet:»Die heilige Begeisterung überwand auch diese Schwierigkeiten.« Oder:»Auch die Sturmwellen der deutschen Jugend bei Dixmude waren vom Rhythmus des Deutschlandliedes, worin sich letzter Sinn des Stürmens und Sterbens dieser jungen Menschen offenbarte, getragen.« (Regimentsgeschichte des Res. Infanterie-Regiments 202)

Die meisten dieser Regimentsgeschichten gehen, soweit sie sich der Flandernschlacht von 1914 annehmen, auf den Ypernbericht zurück, den Werner Beumelburg nach dem Kriege im Auftrage des Reichsarchivs geschrieben hat (Schlachten des Weltkrieges. In Einzeldarstellungen bearbeitet und herausgegeben im Auftrage des Reichsarchivs. Band 10, Ypern 1914. Bearbeiter Werner Beumelburg. Oldenburg und Berlin 1925). Stellenweise haben sich die nachschaffenden Autoren so eng an Beumelburg gehalten, daß es schwer fällt, sie vom Vorwurf des Abschreibens völlig freizusprechen. Aber es gibt auch Fälle, in denen ein Verfasser einer Beumelburgschen Darstellung tapfer widerspricht, wenn er es eben anders gesehen und erlebt hat.

Beumelburg hat Spuren hinterlassen, die nicht auszulöschen sind, auch dann nicht, wenn es sich um falsche Spuren handelt. So schreibt er über die altersmäßige Zusammensetzung der in Flandern kämpfenden Soldaten:

> Die Hauptmasse der Truppen ergänzte sich aus der Million von Kriegsfreiwilligen, die in den ersten Tagen des Krieges in allen Teilen Deutschlands zusammenströmte, im Alter von 16 bis 50 Jahren. Im allgemeinen bestanden die Regimenter zu dreiviertel aus Freiwilligen, deren größter Teil wieder aus Studenten und höheren Schülern sich zusammensetzte.

Hier irrt Beumelburg, wie wir noch beweisen werden. Zwar gibt es zahlreiche Beispiele dafür, daß junge Menschen in einem Alter zum Kriegsdienst drängten, da sie noch auf die Schulbank gehört hätten; die Maschinengewehre der Belgier, Engländer und Franzosen an der Ypernfront haben auch unter der deutschen Jugend schrecklich gehaust. Aber es trifft einfach nicht zu, daß sich die Mehrzahl der in Flandern kämpfenden deutschen Truppen aus jungen Freiwilligen zusammengesetzt hätte.

Falsch ist auch Beumelburgs Darstellung der Folgen, die ein verzweifelter Entschluß der Alliierten hatte. Um einen Durchbruch der Deutschen zu verhindern, setzten sie nämlich das Gebiet links der Yser zwischen Dixmuiden und der Küste bei Nieuwpoort unter Wasser. Dazu Beumelburg:

Eine Stunde nach Mitternacht erging vom Generalkommando aus an sämtliche Divisionen der Befehl,
so weit zurückzuweichen, wie es der Stand des
Wassers erfordere. Der Befehl teilte den Truppen mit,
daß es sich nicht um Grundwasser handele, sondern
daß der König der Belgier auf Drängen des englischen
Oberkommandierenden sich entschlossen habe,
durch Sprengung der großen Yserschleuse bei Nieu-
port weite Strecken seines Landes unter Wasser zu
setzen.

Die Wirklichkeit war anders. In seinen Kriegserinnerungen
schreibt der General, spätere Marschall, Foch, der die französischen Truppen in jenem Abschnitt befehligte (Marschall Foch,
Meine Kriegserinnerungen 1914 – 1918. Leipzig 1931):

> Trotz des schweren Schadens, den das Seewasser den
> schönen Kulturen des Landes auf lange Zeit zufügen
> wird, ist. . . verabredet worden, daß der belgische
> Generalstab die Überflutung in die Wege leiten
> soll. . . Tatsächlich haben wir in den Schleusen von
> Nieuport den Schlüssel zu dieser Überflutung. . . Am
> Abend des 25. (Oktober) setzte der belgische Gene-
> ralstab Admiral Ronarc'h davon in Kenntnis, daß alle
> Vorbereitungen getroffen sind, »um das linke Yser-
> ufer zwischen dem Flusse und dem Eisenbahndamm
> von Dixmuiden bis Nieuport zu überfluten«. Man
> muß besondere Vorsichtsmaßnahmen treffen, damit
> sich die Überschwemmung nicht inmitten unserer
> Truppen ausbreitet. Man muß die Wasserdurchlässe
> unter dem Bahndamm verstopfen, diesen wasserdicht
> machen, sowie auch dem Wasser die Ufer gewisser
> Kanäle öffnen. Erst am Abend des 27. sind all diese
> Arbeiten beendet. Zur Flutzeit werden die Schleusen
> von Nieuport geöffnet, und bei Ebbe werden sie
> sofort wieder geschlossen, und das wiederholt sich
> alltäglich. Am 8. erreichte die Überflutung den
> Eisenbahndamm . . .

Es leuchtet ein, daß es nur auf diese Weise gemacht werden

konnte und daß die Mär von den gesprengten Schleusen barer Unsinn ist. Hätte man die Schleusen zerstört, so wäre das Meerwasser bei Flut eingelaufen und bei Ebbe wieder abgeflossen; der gewünschte Effekt wäre ausgeblieben. Man mußte also nicht nur die technischen Einrichtungen intakt halten, sondern auch die Wasserdurchlässe am Bahndamm verstopfen und zusätzlich Dämme aufwerfen.

Aber wiederum folgte eine Reihe von Autoren der falschen Darstellung — ja, es gibt Bücher, in denen sogar die Detonationen beschrieben werden, die beim Sprengen der Schleusen entstanden sein sollten. Andere Berichte ersetzten den einen Unsinn durch einen anderen: sie sprechen davon, daß die Belgier »die Deiche durchstochen« hätten.

In einem Punkt allerdings bewahrt Beumelburg eine bemerkenswerte Zurückhaltung: er bestätigt nicht, daß »junge Regimenter unter dem Gesange ›Deutschland, Deutschland über alles‹ gegen die erste Linie der feindlichen Stellung vorgebrochen« seien. Er stellt sogar in Frage, ob das Lied überhaupt bei einem deutschen Angriff gesungen wurde:

> Wer hat das Lied zuerst angestimmt? An welcher Stelle, zu welcher Stunde es gesungen wurde? Ob es eine Truppe gesungen, die der Feind von allen Seiten eingekreist, ein Trupp, der durch die Gewalt des Liedes den heranschleichenden Tod bannen wollte wie seinerzeit Volker von Alzey in König Etzels Burg? Ob es ein Trupp sang, der, den fliehenden Feind vor sich, plötzlich von der erhabenen Größe des Augenblicks überkommen wurde? Niemand weiß es.

Nein, niemand weiß es. Die Oberste Heeresleitung muß, als sie ihren Bericht herausgab, einer Täuschung oder einer Falschmeldung erlegen sein. Oder schrieb sie den Satz in voller Absicht? Wollte sie verschleiern, daß »die jungen Regimenter« oder doch die meisten von ihnen zwischen dem 20. und 31. Oktober fast schon aufgerieben waren? Was am 10. November 1914 geschah, war das Ende einer blutigen und barbarischen Tragödie. Es war der letzte verzweifelte Griff nach einem Ziel, von dem man längst wußte, daß es nicht zu erreichen war.

Daß der deutschen militärischen Führung nichts Besseres einfiel, als immer wieder den (meistens schlecht vorbereiteten) Angriff zu befehlen, mag mit der Geisteshaltung zu erklären sein, die offenbar die Militärs aller Völker ergriffen hatte. In seinem Buche »Die entartete Kunst, Krieg zu führen« (Köln 1962) stellt der englische General J.F.C. Fuller fest: »In unserem Jahrhundert ist sie (die Kriegskunst) in ihre barbarische Form von Verwüstung und Gemetzel zurückgefallen.«

Es gibt indessen nicht nur eine Beumelburg-Nachfolge — Beumelburg selbst ist Nachfolger. Oder soll man sagen: Auch er hat abgeschrieben?

Noch während des Krieges erschien im Auftrage des Generalstabs des deutschen Feldheeres die Schriftenreihe »Der große Krieg in Einzeldarstellungen«. Innerhalb dieser Reihe kam im Jahre 1918 die Schrift »Die Schlacht an der Yser und bei Ypern« heraus (Oldenburg 1918); bearbeitet war sie von dem königlich bayerischen Hauptmann Otto Schwink, der sich im Titel wie folgt vorstellt: »Im Generalstab des Oberkommandos einer Armee, damals Oberleutnant und Batterieführer im 6. bay. Reserve-Feldartillerie-Regiment der 6. bay. Reserve-Division.«

Schwink schreibt:

Die Begeisterung für den Verteidigungskampf des Vaterlandes hatte alt und jung in den Augusttagen die Waffe in die Hand gedrückt; die neuen Korps bestanden zu 75 % aus diesen Freiwilligen.

Hier treten sie also sozusagen zum erstem Mal in Erscheinung diese 75 Prozent, und Beumelburg hat sie ungeprüft übernommen. Aber nicht nur Beumelburg.

Im Jahre 1978 erschien in »Das Feldlager« von Wolfgang Paul ein Buch über die deutsche Jugendbewegung. Im Kapitel »Die Kinder von Langemarck« schreibt Paul:

Die neuen Korps hatten zu 75 % Kriegsfreiwillige, der Rest waren gediente Leute der Landwehr — und Landsturmjahrgänge sowie im September eingestellte Ersatzreservisten[3].

Und weiter bei Paul:

> In einigen Regimentern bestanden die Mannschaften
> nur aus Studenten; Kompanien und Batterien nahmen
> ganze Klassen höherer Schulen einschließlich der
> Lehrer auf.

Bei Schwink heißt das:

> In ganzen Regimentern bestanden die Mannschaften
> nur aus Studenten; ganze Klassen höherer Lehranstal-
> ten traten mit ihrem Lehrer bei ein und derselben
> Kompanie oder Batterie ein.

Keine dieser Angaben trifft zu. Wir kommen in einem besonderen Kapitel noch darauf zurück.

Schwinks Schrift erschien zu einem Zeitpunkt, da der Krieg für
Deutschland so gut wie verloren war. Zweifellos sollte sie im
Sinne der Staatsführung und der Obersten Heeresleitung zum
Aushalten und Durchhalten aufrufen; in diesem Bestreben
bekundet Schwink eine Neigung, die er sozusagen ebenfalls an
Beumelburg vererbt hat: Die Neigung, kritisch zu beurteilende
Vorgänge und Zustände mit dem Mantel patriotischer Phrasen
zu bedecken. Das sieht dann so aus:

> Unzählige Offiziere z. D. und a. D., längst nicht mehr
> dienstpflichtige Reserve- und Landwehroffiziere,
> waren herbeigeeilt, um sich dem Vaterlande zur
> Verfügung zu stellen. Nie wird die Heimat das diesen
> edlen Patrioten vergessen; von bestem Willen und
> größtem Pflichteifer beseelt, übernahmen sie Führer-
> stellen bei den neuen Verbänden, deren Aufstellung
> überhaupt nur infolge der selbstlosen Opferwilligkeit
> jener Männer möglich wurde.

Hier wird einfach daran vorbeigeredet, daß gerade die Führerfrage eines der schlimmsten Probleme der Flandernregimenter
war. Der Dank des Vaterlandes soll diesen alten Herren gewiß
nicht streitig gemacht werden, aber es ist nun einmal Tatsache,

daß sie zufolge ihres Alters und ihrer teilweise doch recht langen Pensionszeit die Verbindung zur harten militärischen Wirklichkeit verloren hatten. Ihre mangelnden Qualitäten führten zu schwerwiegenden Folgen für die Truppe.

Was Beumelburg anbetrifft, so verfolgt er in seinem Ypernbuch die Vorgänge in Flandern im Herbst 1914 sorgfältig und genau. Die lyrischen Zwischentexte allerdings (»Hüte dich, jauchzender Vogel! Dein donnerndes Lied verschlingt das ferne Brausen«) erscheinen überflüssig und stellenweise viel zu lang. Wo er im Widerspruch zu Verfassern von Regimentsgeschichten steht, sind es Unterschiede, die nicht sehr ins Gewicht fallen — etwa die Frage, welches Regiment oder Bataillon in erster Linie oder in zweiter Linie angegriffen habe. Eines ist indessen schier unerträglich: sein Bestreben, auch verhängnisvolle Versäumnisse und Fehler der Führung in schicksalhafte Fügung oder unabwendbaren Anlaß zu heldenmütigem Verhalten der Truppe umzumünzen. So gibt er, um nur ein Beispiel zu nennen, unumwunden zu, daß Ausbildung und Ausrüstung der in Flandern eingesetzten Soldaten überaus mangelhaft waren, aber wie im Triumph verkündet er dann: »Und trotzdem gelang es.«

Wir wissen, daß es nicht gelungen ist.

2. Kapitel: Die neuen Armeekorps

Im August 1914, bei Kriegsausbruch, tobte in Deutschland eine unbeschreibliche Begeisterung. Ohne Kenntnis der wahren Zusammenhänge, die zum Kriege geführt hatten, strömte das Volk auf die Straßen, schrie »Hoch« und »Hurra«, warf Hüte und Mützen in die Luft und sang nationale Lieder, vor allem die »Wacht am Rhein«. In den Familien und Gemeinden, in Dörfern und Städten, in Schulen und Hochschulen, in Kirchen und Kneipen gab es nur ein Verlangen, ein Ziel: den Sieg. Man hatte ihn schon in der Tasche, noch ehe die Bataillone von hüben und drüben mit dem Gemetzel begonnen hatten[4].

An ein Gemetzel dachte indessen kaum jemand. Es schien Volkes Meinung zu sein, daß ein Mann nur eine deutsche Uniform anzuziehen und ein Gewehr zu ergreifen brauche, um jedweden Feind vom Schlachtfeld zu fegen. Die »Berliner Illustrierte Zeitung«, Ausgabe Nr. 33 vom 16. August 1914, brachte auf ihrer Titelseite eine Zeichnung von Fritz Koch-Gotha, die einen säbelschwingenden jungen Offizier darstellt, der, offensichtlich laut »Hurra« schreiend, denn sein Mund ist weit geöffnet, seinen Leuten im Sturme vorauseilt. Die Zeichnung wurde begeistert aufgenommen und oft nachgeahmt. Immer wieder tauchte das Bild von säbelschwingenden, ihrer Truppe tapfer vorausstürmenden Offizieren auf. Ja, so stellte man sich's vor, so wollte man mitstürmen, so wollte man führen und geführt werden[5]. Da man nicht daran zweifelte, daß es ein Krieg von kurzer Dauer sein würde, fürchtete man allenfalls zu spät zu kommen, wenn man sich nicht augenblicklich zum Dienst und zur Front meldete.

Während das deutsche aktive Heer, ergänzt und unterstützt von wohlausgebildeten Reserveeinheiten, die ersten großen Erfolge errang, drängten zahlreiche Freiwillige in die Kasernen, um dem Vaterland ebenfalls als Soldat zu dienen. In den Kasernen zurückgeblieben waren die Ersatzbataillone, deren Aufgabe es war, weitere Reservisten (außer denen, die bereits an der Front standen) einzukleiden, auszurüsten und zum Ausgleich der Verluste (viele dachten nicht daran, daß es überhaupt nennenswerte Verluste geben würde) nach draußen zu schicken. Die Ersatzbataillone sollten ferner die Massen der Kriegsfreiwilligen aufnehmen und auf ihren Fronteinsatz vorbereiten. Damit waren sie hoffnungslos überfordert. Es fehlte an Uniformen, an Ausrüstungsstücken, an Waffen; es fehlte an Unterkünften, an Betten, an Vorräten. Und es fehlte vor allem an Offizieren und Unteroffizieren, die sich der Freiwilligen hätten annehmen, die sie erst einmal hätten erfassen und sie schließlich hätten ausbilden können.

Die Ersatzbataillone wurden förmlich überrannt von denen, die, wie es damals hieß, »zur Fahne eilten«. Die Freiwilligen strömten zu den Toren herein, blockierten Höfe und Gänge, sammelten sich vor den Kompanieschreibstuben und Geschäftszimmern, eiferten sich, baten, flehten und wurden am Ende angenommen — oder auch nicht angenommen. Manche, die schon angenommen waren, überlegten es sich anders und zogen zu einer anderen Kaserne und einer anderen Einheit, weil sie meinten oder weil sie gehört hatten, daß dort alles schneller gehe und daß man vor allem dort eher an die Front kommen könne.

Selbstverständlich gab es Leute darunter, die weniger von der Begeisterung für Volk und Vaterland als vielmehr vom Traum an eine schnelle, ruhmreiche militärische Karriere getrieben wurden. Es gab Hasardeure, gescheiterte Existenzen und Glücksspieler, die im Kriegsdienst ihre große Chance witterten, es gab Mitläufer, die man zum Mitmachen hatte überreden müssen, Laue und Flaue, die sich nur zögernd mitziehen, mitreißen ließen. Auch waren die Beispiele nicht eben selten, daß man sich bei aller Vaterlands- und Kriegsbegeisterung mit Bedacht ein Regiment aussuchte, das als besonders vornehm oder feudal galt.

So war auch unter Berlinern und märkischen Freiwilligen die Enttäuschung groß, als sie — ihre Reserveregimenter waren im Bereich und unter der Ägide des preußischen Gardekorps aufgestellt worden — nicht die silbernen Kragenlitzen erhielten, die die Soldaten der Garde sonst trugen. Stolz, Eitelkeit und die

Sucht nach glänzender Zurschaustellung gab es durchaus, aber es kann nicht der geringste Zweifel bestehen, daß der größte Teil der Freiwilligen von einer brennenden Liebe zum Vaterland gelenkt wurde — was immer man darunter verstehen mochte. Sie wollten das Weiße im Auge des Feindes sehen, sie wollten teilhaben am großen Sieg und sie litten förmlich darunter, daß sie zunächst nichts sahen als ein unbeschreibliches Durcheinander.

Da brachte der Befehl des Preußischen Kriegsministeriums vom 16. August 1914 eine gewisse Ordnung in das Durcheinander. Das Kriegsministerium befahl, sechs neue Armeekorps (Reservekorps) aufzustellen, die sich zu rekrutieren hatten a) aus gedienten, aber nicht mehr im Heeresdienst stehenden Leuten (Reservisten und Landwehr); b) aus ungedienten, jetzt durch Einberufungsbefehl gezogenen Männern (Ersatzreservisten); c) aus gedienten, vor allem aber ungedienten Freiwilligen.

Obwohl der Befehl vom Preußischen Kriegsministerium ausging, war er gültig und wirksam für das gesamte Reichsgebiet[6]. So kam es, daß die neuen Korps Soldaten, d. h. also Reservisten, Landwehrleute und Freiwillige, aus allen deutschen Ländern umfaßten. Bayern, auch hier wieder einmal ein Ausnahmefall, stellte zu den sechs Korps die 6. bayerische Reservedivision auf, über die noch besonders zu berichten sein wird. Im übrigen wurden von den sechs Korps lediglich vier, nämlich das XXII. und XXIII. sowie das XXVI. und XXVII. in Flandern eingesetzt; das XXIV. Korps ging an die Ostfront, das XXV. nach Lothringen[7]. Die 6. bayerische Reserve-Division wurde im Süden von Ypern, hauptsächlich bei Wytschaete, eingesetzt.

Um diese vier Korps, das XXII. und XXIII. sowie das XXVI. und XXVII. geht es. Aus ihnen kamen die »jungen Regimenter«, die am 10. November 1914 mit dem Gesange «Deutschland, Deutschland über alles« in die feindlichen Stellungen eingebrochen sein sollen, sie waren es, die man benutzte, um die Legende von Langenmarck zu begründen.

Noch ehe man — viel zu früh, um nicht zu sagen: vorzeitig und voreilig — ihre Ausbildung als beendet erklärte, war ihr Schicksal schon besiegelt. Man bestimmte sie dazu, jene Lücke zu schließen, die in den ersten Kriegswochen, bei dem stürmischen Vormarsch der Deutschen bis zur Marne, zwischen Lille und der belgischen Küste entstanden war. Weder die Alliierten noch die Deutschen hatten sich bisher um dieses Vakuum kümmern können; nachdem aber die Fronten an der Aisne erstarrt waren, strebten beide Seiten danach, diesen leeren Raum schleunigst zu besetzen und den Bewegungskrieg wieder in Gang zu bringen. Die Deutschen träumten von Calais und Dünkirchen, die Alliierten von Köln und dem Ruhrgebiet. Es kam, wie es der ehemalige Chef des Großen Generalstabs, Graf Schlieffen, vorausgesagt hatte: »Jeder will umfassen und dehnt daher seine Front aus; jeder will nicht umfaßt werden und dehnt deshalb ebenfalls seine Front aus[8].«

Die Alliierten versuchten, die Aufgabe zu meistern, indem sie ihre vier englischen Armeekorps aus der Aisnefront herauslösten und nach Flandern in Marsch setzten. Oberbefehlshaber dieser englischen Festlandarmee war General French. Sehr bald traten zu den englischen Truppen französische Verbände. Die Belgier, der Belagerung von Antwerpen eben entronnen, waren ohnehin zur Stelle. Die Deutschen warfen jene vier Armeekorps, die in aller Eile aufgestellt wurden, in die Lücke, ferner das durch den Fall von Antwerpen freigewordene III. Reservekorps, das bis Ostende vorstieß und dann an der Küste entlang operierte; es hielt schließlich den deutschen Frontabschnitt zwischen Dixmuiden und der Küste besetzt. Die neuen Korps, zusammen mit dem III. Reservekorps, bildeten die neue deutsche 4. Armee (die alte 4. Armee war in der 5. und 6. Armee aufgegangen) unter dem Oberbefehl von Generaloberst Herzog Albrecht von Württemberg.

Beide Seiten waren, was Aufmarsch, Absichten und Bewegungen des Gegners anbetrifft, auf Vermutungen angewiesen. Hüben wie drüben waren die Vorstellungen der höheren Stäbe nicht weit davon entfernt, daß es noch einmal zu einem flotten Krieg, zu Durchbruch oder Umfassung kommen würde. Was sich bei Freund und Feind wirklich entwickelt hatte, erfuhren sie erst, als die Gegner beinahe ahnungslos mit voller Wucht aufeinanderprallten. Das war am 21. Oktober 1914, dem ersten Schicksalstag der neuen Regimenter.

Man muß sich einmal die Mühe machen und nachrechnen, in welchen Größenordnungen man sich bei der Aufstellung eines Armeekorps zu bewegen hatte, und welche Probleme hinsichtlich der Unterbringung, Ausrüstung und Ausbildung zu lösen waren — ganz zu schweigen von den Anforderungen, die später draußen im Felde an die Führung gestellt wurden. All diese Probleme sollten von Offizieren gelöst werden, die der militärischen Wirklichkeit durch ihre Lebens- und Pensionsjahre ziemlich fern gerückt waren. Ein Armeekorps bestand damals aus zwei Infanterie-Divisionen, die Division aus vier Infanterie-Regimentern, jedes Regiment 2 800 Mann stark (die Stärke schwankte zwischen 2 600 und 3 000 Mann), insgesamt also 11 200 Mann Infanterie pro Division. Hinzu kamen ein Jägerbataillon (1 000 Mann, die im Grunde genommen nichts anderes als Infanteristen waren) und ein Artillerie-Regiment (1 500 Mann), das macht für die Division 13 700 Mann. Die Spezialeinheiten wie Aufklärungsabteilung (von einem Kavallerie-Regiment abgestellt), Pioniere, Nachrichten- und Sanitätspersonal und schließlich die verschiedenen Stäbe müssen noch dazugerechnet werden, so daß am Ende eine Gesamtstärke von 14 000 bis 15 000 Mann für die Division nicht zu hoch gegriffen sein dürfte. Da das Korps aus zwei Divisionen bestand, kommen wir auf rund 30 000 Mann für das Korps. Vier Korps junger bzw. neu ausgehobener Truppen waren an der Flandernfront eingesetzt, das waren also an die 120 000 Mann für die vier Armeekorps (nicht gerechnet das an der Küste entlang kämpfende III. Reserve-Korps). Dieses Aufgebot von 120 000 Mann war wie folgt gegliedert:

XXII. Reserve-Korps General der Kavallerie v. Falkenhayn[9]

43. Reserve Division

Reserve-Infanterie-Regiment	201
	202
	203
	204
Reserve-Jäger-Bataillon	15
Reserve-Feldartillerie-Regiment	43

In Flandern ging man alsbald daran, die Infanterie einer jeden Division in je zwei Brigaden aufzuteilen (eine Brigade gleich zwei Infanterie-Regimenter), was die Bayern von Anfang an, d. h. bei Aufstellung ihrer Regimenter getan hatten. Es war die in Deutschland übliche Infanterie-Gliederung, doch war man bei der Eile, mit der die Regimenter aufgestellt worden waren, nicht dazu gekommen, diese Gliederung durchzuführen. Auch mochte es an geeignetem Stabspersonal fehlen. Und weil es draußen im Felde immer noch so war, griff man zu einem Notbehelf: Man teilte das Infanteriepotential einer Division in zwei »Kolonnen« und gab das Kommando über eine Kolonne dem jeweils dienstältesten Regimentskommandeur, ohne daß dieser einen besonderen Stab für die höhere Aufgabe bekommen hätte; sein Regimentsstab war auch für die Kolonne zuständig.

Die Untergliederung in Brigaden bzw. Kolonnen erschien notwendig, nachdem sich gezeigt hatte, daß die — meist überalterten — Divisionskommandeure oft nicht in der Lage waren, die Tausende, die man ihnen unterstellt hatte, vernünftig und erfolgreich zu führen.

3. Kapitel: Die Ausbildung

Die Ausbildungszeit war für die neuen Korps eine Periode der Improvisationen, der Notlösungen und Notbehelfe. Da es in den Kasernen nicht genügend Platz gab, wich man in Schulen, Turnhallen und Gasthaussäle aus. Wo auch diese provisorischen Unterkünfte nicht ausreichten, belegte man Privatquartiere. Schon in Friedenszeiten, bei Manövern und größeren Übungen der Truppe, hatte sich die Bevölkerung stets als überaus militärfreundlich erwiesen, indem sie bereitwillig Quartiere für die Soldaten zur Verfügung gestellt hatte. Jetzt, im Zuge der allgemeinen Kriegsbegeisterung, galt es erst recht als Ehrensache, den Soldaten Unterkunft zu gewähren und sie wie Familienangehörige zu betreuen. Es gehörte damals zu den Eigenarten so mancher, vor allem kleinerer Garnisonstädte, daß die Bürger in aller Herrgottsfrühe durch ein vielfüßiges Getrampel und Geschlürfe geweckt wurden, wenn die Vaterlandsverteidiger über das Kopfsteinpflaster der engen Straßen ihren Stell- und Appellplätzen zueilten. Nicht schwer, sich vorzustellen, wie die Haushalte förmlich auf den Kopf gestellt wurden, wenn der einquartierte Soldat verstaubt, verdreckt und verschwitzt vom Dienst zurückkehrte und nun daranging, sich selbst und seine Montur wieder in Ordnung zu bringen. Oftmals stand der Hausvater in Erinnerung an seine eigene Dienstzeit dem Einquartierten hilfreich zur Seite, genauso wie die Hausmutter alles daransetzte, den Gast zu verwöhnen. Auf diese Weise entstand manches herzliche Verhältnis, wie es zwischen Eltern und Sohn nicht besser hätte sein können — ganz zu schweigen von den Vertraulichkeiten und Zuneigungen, die sich einstellen mußten, wenn Kinder oder gar eine dem Kindesalter entwachsene Tochter im Hause war. Es war eine »schöne Zeit«, und es war wie im Frieden, wenn die großen oder kleinen Manöver abgehalten wurden — mit dem Unterschied, daß der einquartierte Soldat zu guter Letzt ins Feld und womöglich in den Tod abzurücken hatte. Und als er dann abrückte, mischten sich in die Begeisterung, mit der man ihn verabschiedete, Wehmut und Trauer.

Die allgemeine Begeisterung und der Wille der jungen Soldaten, sich zu bewähren, verdeckte aber auch ein Übel, das katastrophale Folgen haben sollte — ja, man kann sagen, daß das entsetzliche Unglück, das später über die vier Armeekorps hereinbrach, sich bereits in der Heimat, auf den Kasernenhöfen und Exerzierplätzen, anbahnte. Der Grund: Die Ausbildung war miserabel. Sie mußte es sein, weil es ebenso an geeigneten Führern aller Dienstgrade wie an Waffen, Munition, Fahrzeugen, Geräten und Ausrüstungsstücken jedweder Art fehlte.

Während sich die eklatanten Mängel in der Verpflegung und im Verpflegungsnachschub gleichsam unter der Hand und wie von selber ausgleichen ließen, weil die Soldaten an den Tischen ihrer Quartiergeber ausreichenden Ersatz fanden oder sich kaufen konnten, was ihnen bei den Kasernenmahlzeiten versagt blieb, waren die Gewehre, die einer Ausbildungsgruppe fehlten, ein Manko, das wenige Wochen später schonungslos und blutig aufgedeckt wurde. Wenn die Hälfte einer zur Schieß- oder Gewehrausbildung angetretenen Gruppe keine Gewehre hat, dann muß sie entweder untätig zuschauen, oder sie muß sich mit irgend etwas anderem beschäftigen. Es hätten z. B. Schanzübungen sein können, aber abgesehen davon, daß kaum eine Einheit über Schanzzeug verfügte, reichten im allgemeinen Phantasie und Können der Führer oder Unterführer nicht aus, um ihren Männern jene Fertigkeiten beizubringen, die sie an der Front würden gebrauchen können. So übte man denn stundenlang Grundstellung, Wendungen, Grüßen mit und ohne Kopfbedeckung — alles Dinge, die bei einer langdienenden, von einem Fronteinsatz weit entfernten Truppe zur Pflege der Disziplin oder meinetwegen auch nur zum Zeitvertreib nicht ganz unsinnig erscheinen mögen, die aber ihren Sinn bei Männern verfehlen mußten, deren Aufgabe es war, in wenigen Wochen an die Front zu gehen.

Die Ausbilder des Königlich Sächsischen Reserve-Jäger-Bataillons Nr. 26 hatten sich in dieser Beziehung etwas Besonderes ausgedacht: hier wird von dem »kleinen Vizefeldwebel Ringel« berichtet, »dem die undankbare Aufgabe oblegen hatte, zum Ausfüllen der Zeit immer und immer wieder über Gesundheitspflege — Zähneputzen, Hühneraugenbehandlung — Unterricht zu halten«. Kaum einer der Soldaten, die den Ausführungen des Feldwebels Ringel gelauscht haben, wird mit Hühneraugen behaftet gewesen sein. Aber das spielte keine Rolle; Hauptsache war, man schlug die Zeit tot, und offenbar war kein Offizier zur Stelle, der diesem Unsinn hätte Einhalt gebieten können.

Man hätte Ausbildungs- und Dienstvorschriften zu Rate ziehen sollen, aber es gab keine, oder sie waren in Händen anderer — aktiver — Einheiten, die nichts herausrückten — falls wirklich jemand nach Dienstvorschriften gefragt haben sollte. Man sah sich ja begeisterten Männern gegenüber, von denen man annahm, daß ihre Begeisterung ausreichen würde, um an der Front zu bestehen. Und die größte aller Unterlassungssünden, die der höheren Führung angerechnet werden muß: Man unterließ es, Offiziere und Unteroffiziere in einem für beide Seiten angebrachten Ausmaß von den Frontregimentern abzuziehen und den Ausbildungseinheiten zuzuteilen. Erst nachher, als es schon zu spät war, versuchte man nachzuholen, was man unterlassen hatte. So berichten die bei den schweren Kämpfen um Dixmuiden eingesetzten Einheiten des XXII. Reserve-Korps von einem tiefen, befreienden Aufatmen, das durch ihre Reihen ging, als man ihnen, gleichsam mitten in der Schlacht, einige Frontoffiziere schickte, deren Gegenwart und deren Einfluß sich alsbald vorteilhaft bemerkbar machte. Zwar konnten sie den Lauf der Dinge nicht mehr wenden (die Befehle zu den meist sinnlosen Angriffen gingen schließlich nicht von ihnen aus), aber schon das Wenige, das sie in kurzer Zeit zum Vorteil der hilflos in den Rübenfeldern herumliegenden Soldaten zu ändern imstande waren, läßt erkennen, was ihr rechtzeitiges Erscheinen hätte bewirken können.

Aber nicht nur die sächsischen Jäger leisteten sich stumpfsinnige Scherze und haarsträubende Entgleisungen. In den folgenden Berichten ist nachzulesen, wie auch bei anderen Einheiten Ausbildung und Ausrüstung auf eine unglaubliche Weise im argen lagen.

Reserve-Infanterie-Regiment Nr. 201
Aufgestellt in Berlin und Potsdam

Bei der Ausbildung fehlt es den Kompanien an geeignetem Unterpersonal: aktiven Leutnants, Unteroffizieren und Gefreiten. Das vorhandene Unterpersonal, größtenteils aus Landwehr oder Landsturm, muß selbst erst lernen, um Lehrer zu werden. (Aus dem Kriegstagebuch des Regiments)

Reserve-Infanterie-Regiment Nr. 204
Aufgestellt in Berlin und Potsdam

Die Ausstattung der Bataillone mit Uniformen war anfangs höchst mangelhaft; es fehlte vor allem an passendem Schuhzeug . . . Gewehre waren zunächst nur in beschränkter Zahl vorhanden, so daß sie beim Exerzieren in den Zügen ausgetauscht werden mußten. Helme und Tornister wurden für das I. Bataillon erst am Vortage des Abrückens ins Feld geliefert, so daß die Mannschaft keine Gelegenheit mehr fand, sich an das Tragen des Gepäcks auf den Übungsmärschen zu gewöhnen, was sich später bitter rächen sollte.
(Aus der Regimentsgeschichte)

Reserve-Infanterie-Regiment Nr. 205
Aufgestellt in Frankfurt a. d. Oder

Erst am 28. September — also einen Monat nach Aufstellung des Regiments — trafen die letzten Gewehre ein. Am 1. Oktober wurden die Seitengewehre überwiesen, die bisher noch ganz fehlten. Gepäck aber war zu diesem Zeitpunkt immer noch nicht vorhanden, auch kein Schanzzeug und keine Fahrzeuge. Die Bekleidung war nur zu einem Drittel feldgrau, der Rest bestand aus blauem Tuch oder Drillich oder aus Zivilanzügen. Helme, Zeltbahnen, Mäntel fehlten ganz.
(Aus der Regimentsgeschichte)

Reserve-Infanterie-Regiment Nr. 206
Aufgestellt in Brandenburg

Druckvorschriften fehlten fast gänzlich. Zur Schießausbildung

waren nicht genügend scharfe Patronen vorhanden . . . Selbst mit Gewehren konnte die Truppe erst ganz allmählich ausgerüstet werden. Das Offizierkorps war teilweise überaltert . . . Im ganzen waren nur vier aktive Offiziere vorhanden.
(Aus der Regimentsgeschichte)

Reserve-Infanterie-Regiment Nr. 208
Aufgestellt in Hannover

Die Bataillone werden unter großen Schwierigkeiten eingekleidet und ausgerüstet; Waffen fehlten zunächst fast gänzlich.
(Aus der Regimentsgeschichte)

Reserve-Infanterie-Regiment Nr. 209
Aufgestellt in Stettin

Einkleidung und Ausrüstung war(en) mangelhaft, mit leichten Zivilstiefeln, das Koppel über dem Zivilrock, hat so mancher Exerzierdienst geübt. Gewehre haben noch lange gefehlt . . . Bis in die ersten Oktobertage fehlte es an Helmen, Tornistern, Schanzzeug.
(Aus der Regimentsgeschichte)

Reserve-Infanterie-Regiment Nr. 212
Aufgestellt in Hamburg

Die anfänglich ausgegebenen Gewehre mußten wieder abgegeben werden, als Ersatztruppenteile ins Feld geschickt wurden. Die Kompanien zogen in völlig abgetragenen Waffenröcken und Litewken zu den Felddienstübungen hinaus auf die Exerzierplätze . . . Statt der Gewehre wurden einige Bajonettiergewehre mit hinausgenommen.
(Aus der Regimentsgeschichte)

Reserve-Infanterie-Regiment Nr. 214
Aufgestellt in Rostock

Man kann sich . . . nicht wundern, wenn die Ausbildung, wie sich erst später ganz klar zeigen sollte . . . nicht das war, was man sich für eine Kriegsausbildung vorstellte und wünschte. Mit

Äußerlichkeiten, die in solcher Hetzausbildung wirklich keinen Sinn hatten, wurden Tage und Wochen zugebracht. Wer erinnert sich nicht an die Stunden, wo man . . . »Stellung und Haltung« übte, wo man Grüßen und anderen Kleinkram lernte, und wo man in sogenannten Formationen den Exerzierplatz bevölkerte, um zum soundsovielten Male die »von links anreitende Kavallerie« in gebührender Form zu empfangen. Man kann nur voller Wehmut an diese Zeiten zurückdenken, wo die Vorgesetzten . . . sich darüber aufregten, daß eine Wendung nicht geklappt hatte, oder daß irgendeiner, »natürlich ein Freiwilliger«, seinen Platz nicht hatte finden können. Frieden, tiefster Frieden war der Grundzug dieser Ausbildungszeit, die nur ganz selten einmal durch eine Schießübung . . . oder einen Marsch unterbrochen wurde . . . Als die Truppe ausrückte, war sie trotz aller sogenannten Vorbereitungen kaum imstande, die gleich anfangs notwendigen Marschleistungen zu vollbringen, und es kam alles ganz anders, als es geübt worden war.
(Aus der Regimentsgeschichte)

Reserve-Infanterie-Regiment Nr. 236
Aufgestellt in Köln

Größte Schwierigkeit bereitete schon die Führerfrage, da die höheren inaktiven Offiziere überaltert und mit der neuzeitlichen Bewaffnung, Truppen- und Gefechtsführung nicht mehr vertraut waren. Jegliche Ausrüstung fehlte.
(Aus der Regimentsgeschichte)

Reserve-Infanterie-Regiment Nr. 239
Aufgestellt in Mannheim

Schwierigkeit türmte sich auf Schwierigkeit. Druckvorschriften, aus denen das Ausbildungspersonal die ihm so nötige Belehrung hätte schöpfen können, gab es nicht, konnten auch von nirgendsher beschafft werden. Uniformen? Noch am 25. September, also fast nach einem vollen Monat, liefen 48 Mann der 8. Kompanie in ihren Zivilkleidern herum . . . Stiefel? Keine! Auch keine Mützen. Gewehre, Seitengewehre,

Patronentaschen, Leibriemen, alles nicht vorhanden. Am 7. September fehlen noch 1500 Gewehre im Regiment. — Wenn die eine Gruppe mit den vorhandenen acht Gewehren Griffe übte, dann hielt eine andere mit einem alten Praktiker Entfernungsschätzen ab. — Wohl wurden vom 20. September bis 1. Oktober einige Dutzend Landsturmunteroffiziere ins Regiment kommandiert . . . aber leider hatten diese wackeren Landstürmer nicht einmal ein Gewehr Modell 98 gesehen, geschweige denn in der Hand gehabt.
(Aus der Regimentsgeschichte)

Reserve-Infanterie-Regiment Nr. 240
Aufgestellt in Rastatt

Es fehlte an allem. So mußte R. I. R. 240 vierzehn Tage lang im Drillichanzug (6. Garnitur) ohne jedes weitere Bekleidungs- und Ausrüstungsstück Dienst tun. An Leute, die geeignete eigene Hosen mitgebracht hatten, wurden Abnutzungsgelder ge- zahlt . . . Gewehre waren zunächst überhaupt nicht vorhanden. Am 10. September, dem Tage, an dem das bisher immobile Regiment mobil erklärt wurde, meldete ein Bataillon glücklich 400 Gewehre (bei einer Bataillonsstärke von 900 Mann). Zur Ausbildung der Rekruten mußten die Bajonettiergewehre, alte Zündnadelgewehre, durch Entfernung des Bajonettansatzes hergerichtet werden.

Reserve-Jäger-Bataillon Nr. 16
Aufgestellt in Freiberg in Sachsen

Der Kommandeur hielt sich durch Besichtigungen über den Fortgang der Ausbildung auf dem laufenden. Dies war sehr nötig, da die Kompanieführer großenteils seit über einem Jahrzehnt nicht mehr im Dienst gewesen und daher noch ganz im alten Exerzierreglement, und da auch nur schattenhaft, befangen waren. Bei einer Kompanie langte es beim geschlossenen Exerzieren nur zu dem immerfort wiederholten: »Rechts schwenkt, marsch!«

Daß sich die Mängel und Unzulänglichkeiten auch auf dem Gebiet der Versorgung und Verpflegung ausgebreitet hatten, zeigt eine weitere Notiz der 26er Jäger:

> Die Verpflegung versagt vollkommen . . . Abends in Charleroi soll es Tee geben. Doch ist keiner vorhanden. Noch mehrmals geschieht das gleiche in der folgenden Nacht. Man wird zum Teefassen aus dem Schlaf geweckt. Es ist jedesmal Essig, durstig kehrt man in den Zug zurück . . .
> Eigenartig war an diesem Tag die Abendverpflegung. In Trupps von 6 – 8 Mann wurden die Mannschaften zu den Einwohnern in die Häuser geschickt, in der vertrauensvollen Erwartung, daß diese für die Verpflegung sorgen würden.

Bei allen Fehlern, Unterlassungen und Schwierigkeiten hat man es schließlich doch erreicht, daß die Infanteristen und Jäger mit einem Gewehr ausgerüstet waren, als sie am 10. Oktober an die Front gingen. Ob alle Soldaten auch mit dem Gewehr umgehen konnten, bleibt eine andere Frage (von den Artilleristen und ihren Geschützen ganz zu schweigen). Im übrigen scheint kein Kommandeur und kein Stab dem Umstand Rechnung getragen zu haben, daß es nach Flandern ging. Flandern — das heißt flaches Land, heißt Äcker, Wiesen und Weiden, die von Zäunen aus Draht oder gar Stacheldraht umgeben sind. Um der Truppe die Möglichkeit zu geben, diese Hindernisse aus dem Weg zu räumen, hätte man sie mit Drahtscheren ausrüsten müssen. Aber es gab keine Drahtscheren. Immer wieder wird berichtet, wie angreifende deutsche Infanteristen an den Zäunen entlang irrten und sich schließlich an der Stelle zusammendrängten, an der es einen Durchlaß gab. Diese Pulks wurden dann von den MG-Schützen der Alliierten mit ganz besonderem Vergnügen unter Feuer genommen.

Katastrophaler noch als das Fehlen von Drahtscheren machte sich der Mangel an Spaten bemerkbar. Aber was heißt Mangel — es gab fast keine. Die deutsche militärische Führung oder zumindest die für Ausrüstung und Einsatz der vier neuen Armeekorps verantwortlichen Kommandeure und Stäbe hatten versäumt, die Entwicklung von Technik und Taktik moderner Kriegführung in gebührender Weise zur Kenntnis zu nehmen. Die jungen Regimenter bezahlten das Versäumnis mit ihrem Blut[10].

4. Kapitel: Sonderfall Artillerie

Zeigten sich schon in Ausbildung und Ausrüstung der Infanterie folgenschwere Mängel, so waren bei der Artillerie, wo es ja nicht nur um Gewehre und Schanzzeug, sondern auch um Pferde, Geschütze und Munitionskolonnen ging, die Unzulänglichkeiten doppelt und dreifach zu spüren. In der Geschichte des Reserve-Feldartillerie-Regiments Nr. 51, das in Kassel aufgestellt wurde, heißt es:

> Am meisten erregten sich die Gemüter bei der Pferdeverteilung... Man stellte sich am Kasernentor auf, musterte schnell die vorbeiziehenden Pferde, bezeichnete einige einer Ordonnanz besonders, die dann an das andere Ende des Hofes rannte, die Pferde sofort mit Hilfe von besonders aufgestellten Hilfsprüfern den Besitzern abnahm und im Trabe einem Stalle zuführte... Abnehmen und Verschwindenlassen des Zaumzeuges und etwaiger Decken geschah so schnell, daß ein Wiederfinden der neu eingetroffenen Pferde nur einem sehr scharfen Auge gelang. Ein scharfes Schlaglicht auf die allgemeine Unordnung, Willkür und auf den Mangel an Aufsicht in der Kaserne werfen auch noch nachfolgende Begebenheiten. Der Regimentskommandeur fand eines schönen Morgens sein Dienstpferd umgetauscht gegen eines von anderer Farbe. Ein abrückender Truppenteil hatte das Pferd mitgenommen. In der ganzen Kaserne waren nicht zwei Armeesättel für den Regimentskommandeur aufzutreiben. Die Ersatztruppe in Fritzlar erhielt Befehl, umgehend zwei Pferdeausrüstungen gegen Bezahlung zu senden. Man meldete, es seien keine mehr da. Darauf Drohung, der Oberst käme selbst, um nachzusehen. Die Sättel erschienen und wurden einer Ersatzbatterie in Kassel zur Aufbewahrung

übergeben. Nach wenigen Tagen waren sie gestohlen.

Immer wieder lösten die Pferde kleinere und größere Zwischenfälle aus. Bei Bauern der Umgebung und anderen Pferdebesitzern wie Brauereien, Fuhrunternehmern und größeren Betrieben, die sich Gespanne hielten, eingezogen, gerieten sie dann in den Kasernen in die Hände ungeschickter und ungeschulter Betreuer. Häufig kam es zu Stürzen aus dem Sattel (falls überhaupt Sättel vorhanden waren, denn auch von einem Reitunterricht ohne Sattel und Trense wird berichtet), zu wild um sich schlagenden Tieren und durchgehenden Gespannen.

Ein besonderes Problem war die Druse, eine äußerst ansteckende Infektionskrankheit der Pferde, die sich in hohem Fieber, Unlust und Abgeschlagenheit sowie schließlich in eitrigem Nasenausfluß äußert. Reserve-Feldartillerie-Regiment Nr. 51 berichtet ein wenig widersprüchlich: »Sie (die Pferde) litten kaum unter der Druse, die am Anfang sehr stark auftrat.« Deutlicher und schlimmer hört sich der Bericht des in Stargard und Kolberg aufgestellten Reserve-Artillerie-Regiments Nr. 45 an: »Kaum waren die letzten Pferde eingetroffen, als die Druse unter ihnen in erschreckender Heftigkeit auftrat und die Truppe, der fast jede Ausbildung von Reiter und Pferd fehlte, fast vollständig lahmlegte . . Selbst auf dem Bahntransport nach Flandern sind noch mehrere Pferde eingegangen.«
»Schlimm stand es um die Geschützausbildung«, heißt es kurz und bündig in der Geschichte des Reserve-Feldartillerie-Regiments Nr. 51. »Zunächst fehlte es an Kanonen.« Weiter wird berichtet: »Dem schlechten Stand der Schießausbildung suchte man durch Kommandierungen auf den Schießplatz Jüterbog abzuhelfen. Von jeder Batterie wurden zwei Offiziere oder Offizierstellvertreter, vier Unteroffiziere und sechs Richtkanoniere entsandt.« Aber der Zeitpunkt war sehr ungünstig gewählt, denn jetzt fehlten in den Batterien gerade jene Leute, die die junge Mannschaft hätten ausbilden sollen.
Das Schießen aus verdeckter Feuerstellung, eine der Grundfertigkeiten des Artilleristen, konnte in der kurzen Ausbildungszeit nicht gelehrt werden. Es gab wohl auch nicht Ausbilder

genug, die es hätten lehren können. Die Folge war, daß die Geschütze zwischen, neben oder zumindest dicht hinter der eigenen Infanterie auffahren mußten. Man stelle sich vor, was das bedeutet: Da rasen — sechsspännig! — die Geschütze in die vorderste Linie, es muß abgeprotzt und gewendet werden, und während die Fahrer mit den Pferden und den Protzen davonstieben, um weiter hinten in Deckung zu gehen, wuchten und zerren die Kanoniere mit »Hauruck« und »Zugleich« ihre Geschütze in die zum Feuern notwendige und geeignete Stellung — und das alles im Angesicht eines aufmerksamen, gnadenlosen Feindes. Was man oft als Beweis eines besonderen schneidigen und tapferen Verhaltens der Artilleristen darzustellen sich bemühte, war in Wirklichkeit das Ergebnis ihrer mangelhaften Ausbildung: Sie konnten wie zu Napoleons Zeiten nur schießen, wenn sie ihr Ziel auch vor Augen hatten. Schoß man — mehr oder weniger auf gut Glück — auf ein Gebäude oder eine Hecke, hinter denen man den Feind vermutete, so kam es nicht eben selten zum Schlimmsten, was einer Truppe passieren kann — zum Feuerüberfall auf die eigene Infanterie.

Für jene Batterien aber, die das Glück hatten, von einem Offizier geführt zu werden, der sich auf das Schießen aus verdeckter Feuerstellung bzw. das Schießen nach Karte verstand, tauchte ein neues Problem auf: es gab keine Karten oder sie waren so schlecht, daß man damit nichts anfangen konnte. Fast überflüssig zu sagen, daß es, um z. B. die Verbindung zwischen einem vorgeschobenen Beobachter und seiner Batterie herzustellen, wiederum am notwendigen Fernsprechgerät fehlte.

»Die Truppe hat«, so klagt der Bericht des Reserve-Feldartillerie-Regiments Nr. 45, »zweimal scharf geschossen . . . Viel zu wenig, um die schießtechnische Gewandtheit von Truppe und Führer zu vervollkommnen, aber auch zu wenig, um Pferd und Reiter an den Schuß zu gewöhnen, das zeigten später zu Anfang des Krieges die dauernd durchgehenden Koppeln und Gespanne.«

Weiter heißt es bei den 45er Artilleristen (das Regiment wurde in Belgard und Kolberg aufgestellt):

Ungünstig beeinflußt wurde die Ausbildung durch die

geringe Zahl von ausgebildeten Unteroffizieren, die mancher Batterie ganz fehlten.

Auch das Reserve-Feldartillerie-Regiment Nr. 46 (Güstrow) hat Sorgen mit seinen Unteroffizieren:

> Die zahlreichen von der Kavallerie überwiesenen Unteroffiziere werden den Kolonnen (gemeint sind die Munitionskolonnen) zugeteilt, da die Zeit für eine Ausbildung als Geschützführer nicht ausreichend ist.

Selbst die Offiziere machen den 46ern Kummer:

> Die Kanonen erhalten Rundblickfernrohre, die den Ergänzungsmannschaften noch nicht bekannt sind. Ebenso sind die meisten Offiziere und Unteroffiziere noch nicht an diesem Richtmittel ausgebildet.

Als das Regiment am 28. September, knapp zwei Wochen, bevor es an die Front geschickt wurde, zu einer Übung ausrückte, mußten die Munitionskolonnen zurückbleiben, da man noch keine Geschirre für sie hatte. Am 8. Oktober gab es das erste und einzige Scharfschießen; am 10. Oktober ging das Regiment an die Front.

Was schließlich bei dieser Ausbildung herauskam, ist nachzulesen in einer Meldung vom 29. Oktober 1914, die der Hauptmann Theinert, Kommandeur des I. Bataillons des Reserve-Infanterie-Regiments Nr. 246 (das damals bei Beselare kämpfte) nach oben schickte:

> Eigene Artillerie hat soeben in fünf Minuten acht Schuß in eigene Stellung gefeuert. Im Namen der mir unterstellten Mannschaft bitte ich um Abhilfe. Feindliche Artillerie liegt mit Granaten schwer auf unserem Graben beiderseits Weg Reutel nach Westen führend. Wo bleibt der Beobachter unserer Artillerie? Ich erhebe Anklage gegen solche Unfähigkeit. Soeben 3.07 nachmittags. Neun bis zehn Schuß der eigenen Artillerie dicht hinter eigener Linie.

Die Regimentsgeschichte der 246er sagt dazu:

> Diese Mitteilung klingt wie ein Verzweiflungsschrei. Sie ist eine einzige Anklage. Einsichtige Artilleristen gaben später auch unumwunden zu, daß sie erst im Laufe des Winters 1914/15 richtig schießen gelernt hätten.

Die 246er Infanteristen scheinen besonders schlechte Erfahrungen mit der Artillerie gemacht zu haben. Schon unter dem 20. Oktober, als die 54. Reserve-Division, der das Regiment 246 angehörte, in ihr erstes Gefecht ging, berichten sie:

> Die eigene Artillerie hat noch keine besseren Ziele gefunden als die eigene Linie, so daß Oberstleutnant Häver, der am Hinterhang von einem kleinen strohgedeckten Hause aus das auflebende Gefecht beobachtete, einen Mann aus dem Graben heranruft und ihn vom Schornstein seines Befehlsstandes mit der Artillerieflagge winken läßt, bis ein feindliches Schrapnell den Winker von seinem luftigen Sitz hinwegfegt.

Einen Tag später wird, wie die 246er weiter berichten, ihr Regimentskommandeur durch eigene Artillerie verwundet.

Man kann die ganze Misere, wie in der Regimentsgeschichte des Reserve-Feldartillerie-Regiments Nr. 51 geschehen, in einem einzigen Satz ausdrücken: »Die Verbindung zwischen Artillerie und Infanterie versagte gänzlich.«

5. Kapitel: Führer und Unterführer

Was bei diesen katastrophalen Zuständen und Ausbildungsergebnissen schließlich nach knapp acht Wochen an die Front geschickt wurde, war nach Zahl und Durchschnittsalter eine stattliche Streitmacht, nämlich 120 000 Soldaten der besten Jahrgänge. Aber sie sollten kämpfen und hatten es nicht gelernt. Unbekümmert stiegen sie in die Transportzüge, ahnungslos marschierten sie dem Feind entgegen. Als sie mit diesem Feind in schweren Schlachten und Gefechten aneinandergerieten, lautete nachher der Tenor ihrer Berichte: »So hatten wir's uns nicht vorgestellt.«

Es hat nicht an Stimmen gefehlt, die vor einem Einsatz dieser jungen Regimenter an einem so entscheidenden Frontabschnitt nachdrücklich gewarnt haben. Selbst Herzog Albrecht von Württemberg, Generaloberst und Oberbefehlshaber dieser in Flandern eingesetzten Armee, schlug vor, wenigstens zwei der neuen Korps gegen kriegserfahrene Einheiten auszutauschen. General Falkenhayn, Preußischer Kriegsminister und bald darauf als Nachfolger des jüngeren Moltke Chef der Obersten Heeresleitung, lehnte ab; er war der Meinung, daß bei planmäßiger Entwicklung der Operationen (Durchstoß über Ypern nach Dünkirchen und Calais) die jungen Regimenter nichts Besonderes zu leisten haben würden.

Er hatte sich gründlich verrechnet. Er sah nicht oder wollte nicht sehen, daß die Alliierten das Rennen zur Kanalküste mitmachten. Später, als es zum Zusammenstoß kam, hatte er immer noch eine falsche Vorstellung von der Stärke der in Flandern eingesetzten feindlichen Kräfte[11].

Seine Ahnungslosigkeit teilte sich den Generalen und Stäben mit. Als es am 21. Oktober bei Beselare zum ersten mörderischen Zusammenprall kam, bei dem drei deutsche Regimenter nahezu aufgerieben wurden, träumte das übergeordnete Korpskommando bis zuletzt von schwachen englischen Kräften: in

Wahrheit hatte man sich längst mit der Hauptmacht des englischen Expeditionskorps angelegt.

Das Bild des deutschen Oberbefehlshabers an der Flandernfront, Herzogs Albrecht von Württemberg, bleibt seltsam farblos und verschwommen. Die Fotografie zeigt einen verschlossenen und stolz dreinblickenden Mann, dem man unterstellen möchte, daß er ein sogenannter guter Soldat war, eifrig und beflissen, humorlos und stets bereit, auf den Buchstaben genau das auszuführen, was andere, die noch höher standen als er, ihm auftrugen. Nach einer makellosen militärischen Karriere, die er 1883 als achtzehnjähriger Leutnant in einem Ulanen-Regiment begonnen hatte, wurde er am 2. August 1914 als Generaloberst Oberbefehlshaber der 4. Armee, die durch Luxemburg und Belgien vorstieß. Bei Neufchâteau, Rossignol und Tintigny kam es zu schweren Kämpfen mit den Franzosen. Auf deutscher Seite standen gut ausgebildete aktive Truppen, und die Franzosen wurden zum Rückzug gezwungen. Daß Herzog Albrecht dabei eine überragende Rolle gespielt hätte, ist nicht zu erkennen. Nachdem die von ihm geführte 4. Armee aufgelöst und der 3. und 5. Armee zugeteilt worden war, übernahm er die neue 4. Armee, die sich aus dem III. Reservekorps, das nach der Einnahme von Antwerpen frei geworden war, und den vier neu aufgestellten Armeekorps zusammensetzte. Man möchte nicht lange zögern, auf ihn jenen Satz anzuwenden, den Schlieffen in einem Brief vom 16. August 1910 bei Erörterung des Feldzugs von 1866 über die preußischen Heerführer geschrieben hatte: »Es waren ganz brave Generale, aber über den Krieg befanden sie sich in vollster Unwissenheit. Ich glaube, daß die gegenwärtigen Verhältnisse nicht wesentlich gebessert sind[12].«

Die Gefühllosigkeit, mit der die jungen Männer in Flandern in den Tod getrieben wurden, war beträchtlich. Das Armeeoberkommando saß in Gent, 70 km vom Schauplatz der mörderischen Kämpfe entfernt, und es fällt nicht schwer, sich vorzustellen, wie die Herren aus ihren behaglichen, von kaum einer Gefahr bedrohten Büros immer neue Angriffsbefehle an die Front schickten. Es ist nicht bekannt geworden, daß jemals ein höherer Führer in der vordersten Linie aufgetaucht wäre, um sich von der Lage zu überzeugen. Ihm hätte z. B. auffallen müssen, daß die Kompanien und Züge reihenweise so ungeschickt in den Rübenfeldern lagen, daß sie weder Schußfeld noch Übersicht hatten.

Den Soldaten vernünftige Stellungen mit Schußfeld und Übersicht zu verschaffen, ist natürlich Aufgabe der Kompanie-, Zug- und Gruppenführer. Aber da sie häufig außerstande waren, ihre Männer entsprechend anzuleiten, geschah nichts. Von oben wurden die Führer an der Front nicht korrigiert, nicht überwacht, nicht gelenkt, und so ist es nur ein kurzer Schritt zu der Erkenntnis, daß es auch in den oberen Kommandostellen verhängnisvolle Fehlbesetzungen gab.

Es ist erschütternd nachzulesen, wie sehr man bei allen Kommandostellen davon überzeugt war, sämtliche Probleme dieser Schlacht mit einem frisch-fröhlichen Vorwärtsstürmen lösen zu können. War ein Angriff zusammengebrochen, so stand man dem Geschehen ratlos gegenüber, oder man ignorierte es ganz einfach. Mit anderen Worten: Korpskommando und Armeeoberkommando waren bestrebt, nach einem fehlgeschlagenen Angriff gleich den nächsten zu befehlen, übrigens ein Verhalten, das nicht nur bei den Deutschen anzutreffen war. Der Engländer Alistair Horne widmet diesem Thema in seinem Buche »Des Ruhmes Lohn — Verdun 1916« (Minden, ohne Jahr) einen bemerkenswerten Abschnitt:

In seinen Erinnerungen beklagt sich Feldmarschall Alexander darüber, daß während seiner gesamten Dienstzeit als Frontsoldat im I. Weltkrieg »kein Befehlshaber oberhalb meines Brigadekommandeurs je meinen Frontabschnitt besucht hat«. Joffre machte von dieser Regel keine Ausnahme, und bei seinen seltenen Besuchen in frontnahen Räumen kamen ihm Soldaten unterhalb der Korpskommandeure allenfalls noch bei Vorbeimärschen oder bei Paraden anläßlich von Ordenverleihungen nahe. Er konnte nicht dulden, daß seine Gelassenheit durch den unmittelbaren Anblick der Schrecken des Krieges gestört wurde. Das war der zweite Zug, den er mit Haig gemeinsam hatte. Sein Sohn berichtet, daß Haig

»es für seine Pflicht hielt, auf einen Besuch der Verbandsplätze zu verzichten, weil solche Besuche ihm physische Übelkeit verursachten«. Nachdem er einem erblindeten Soldaten die Médaille Militaire an die Brust geheftet hatte, sagte Joffre: »Man darf mir solche Anblicke nicht mehr zeigen . . . Ich würde nicht mehr den Mut haben, den Befehl zum Angriff zu geben.« Fast nur dieses eine Mal wird davon berichtet, daß er eine solche Empfindung erkennen ließ. Nirgends in seinen weitschweifenden Memoiren wird das menschliche Element erwähnt, und kein Wort findet sich über die schrecklichen Leiden der Soldaten . . . Von dem Ausmaß der Streitkräfte überwältigt, die plötzlich unter ihren Befehl gestellt waren, neigten viele Generale des I. Weltkrieges dazu, Verlustlisten wie die Zahlen in der Abrechnung einer Intendantur zu behandeln.

Das Verhalten der hohen Herren zeigt nicht ganz die zynische Gelassenheit, die man Napoleon nachsagt, der angesichts der Verluste in der Schlacht von Austerlitz erklärt haben soll, eine Nacht in Paris würde diese Verluste wettmachen. Aber die Tendenz ist unverkennbar, sich keinen Deut um die blutige Dreckarbeit zu kümmern, die man von den Männern in den vordersten Gräben verlangte. Die Folge war, daß der Krieg den Generalen aus den Händen glitt und daß er schließlich wider jeden Sinn und wider jede Vernunft geführt wurde. Während man hinten die entsprechenden Befehle herausgab, rannten vorn die Armeen wie in blinder Wut frontal gegeneinander, ein paar lumpige Kilometer Geländegewinn, wenn sie überhaupt zustande kamen, mit gewaltigen Opfern bezahlend. Es bestand ein schrecklicher Zwiespalt zwischen der Welt der Generale und der Welt der Frontsoldaten, und es ist verständlich, daß die Soldaten ihren Haß oftmals nicht gegen den Feind vor ihnen, sondern gegen die eigenen Stäbe in ihrem Rücken kehrten.

Unverständnis und Instinktlosigkeit, gepaart mit Ignoranz und Arroganz waren schon in der Ausbildungszeit bei manchem höheren Führer zu beobachten. So heißt es in der Geschichte des Reserve-Feldartillerie-Regiments 51:

> Am schwersten zu ertragen aber war bei den großen Übungen . . . die Stellungnahme und Kritik der höheren Vorgesetzten. Ihr abfälliges Urteil trug wirklich nicht dazu bei, das Selbstvertrauen der jungen Truppe zu heben. Das taktische Auftreten der einzelnen Truppenteile fand selten Beifall. »Die Verbindung mit der Infanterie« war in aller Vorgesetzten Munde. Wie es aber praktisch gemacht werden sollte, erfuhr man nicht so recht . . . Am 6. Oktober erschien als Abgesandter des Kaisers General der Infanterie von Loewenfeldt und besichtigte die Division im Gefecht. Er schloß die Kette der Erfahrungen mit den höheren Vorgesetzten während der Mobilmachungszeit in deprimierendster Weise ab. In eigenartig spöttischem Tone wurde ein abfälliges Urteil nach dem anderen gefällt . . . Einen Patrouillenführer verglich man mit einem balzenden Auerhahn. Die Leistungen der Truppe bezeichnete man als nichtswürdig.

Daß sich die hohen Herren indessen selber lächerlich zu machen verstanden, zeigt ein weiterer Bericht der Kasseler Artilleristen:

> Der Divisionskommandeur, Exzellenz Waenker von Dankenschweyl, fühlte das Bedürfnis, vor der Feuertaufe noch einmal zur Truppe zu sprechen. Zu diesem Zweck stellte er sich an der Marschstraße auf und sprach mit lauter Stimme und unter heftigen Armbewegungen auf die in flottem Tempo — es ging bergab — vorbeimarschierende Truppe ein. Offenbar waren es anfeuernde Worte, welche in Zornesausbrüchen gegen die Engländer gipfelten. Sie wiederholten sich sehr oft. Aber die Truppe hat kein Wort verstanden.

Der Dichter Rudolf G. Binding, als Rittmeister an der Flandernfront, schildert in seinen Tagebüchern »Aus dem Kriege« unter dem Datum vom 25. November 1914 eine Episode[13], die, ironisch und bitter, zeigt, wie wenig die höhere Führung mit den Problemen und Nöten der Truppe vertraut war:

Der Mensch ist doch von einer rührenden Phantasielosigkeit. Alle größeren und kleineren Straßen sind hier zu Land gepflastert, was seinen guten Grund hat. Da das Erdreich so weich ist, daß eine ungefestigte oder auch nur ungepflasterte Straße in kurzer Zeit in den Boden sinken würde. Die so gepflasterten und gefestigten Wege zwischen den Feldern werden mit dreirädrigen Karren befahren, die keine Deichsel haben, denn das Zugtier darf auch nicht mit einem Tritt in dieser Jahreszeit den Acker oder das Feld betreten, ohne zu versinken. Ein solcher dreirädriger Karren ist auf der Stelle zu drehen, indem man das Zugtier, ohne vom Weg herunter zu müssen oder einen größeren Bogen zu schlagen, stracks umkehrt, an dem Karren entlang geht und dieser sich auf den Hinterrädern, ihm folgend, umdreht. Diese natürliche Weisheit, seit Jahrhunderten dem Volk von seiner Scholle gelehrt, ging dem Vorstellungsvermögen deutscher höherer Truppenführer nicht ein. Daher ein Divisionsbefehl, vermutlich von noch viel weiter oben auch für andere Divisionen gültig: »Die landesüblichen dreirädrigen Karren sind zur besseren Lenkbarkeit mit einer Deichsel zu versehen.« Nach Einführung dieser Einrichtung — zum Entsetzen meines Wachtmeisters sagte ich, daß wir diesen Befehl vorläufig nicht ausführen — waren vielleicht die Karren besser lenkbar, aber man sah allenthalben, wo immer ein Karren auf den schmalen Wegen gewendet oder einer dem anderen ausweichend vorübergebracht werden sollte, Pferde bis an die Brust in den Äckern versinken, wo sie dann, von der sie hindernden Deichsel losgespannt, in stundenlanger Arbeit wieder auf die Straße heraufgezogen werden mußten. Nach einigen Wochen wurde der Befehl rückgängig gemacht. Aber immerhin: er wurde erst erlassen.

Andererseits wurden wichtige und notwendige Befehle oder Hinweise nicht gegeben. Nicht nur bei der Artillerie klagten die Einheiten ständig über den Mangel an Landkarten. Ein Offizier vom Mecklenburgischen Reserve-Infanterie-Regiment Nr. 214, berichtet, daß er durch Zufall in Brügge eine Kartenstelle entdeckte, »und es sind dann von dort Karten abgeholt worden, die teilweise selbst dem Regiment bislang unbekannt waren«. Offenbar hatte man höheren Orts wieder einmal vergessen, auf die Existenz dieser Kartenstelle hinzuweisen.

Geklagt wurde von den Einheiten auch über die Verpflegung, die oft nur spärlich oder mit beträchtlicher Verspätung eintraf. Es kam nicht eben selten vor, daß sich die Soldaten tagelang von den Steckrüben ernähren mußten, die sie auf Flanderns Feldern vorfanden. Die Folge: Magen- und Darmkrankheiten. Es ist eine Frage der Logistik, also wiederum der Führung, ob eine Truppe ausreichend verpflegt wird. Zu jener Zeit gab es in Deutschland noch keine Not, und man kann auch hier nur auf Unzulänglichkeit und Unfähigkeit schließen, wenn es mit dem Nachschub nicht funktionierte[14].

Selbst mit dem Trinkwasser gab es Probleme. Die 23er Jäger schreiben dazu:

> Die Wasserentnahme aus den Brunnen war vom Bataillonsarzt wegen der Vergiftungsgefahr strengstens verboten worden, und die Feldflaschen, die schon mit dem köstlichen Naß gefüllt waren, mußten vor dem Antreten auf Befehl wieder entleert werden. Es gab Schlaue, die sich hiervon zu drücken verstanden, und kameradschaftlich wurde der köstliche Trank schluckweise geteilt. Es ist keiner daran gestorben!

Es ist leicht und einfach, der Truppe das Wassertrinken zu verbieten; daß man dafür Ersatz zu schaffen habe, etwa indem man Tee kochen und verteilen ließ, scheint keinem Führer eingefallen zu sein.

Wiederum die 23er Jäger berichten von einem Befehl, der die Truppe besonders erregte und verstimmte:

> Es durfte aber nicht vorkommen, daß einer jungen

Truppe ... Befehle erteilt wurden, z. B. vor der Stellung liegende tote Kühe ohne Schanzzeug, aber bei Todesstrafe 1½ Meter tief einzugraben!

Wie das Problem schließlich doch noch gelöst wurde, haben die Jäger nicht berichtet.

Auch die Misere der mittleren und unteren Führung war beträchtlich. Man kann es auf eine einfache Formel bringen: wie es während der Ausbildung der jungen Truppe an Waffen und Gerät fehlte, so fehlte es auch an Offizieren und Unteroffizieren aller Dienstgrade.

Dabei wurde das Unteroffizierskorps durch eine Maßnahme geschwächt, die den davon Betroffenen durchaus zum Vorteil gereichte: man beförderte Unteroffiziere zu »Offiziersstellvertretern« und konnte sie damit in jene unteren Befehlsstellen wie Zugführer, Adjutanten und Ordonnanzoffiziere einweisen, die normalerweise Leutnanten oder Hauptleuten vorbehalten waren. Ein weiterer Schritt in diese Richtung bedeutete der »Feldwebelleutnant«, ein Rang, den verdiente Portepeeunteroffiziere erhielten — was immer man unter »verdient« verstehen mochte.

Im übrigen mußte man bei Besetzung der unteren und mittleren Offiziersstellen auf Angehörige der Landwehr zurückgreifen, auf verabschiedete Offiziere und Reserveoffiziere, die seit langem keinen Dienst mehr getan hatten und schon rein physisch ihrer Aufgabe nicht gewachsen waren.

Die Stabsoffiziere und Hauptleute, meistens ältere Herren und längst außer Diensten, zeigten sich durchaus noch schneidig und guten Willens, aber oftmals eben zu schneidig und in bezug auf Taktik und Truppenführung einer Vorstellung verhaftet, die sich am 70er Krieg orientierte, der über 40 Jahre zurücklag. Einige von ihnen scheinen vor lauter Senilität den Verstand verloren zu haben wie jener Hauptmann der Landwehr vom Reserve-Feldartillerie-Regiment Nr. 51, der als Führer der 8. Batterie kurz vor dem ersten Einsatz seinen Leuten für mehrere Tage die Verpflegung entzogen hatte, weil er einen Mann seiner Batterie auf Wache schlafend angetroffen hatte.

50

Der Einjährigen-Unteroffizier Lampe, der Ende Oktober vom
aktiven Feldartillerie-Regiment Nr. 63 zum Reserve-Feldartillerie-Regiment Nr. 51 versetzt wurde, schildert die Auswirkungen
dieser unverantwortlichen und widerwärtigen Anordnung wie
folgt:

Vor Poelkapelle wurden wir auf die einzelnen Regimenter verteilt, und ich wurde dem Reserve-Feldartillerie-Regiment 51, und in diesem der 8. Batterie,
zugewiesen. Die Batterie stand dicht östlich Poelkapelle, und ich hatte nicht weit zu ihr. Ich meldete
mich bei dem Batterieführer, Hauptmann Dauber,
der ebenfalls von einem anderen Truppenteil, jedoch
bereits gestern, angekommen war. Ich wurde zum
Geschützführer des dritten Geschützes bestimmt. Wie
es in der Feuerstellung aussah, davon macht man sich
keinen Begriff. Geschütze und Munitionswagen standen wie die Scheunentore direkt auf einer kleinen
Bodenerhöhung. Überall lag Munition und Material
herum und dazwischen die Mannschaft der Batterie in
totenähnlichem Schlafe. Es war 8 Uhr morgens und
stark neblig, doch sagte ich mir, daß, wenn hier ein
Unglück vermieden werden sollte, sofort energisch
zugegriffen werden müsse. Ein unheimliches Glück
war der Nebel, denn für den Engländer wäre es ein
gefundenes Fressen gewesen, uns in dieser Stellung in
Grund und Boden zu schießen. Ich versuchte nun, die
Leute hochzubringen, was aber nur sehr schwer
gelang. Sie brachen fast vor Müdigkeit zusammen.
Vom Offizierstellvertreter Walther erhielt ich eine
niederschmetternde Auskunft über die Ursache der
Schlappheit der Leute. Die Batterie wurde von einem
Landwehrhauptmann geführt (der inzwischen durch
den Hauptmann Dauber abgelöst worden war), der
auf dem Vormarsch, als er einen seiner Leute auf
Posten schlafend erwischte, der Batterie zur Strafe
sämtliche Verpflegung entzogen hatte. Mit meinem
Vorrat an Schokolade gelang es mir, die Leute auf die
Beine zu bringen . . .

Viele dieser alten Offiziere waren, als sie ins Feuer kamen, enttäuscht, verblüfft, entsetzt. Hilflos und fassungslos standen sie den Aufgaben gegenüber, die sie lösen sollten. Von den Schneidigen wird berichtet, daß sie Säbel und Pistole ergriffen und ihre Einheit »persönlich« zum Sturme führten. Kein Zweifel, ihr Verhalten war tapfer, aber es war sinnlos. In dem mörderischen Feuer, das ihnen entgegenschlug, fielen sie bald. Mancher andere entzog sich den Ereignissen durch ein Mittel, das auch Schulkinder vor einer gefürchteten Klassenarbeit anwenden: sie wurden krank. So schieden z. B. beim Reserve-Infanterie-Regiment Nr. 208 innerhalb von fünf Tagen folgende Kommandeure krankheitshalber aus:

> am 22. Oktober der Regimentskommendeur
> am 23. Oktober der Führer des I. Bataillons
> am 25. Oktober der Führer des III. Bataillons
> am 26. Oktober der Führer des II. Bataillons.

Drei Wochen später meldete sich auch der neue Führer des II. Bataillons krank.

Die Geschichte des Reserve-Infanterie-Regiments Nr. 234 berichtet unter dem 24. Otober 1914:

> Unsere Bataillonskommandeure (I. und II. Bataillon) Major Kühne und Garthe, brachen in diesen Tagen an Nervenüberanstrengung zusammen und mußten in die Heimat befördert werden.

Diese Krankmeldungen wurden sofort zum Problem, nachdem der erste Schuß gefallen war. Bereits am 23. Oktober heißt es in einem Tagesbefehl des Armeeoberkommandos:

> Ferner ist zu meiner Kenntnis gekommen, daß einige der in Regiments-, Bataillons- usw.- Stellen befindlichen Offiziere sich den großen Anstrengungen des Feldzugs nicht gewachsen fühlen. Es wird keinem Offizier verübelt werden, wenn er in Erkenntnis dieses Umstandes um Enthebung von seiner Stellung bittet oder sich krank meldet. Ich werde für sofortigen Ersatz durch aktive Offiziere, die mir zur Verfügung gestellt sind, sorgen.

Pauschal und wohlwollend wird dieses Thema in der Geschichte des Reserve-Jäger-Bataillons 23 abgehandelt:

> Die hochbejahrten Landwehroffiziere waren beim besten Willen den Strapazen nicht mehr gewachsen und mußten sich krank melden.

Daß man bei den Mannschaften weniger gnädig verfuhr, zeigt der Bericht des Stabsarztes der Landwehr Dr. Grill vom Sächsischen Reserve-Infanterie-Regiment 241 in seinen »Kriegserinnerungen eines Truppenarztes« (Dresden, 1922):

> Die Hauptleute Seeck und v. Waldenfels wurden gestern abend (d. h. am 14. November 1914), total erschöpft, zunächst gelabt und für die Nacht bei uns untergebracht und sollen morgen zur Erholung nach Kortrijk. — Soweit wir die Kranken nicht hier behalten können, werden sie, mit schriftlichem Ausweis versehen, nach der Krankensammelstelle zum Rücktransport in die Heimat oder in das nächste Feldlazarett überwiesen . . . Peinlich ist mir oft die Pflicht, Leute, denen man die Erschöpfung deutlich ansieht, doch wieder zum Dienst schicken zu müssen.

In diesem Zusammenhang erscheint es angebracht, auf den Armeebefehl hinzuweisen, den Herzog Albrecht v. Württemberg bei Übernahme seines Kommandos erlassen hatte (zitiert nach der Geschichte des Reserve-Jägerbataillons Nr. 15):

> Mit Freude habe ich den mir von S. M. dem Kaiser und König anvertrauten Oberbefehl über die 4. Armee übernommen. Ich habe das volle Vertrauen, daß die Armeekorps, die berufen sind, die endgültige Entscheidung auf dem Kriegsschauplatz herbeizuführen, in alter deutscher Tapferkeit und Treue ihre Pflicht bis zum letzten Atemzuge tun werden und jeder Offizier und jeder Soldat bereit ist, für die gerechte und heilige Sache unseres Vaterlandes den letzten Blutstropfen herzugeben. Dann wird mit

Gottes gnädigem Beistand der Sieg sich an unsere Fahnen heften.

Mit der Pflicht bis zum letzten Atemzug und der Hergabe des letzten Blutstropfens scheint es also mancherorts seine eigene Bewandtnis gehabt zu haben. Aber die 15er Jäger zeigen auch die andere Seite. Innerhalb von wenigen Tagen fielen vier Bataillonskommandeure.

Kein Zweifel, Führer und Unterführer hatten eine geradezu kindliche Vorstellung von dem, was sie draußen an der Front erwarten würde. Man möchte fragen: Womit hatten eigentlich die Offiziere, in Sonderheit die Stabsoffiziere, ihre Zeit verbracht? Was hatten sie überhaupt gelernt? Selbst wenn sie zur Disposition gestellt oder in den Ruhestand versetzt worden waren, hätten sie Möglichkeiten zur militärischen Weiterbildung finden und ergreifen müssen. Hatte man sie nicht zu Übungen aufgefordert, nicht zu Manövern eingeladen, bei denen sie selbst als Zuschauer einiges hätten lernen können[15]?

In einer einzigen Regimentsgeschichte von mehr als dreißig, die wir zu Rate gezogen haben, ist von einem Offizier die Rede, der über seinen eigenen Schatten sprang. In der Geschichte des Reserve-Infanterie-Regiments Nr. 215 heißt es zunächst wie üblich: »Vor allem fehlt das Schanzzeug, was sich in wenigen Tagen bitter fühlbar machen sollte.« Aber dann wird weiter berichtet: »Nur der MG-Zug ist glücklicher als wir. Leutnant von Basse requiriert in Kellinghusen (seinem Quartierort) lange Spaten, läßt die Stiele kürzen und vom Zugsattler Futterale anfertigen.«

Hatte der Leutnant von Basse eine andere Ausbildung erfahren? War er klüger als seine Kameraden? Oder war es einfach der gesunde Menschenverstand? Hatten sich die Offiziere niemals mit der Entwicklung der Taktik beschäftigt, nie ein Buch über den Verlauf früherer Kriege gelesen? Bereits 50 Jahre vor Ausbruch des Ersten Weltkrieges war der Spaten als unentbehrliches Requisit gleichbedeutend neben das Gewehr getreten, und schon in den achtziger Jahren des 19. Jahrhun-

derts war die waffentechnische Entwicklung so weit fortge-
schritten, daß die Armeen der Großmächte das Maschinengewehr und das Schnellfeuergeschütz mit laufhemmender Lafette
einführten. Jetzt aber schickte man die Soldaten massenweise an
die Front, ohne daß man ihnen die geringste Vorstellung davon
vermittelt hätte, wie man sich vor dem feindlichen Feuer und im
feindlichen Feuer einzugraben hatte.

So unüberlegt, so überstürzt, so leichtfertig ist wohl noch
keine Truppe ins Feld geschickt worden. Alle Unzulänglichkeiten, alle Fehler, alle Halbheiten wurden von einem Wust
nationaler Phrasen zugedeckt. Schon das Preußische Kriegsministerium hatte in seinem Erlaß vom 16. August, der zur
Aufstellung der neuen Korps führte, wohlgemut verkündet:

> Das Kriegsministerium verkennt nicht, daß die
> Durchführung der Maßnahme nur mit Anspannung
> aller Kräfte geleistet werden kann, ist aber gleichwohl
> überzeugt, daß der Eifer und die Hingabe aller Führer
> wie die bewährte Vaterlandsliebe und Begeisterung
> unserer Leute das Werk zum Segen des Vaterlandes
> gelingen lassen wird.

Der Eifer und die Hingabe der Führer waren, wie sich gezeigt
hat, sehr fragwürdige Faktoren. Die bewährte Vaterlandsliebe
und die Begeisterung wurden alsbald vom Feuer der feindlichen
Kanonen, Gewehre und Maschinengewehre zugedeckt; sie
hielten nur bei denen länger vor, die diesem mörderischen Feuer
nicht ausgesetzt waren. Den anderen erging es wie dem 23jäh-
rigen Gießener Studenten Alfred Buchalski, der am 28. Oktober
1914 von der Front bei Dixmuiden nach Hause schrieb[16]:

> Mit welcher Freude, welcher Lust bin ich hinausgezo-
> gen in den Kampf, der mir als die schönste Gelegen-
> heit erschien, Lebensdrang und Lebenslust sich aus-
> toben zu lassen. Mit welcher Enttäuschung sitze ich
> hier, das Grauen im Herzen. Und als krasser Gegen-
> satz dazu: mit welchem Behagen sauge ich mit dieser
> köstlichen Luft das hundertmal verlorene Leben ein!
> Wie soll ich Dir alles das, was ich in den letzten Tagen
> erlebte, so recht erzählen. Ich möchte Dir in einem

dieses ganz große Erlebnis: Die Schlacht, berichten, und doch sind es wieder nur Einzelheiten, die sich jetzt in den Vordergrund drängen. — Es war furchtbar! Nicht das vergossene Blut, nicht auch der Umstand, daß es vergeblich vergossen war, auch nicht, daß in dunkler Nacht die eigenen Kameraden auf uns schossen, — nein, die ganze Kampfesweise ist es, die abstößt. Kämpfen wollen und sich nicht wehren können! Der Angriff, der mich so schön dünkte, was ist er anders als der Drang: hin zur nächsten Deckung da vorn gegen diesen Hagel tückischer Geschosse. Und der Feind, der sie entsendet, nicht zu sehen!

Es soll nicht der Eindruck erweckt werden, als habe es unter den Offizieren nur Feiglinge, Unfähige, Senile und sich Krank-Stellende gegeben. Das Offizierskorps, vor allem die Stabsoffiziere, war überaltert. Aber es gab Offiziere, die sich durch überragende Tapferkeit auszeichneten; dabei meinen wir nicht die Vermessenen und Tollkühnen wie jenen Hauptmann, der vor Dixmuiden im prasselnden feindlichen Feuer hin und herritt, dazu noch auf einem Schimmel, und der darob von seinen Leuten bewundert wurde. Er fiel bald. Wir meinen jene, die sich der himmelschreienden Situation bewußt waren, in die man sie und ihre Soldaten aus Unvernunft und Unfähigkeit gestürzt hatte; die kühles Blut zu bewahren verstanden; die ruhig und gelassen ihre Befehle gaben, und die ihre Männer, die geführt werden wollten, auch wirklich führten. Es gab Reserveoffiziere darunter, die sich längst hervorragende Stellungen im zivilen Leben erworben hatten, und die nun alles daran setzten, auch die hervorragende Position im Beruf, um das Beste aus einer verfahrenen Lage zu machen. Es gab Bataillone, die an einem Tag sämtliche Offiziere verloren, aber es fragt sich, ob es notwendig war, daß man dermaßen verschwenderisch mit ihrem Leben umging.

Und dann immer wieder die mangelnde Ausbildung, die miserable Vorbereitung. »Aber hier muß der mangelnden Vorbereitung der Führer gedacht werden, die trotz mutigsten persönlichen Einsatzes doch so grundlegende Fehler machten, daß man auch hier sagen muß: Es wurden nutzlos zuviele Menschen geopfert, teils aus Unkenntnis der Lage und Ungeübtheit in der Truppenführung, teils auf Grund von Exerzierplatzauffassungen« — so sieht es die Geschichte des Reserve-Infanterie-Regiments 214.

Und weiter heißt es:

> Das soll keinen der damaligen Führer als Menschen kränken oder in seinen Leistungen herabsetzen. Dieser Umstand ist nur deshalb erwähnt, weil daraus mit erklärlich wird, warum die IV. Armee nach kurzen Wochen 39000 Tote und 13000 Vermißte zu verzeichnen hatte.

Man faßt es nicht, wenn man z. B. erfährt, daß das Reserve-Infanterie-Regiment 235 am 21. Oktober in schulmäßigem Angriff auf Langemarck antritt, zwei Bataillone in vorderster Linie, das dritte Bataillon als Reserve dahinter, und daß die beiden vorderen Bataillone alsbald kläglich zusammengeschossen werden; daß dem Regimentskommandeur daraufhin nichts anders einfällt, als auch das in Reserve gehaltene Bataillon zum Angriff zu befehlen, mit dem Ergebnis, daß auch dieses Bataillon so schnell und so gründlich zusammengeschossen wird wie seine beiden Vorgänger. Das Ergebnis: fast zweitausend Mann tot, verwundet oder vermißt.

Bemerkenswert auch die Konsequenz, die der Divisionskommandeur aus diesem Fiasko zog. »Am nächsten Tag, dem 22. Oktober«, so heißt es in der Regimentsgeschichte von 235, »kam der Divisionsbefehl: Neuer Angriff auf Langemarck!«

Noch einmal sei der Oberbefehlshaber der 4. Armee, Herzog Albrecht v. Württemberg erwähnt, der am 4. November folgenden Armeebefehl bekanntgeben ließ:

> In den Kämpfen der letzten Tage haben alle Truppenteile Beweise von großer Hingabe, Ausdauer und Angriffslust gezeigt. Sie haben in schwerem fdl. Artilleriefeuer ausgehalten und keine Verluste gescheut.

Ich spreche daher allen Offizieren, Unteroffizieren und Mannschaften meiner Armee die wärmste Anerkennung für ihre Leistungen aus und gebe mich der Hoffnung hin, daß durch unentwegtes Festhalten an dem Angriffsgedanken, ohne Scheu vor Verlusten, die jetzt begonnenen Operationen zu einem glücklichem Ende geführt werden.

Was blieb den nachgeordneten Kommandeuren anders übrig, als immer wieder den Angriff zu befehlen?

Manchmal geraten die Schreiber der verschiedenen Regiments- und Bataillonsgeschichten geradezu in eine Zwickmühle, wenn sie trotz des ständigen Bemühens, die Ehre und den Ruhm ihrer Einheit wie der höheren Führung ja nicht zu schmälern, nicht länger an den Mängeln ihrer Ausbildung, Ausrüstung und Versorgung vorbeireden können, wie etwa die 25er Reserve-Jäger aus Dresden, die uns folgendes mitteilen:

Die ersten Gefechtswochen des Reserve-Jäger-Bataillons 25 standen unter dem verhängnisvollen Einfluß verschiedener Umstände, denen es neben der Schwere der Kämpfe wohl mit zuzuschreiben ist, daß diese Wochen jedem Mitkämpfer als besonders anstrengend im Gedächtnis geblieben sind. Es sei daher gestattet, auf jene Verhältnisse kurz einzugehen.

Dem einzelnen in erster Linie fühlbar war das zeitweise gänzliche Ausbleiben der Verpflegung. Besaß doch das Bataillon damals noch keine Feldküchen, sondern war mit großen »Kochkisten« ausgestattet, die auf unbeholfenen schweren Wagen befördert wurden. Daß diese Einrichtung für einen Bewegungskrieg wenig geeignet ist, liegt auf der Hand. Tatsächlich kamen denn auch die Verpflegungsfahrzeuge nicht nach, und die Truppe blieb des öfteren auf »Selbsthilfe« angewiesen. Eine solche Selbsthilfe war aber häufig recht fraglicher Natur, und es braucht kaum besonders hervorgehoben zu werden, daß derartige »Verpflegungsexpeditionen« der Ordnung und Disziplin sehr abträglich waren. Kein Wunder auch, daß nach Lage der Dinge mancherlei Nahrungsmittel verzehrt wurden, die ungeeignet und schädlich waren wie rohe Rüben von den Feldern und unreifes Obst aus den Gärten. Massenhafte Darmerkrankungen waren die Folge, und die Lazarette füllten sich mit Ruhrkranken, die meist für Monate der Front verlorengingen.

Weiterhin trug die Ausrüstung der Truppe den Anforderungen des Krieges noch nicht genügend Rechnung. Nur etwa ein Drittel der Leute waren mit kleinen Spaten versehen, während ein Schanzzeugwagen mit großem Schanzzeug ganz fehlte. Dabei schleppte der einzelne damals noch sein Gepäck mit sich herum, ein Übelstand, dem man später durch die Errichtung von Gepäckdepots abzuhelfen suchte.

Schließlich fehlten dem Bataillon in der ersten Zeit die Maschinengewehre mit ihrer geradezu unentbehrlichen Feuerkraft, was umso schmerzlicher empfunden wurde, als der Feind mit solchen ausgestattet war. Erinnert sei in diesem Zusammenhang auch an die verhältnismäßig sehr kurze Ausbildung der Rekruten, die indessen einen gewissen Ausgleich fand in deren glühender Begeisterung und Vaterlandsliebe.

An anderer Stelle heißt es dann noch, daß am ersten Kampftag des Bataillons »von den vier Kompanieführern drei infolge Krankheit oder Erschöpfung ausgeschieden waren«. Es ist nahezu unvorstellbar, was den Männern an der Front und ihrer glühenden Begeisterung zugemutet wurde.

6. Kapitel: Die Studenten

Die Engländer sprachen vom Schoolboy Corps; es ist also nicht nur in Deutschland der Eindruck entstanden, als seien vor Langemarck in erster Linie die deutschen höheren Schüler und die deutsche akademische Jugend geopfert worden. Der Eindruck wurde verstärkt durch die Regsamkeit der zum Nationalismus tendierenden studentischen Verbindungen, die sich durch Gedenksteine und in Stein gemeißelte Gedenksprüche auf dem deutschen Soldatenfriedhof von Langemarck sowie durch Feiern, Kundgebungen und Aufmärsche nachdrücklich ins Gedächtnis der Leute zu bringen wußten.

»Langemarck — Ein Vermächtnis«, heißt ein in der »Kleinen Bücherei« eines Münchener Verlages erschienenes Bändchen, und es enthält »Worte« von Josef Magnus Wehner

am 10. Juli 1932, zur Stunde der Übernahme des Gefallenen-Friedhofs in Langemarck durch die Deutsche Studentenschaft, gesprochen an allen deutschen Hochschulen, verbunden mit Briefen Gefallener.

Die »Worte« beginnen mit dem Satz: »In dieser Stunde, deutsche Studenten, übernimmt euer erster Vorsitzer die Schlüssel zum Friedhof von Langemarck.« Wiederum wird der Anschein erweckt, als lägen dort in Langemarck lauter Studenten. Zwar ist später von »eilig herangeführten Korps aus Studenten, Arbeitern und Kaufleuten« die Rede, aber einige Zeilen weiter werden diese Korps als »Kinderkorps« bezeichnet.

Wer den Friedhof von Langemarck in der Erwartung betritt, hier in erster Linie Studentengräber vorzufinden, wird enttäuscht. Selbst der Hinweis »Freiwilliger« oder »Kriegsfreiwilliger« findet sich nicht allzu oft. Dafür gibt es Zusätze wie »Unteroffizier«, »Gefreiter«, »Reservist«, »Ersatzreservist«, »Wehrmann«, auch Offiziere werden genannt — was alles die

Studenten nicht gewesen sind, es sei denn, sie hatten früher gedient und sich einen Rang erworben; aber dann waren es keine jungen Freiwilligen.

Die erste Flandernschlacht, die den berühmten Satz der Obersten Heeresleitung auslöste, tobte vom 21. Oktober bis zum 15. November 1914, und es müßten also vor allem Gefallene aus jenen Tagen hier ruhen. Dem ist aber nicht so. Auf dem Friedhof liegen 45000 deutsche Gefallene, davon 24000 in einem Massengrab. Über sie wissen wir nur, daß sie in Flandern gefallen sind. Über das Wann und Wie und Wo kann niemand eine genaue Aussage machen. Bei den Toten, die durch eine Namenstafel gekennzeichnet sind, erfahren wir das Jahr ihres Todes. Von 458 Einzelgräbern, die wir durchgezählt haben, verteilen sich die Jahre wie folgt:

Gefallen sind im Jahre 1914   122 Soldaten
Gefallen sind im Jahre 1915   148 Soldaten
Gefallen sind im Jahre 1916   128 Soldaten
Gefallen sind im Jahre 1917   49 Soldaten
Gefallen sind im Jahre 1918   11 Soldaten

Als man einige Jahre nach Kriegsende daran ging, die in Flandern verstreuten Friedhöfe und Einzelgräber bzw. Gräbergruppen deutscher Soldaten in vier Hauptfriedhöfe (Vladslo bei Dixmuiden 26000 Gräber; Langemarck 45000 Gräber; Hooglede bei Roeselare 26000 Gräber; Menen 48000 Gräber) zusammenzulegen, bestand kein Grund, den Friedhof von Langemarck aus der Vierergruppe herauszuheben und in den Vordergrund zu rücken, wie es dann fortgesetzt geschehen ist. Wenn man schon Wertungen vornehmen wollte, dann hätte man den Friedhof von Vladslo wählen sollen, weil dort das von Käthe Kollwitz geschaffene Denkmal »Die Eltern« aufgestellt ist, das in erschütternder Weise den Schmerz und die Trauer eines Vaters und einer Mutter dokumentiert, die ihren Sohn verloren haben. Das Denkmal gewinnt an Gewicht und Bedeutung, wenn man ganz in seiner Nähe, gleichsam zu Füßen des Elternpaares, eine Grabplatte entdeckt, die darauf hinweist, daß hier der beim Sturm auf Dixmuiden gefallene Kollwitz-Sohn seine letzte Ruhe gefunden hat.

Noch in unseren Tagen konnte folgendes geschehen. Eine Gruppe von Veteranen des Ersten Weltkrieges macht per Omnibus eine Flandernreise, um die Orte und Stätten der schweren Kämpfe von 1914 – 1918 zu besuchen. Auf der Fahrt vom Houthulster Wald nach Ypern läßt der Reiseleiter, ebenfalls ein Veteran, den Bus vor dem Friedhof Langemarck halten und weist seine Mitreisenden darauf hin, daß hier die heilige, die unvergeßliche Stelle sei, an der deutsche Studenten unter dem Gesang »Deutschland, Deutschland über alles« die feindlichen Stellungen gestürmt haben. Es folgt ein kurzer Gang über den Friedhof; am Kriegerdenkmal von Langemarck, das den (belgischen) Gefallenen des Ortes gewidmet ist, wird ein Kranz niedergelegt. Die Friedhöfe von Vladslo, Hooglede und Menen werden nicht erwähnt und auch nicht besucht.

Der Friedhof von Langemarck blieb sozusagen immer vorn. Der Name Langemarck hatte ja jenen grandiosen, unvergeßlichen Satz aus dem Bericht der deutschen Obersten Heeresleitung zum Bundesgenossen: »Westlich Langemarck brachen junge Regimenter . . .«

Die Legende wurde eifrig weitergepflegt, fast immer zugunsten der Studenten und fast immer zuungunsten all der anderen, die auch dabei waren, auch geblutet haben, auch gefallen sind: der nicht mehr ganz jungen, der Familienväter, der gesetzten Männer, der Reservisten und der Landwehrleute. Wie sehr man auch beim Niederschreiben der Regimentsgeschichten der Legende verhaftet und verfallen war, zeigt der Bericht des Reserve-Infanterie-Regiments Nr. 201, der in einer sauberen, übersichtlichen Statistik Auskunft über die Zusammensetzung des Regiments vor seinem Ausrücken nach Flandern gibt. Danach hatte das Regiment eine Gesamtstärke von 2872 Mann; der Anteil der Freiwilligen betrug 2206 Mann. »Studenten, Lehrer, Schüler usw.« werden in der Statistik mit 525 Mann angegeben, das sind, auf die Gesamtstärke von 2872 Mann gesehen, 18 Prozent. Aber nicht die gesamten 18 Prozent können Studenten gewesen sein, denn die Rubrik lautet ja »Studenten, Lehrer, Schüler usw.«. Gleichwohl fährt der Verfasser des Berichtes, seine eigene Statistik mißachtend,

63

wohlgemut fort: »Das neue Regiment bestand, wie aus der Übersicht hervorgeht, zum größten Teil aus Kriegsfreiwilligen, meist Studenten der Berliner Hochschulen oder Schüler aus den oberen Klassen höherer Lehranstalten.«

Man muß bei soviel Studentengläubigkeit und -anhänglichkeit unbedingt den Bericht des Reserve-Infanterie-Regiments Nr. 213 zitieren. Dort heißt es:

> Meist verbindet sich mit dieser Vorstellung (Langemarck) die, daß die Regimenter, von deren Taten in Flandern die Heeresberichte der letzten Monate des Jahres 1914 melden, reine Freiwilligen-Regimenter gewesen seien, also Regimenter, deren Mannschaftsbestand allein oder fast allein Kriegsfreiwillige gebildet hätten ... Auf die Gesamtzahl der Regimenter mag die Prozentzahl zutreffen, indes sei hier ausdrücklich betont, daß bei dem R.I.R. 213 diese Angabe nicht zutrifft. Das Regiment 213 war vielmehr zu fast 100 % aus gedienten Leuten, Reservisten und Landwehrleuten 1. und 2. Aufgebotes zusammengesetzt. Eine solche notwendige Feststellung soll nicht den Ruhm der Freiwilligen herabsetzen, der Schreiber dieser Zeilen gehört selbst zu den Freiwilligen von 1914, bekennt sich mit Stolz zu ihnen und ist so über jeden Verdacht erhaben, ihren Ruhm schmälern zu wollen. Umso mehr ist er aber den Reservisten und Wehrleuten und der historischen Wahrheit es schuldig, zu betonen, daß das Reserve-Regiment 213 des Herbstes 1914 kein sogenanntes Freiwilligen-Regiment war, sondern daß es gediente Leute, meist Familienväter, waren ...

Bemerkenswert, wie vorsichtig der Verfasser zu Werke geht, um seine Feststellungen zu treffen. Es ist, als fürchte er sich eines Vergehens schuldig zu machen, wenn er der These von den Studentenregimentern zu widersprechen wagt.

Mehr oder weniger deutliche Korrekturen der Zahlenverhältnisse in den Flandern-Regimentern gab es auch in anderen Regimentsgeschichten, aber da war es schon zu spät, um an dem falschen Bild noch etwas zu ändern. Noch im Juli 1932, also 18 Jahre nach den Ereignissen in Flandern, spricht Wehner in seiner Langemarckschrift davon, daß »mit dem Tode dieser Kinder« die Front erstarrt sei, und das Bändchen ist »Den deutschen Studenten geweiht«, nicht auch den Reservisten und Wehrmännern, nicht den Familienvätern. Propaganda, Hurrageschrei, falsche Darstellung und verworrene Erinnerung hatten den Ort Langemarck in den Mittelpunkt gerückt und gleichzeitig den Studenten einen Anteil am Kampf beigemessen, der ihnen nicht zukam. Schon die Tatsache, daß insgesamt sechs Korps aufgestellt worden waren, aber nur vier nach Flandern gingen (auch die anderen zwei hatten Studenten in ihren Reihen), hätte nachdenklich stimmen müssen. Noch einmal sei betont: Sie waren dabei, die Studenten, sie sind begeistert in die Schlacht gezogen, sie haben gelitten und geblutet, aber ihre Zahl war geringer, als die Berichte wissen wollen.

Und hier noch ein paar Auszüge aus Regimentsgeschichten, die die Zusammensetzung der Mannschaften betreffen:

... so daß schließlich das neue Regiment doch zu zwei Dritteln aus altgedienten Leuten bestand ... (Regiment 205)

Eine genaue Aufstellung gibt das Reserve-Infanterie-Regiment Nr. 211:

Aktive Soldaten	166	
Reservisten	299	
Freiwillige	970	= 33 %
Landwehrleute	1 499	
Ersatzreservisten	1	

Dazu 24 Offiziere, 34 Offizierstellvertreter, sechs Sanitätsoffiziere, drei Zahlmeister und 185 Pferde.

Vom Regiment 212 liegt eine genaue Aufstellung über das III. Bataillon vor:

Mannschaften gesamt	1 136
davon ungediente Freiwillige	118

Das Regiment 214 hatte vom 15. Oktober bis zum 31. Dezember

1914 folgende Verluste, d. h. Gefallene, die auf die Zusammensetzung der Einheit schließen lassen:

Kriegsfreiwillige	99
Wehrmänner	213
andere	264

Beim Regiment 235 heißt es:

> Einen besonders großen Anteil an Mannschaften des Regiments stellten die Kriegsfreiwilligen und unter ihnen die Studenten der Bonner Universiät.

Und einen Überblick über die in der Zeit vom 20. Oktober bis 31. Dezember gefallenen Soldaten der 235er ergibt folgendes Bild:

Offiziere und Unteroffiziere	71
Freiwillige	259
andere	253

In den verschiedenen Regimentern stehen einmal mehr, ein ander Mal weniger Studenten. In der Geschichte des Regiments 244 heißt es:

> Sieben Prozent hatten das Einjährigen-Freiwilligen-Zeugnis, von denen ein Drittel noch Schüler waren.

Das Feldartillerie-Regiment 51 berichtet:

> Im Durchschnitt besaß die Batterie etwa 30 Einjährige, im Zivilberuf Assessoren, Referendare, Lehrer, Studenten. In der Minderzahl waren sie Kaufleute und Schüler.

Im übrigen läßt sich der Anteil der Schüler auch nicht annähernd bestimmen. Ihre Zahl kann mit Rücksicht auf ihr Lebensalter nicht hoch gewesen sein. In den meisten Regimentsgeschichten werden sie nicht erwähnt. Man wird sie den Studenten zugerechnet haben[17].

Der Gesamtbestand der vier Reservekorps, die in Flandern eingesetzt wurden, dürfte, wie schon erwähnt, pro Korps 30 000 Mann betragen haben, insgesamt also 120 000 Mann. Demgegenüber gibt das Statistische Jahrbuch für das Deutsche Reich von 1915 (36. Jahrgang) die Zahl der während des Sommersemesters 1914 und des Wintersemesters 1914/15 im Wehrdienst stehenden Studenten mit 40 761 an. Selbst wenn alle diese Studenten bis auf den letzten Mann den vier Armeekorps angehört hätten, so hätte ihr Anteil nur ein Drittel der Gesamtstärke ausgemacht.

Man kann auch nicht immer Student gleich Freiwilliger setzen. Unter den rund 40 000 Studenten, die das Statistische Jahrbuch nennt, waren gewiß auch ältere Jahrgänge, die ihren Wehrdienst bereits hinter sich hatten, die als Einjährige gedient hatten und darum als Chargierte zur Armee zurückgekehrt waren.

Das soll, um mit dem Berichterstatter des Regiments 213 zu reden, den Ruhm der Studenten nicht schmälern. Sie waren die Wortführer in den neuen Regimentern, sie waren die Begeisterten und Berauschten. Von ihnen gingen viele Impulse aus, die den oft unerträglich sturen Ausbildungsdienst erträglich machten. Sie vor allem stimmten die vaterländischen Lieder an, von denen noch zu reden sein wird. Ihr Einsatz in so großer Zahl und — so möchte man sagen — in so konzentrierter Form war ein Verbrechen an ihnen selbst, am deutschen Heer, an der deutschen Jugend, am deutschen Volk. Mit ihrer miserablen Ausbildung und unter der unzulänglichen Führung, die ihnen zuteil wurde, verbluteten sie reihenweise im feindlichen Feuer. Aus ihnen oder doch aus den meisten von ihnen hätte man jene jungen Offiziere machen können, die später so sehr fehlten.

Sie waren gewiß nicht bescheiden in ihrem Auftreten. Das Bewußtsein, der geistigen Elite des deutschen Volkes anzugehören, machte sie oft unleidlich und unerträglich. Da sie ständig ihre Begeisterung und ihre Vaterlandsliebe hervorkehrten, arbeiteten sie denen in die Hände, die sie so schamlos mißbrauchten. Sie fanden sich innerhalb ihrer Einheiten schnell zusammen und täuschten damit eine Mehrheit vor, die sie oft nicht hatten.

Hier gibt es ein typisches und bemerkenswertes Beispiel. Das Reserve-Jäger-Bataillon Nr. 26 wurde in Freiberg in Sachsen aufgestellt. Es hieß, daß sich das Bataillon vor allem aus

Studenten der Freiberger Bergakademie rekrutiere. Das Bataillon war, als es an die Front ging, etwa 1000 Mann stark; kriegsdienstleistende Studenten der Bergakademie aber gab es im Sommersemester 1914 und im Wintersemester 1914/15 laut Statistischem Jahrbuch 160.

Nun aber geschieht folgendes. Das Bataillon wird auf der Fahrt an die Front am Abend in Bamberg verpflegt, und »hier, wie vielleicht auch anderwärts, scharen sich die Freiberger Studenten und solche, die es werden wollen, um ihren Professor Wilski und singen einige der schönen und tiefempfundenen Bergmannslieder«. (Zitiert nach der Bataillonsgeschichte.) Ist es da verwunderlich, wenn der Eindruck entstehen konnte, in dem Transportzug des Bataillons befänden sich lauter Studenten?

Im übrigen sollte nicht übersehen werden, daß die Studenten wie alle Freiwilligen zunächst einmal um ihr Renommee zu kämpfen hatten. Die Geschichte des Reserve-Infanterie-Regiments 246 bemerkt dazu in einem Bericht über den Aufenthalt des Regiments in Courtrai (Kortrijk): »In Courtrai wimmelte es wie in einem Ameisenhaufen. Überall Feldgrau . . . Ab und zu fehlte auch einer ihrer Getreuen, natürlich ein Kriegsfreiwilliger. Diese waren der Schrecken der Feldwebel und Korporalschaftsführer. Der Kriegsfreiwillige wurde damals noch nicht für voll angesehen. Er führte bei der gedienten Mannschaft den Namen ›Kriegsmutwilliger‹. In hartem Kampf mit dem Feind hat er es bald verstanden, die Bezeichnung Kriegsfreiwilliger zu einem Ehrennamen zu machen.«

Das heißt also, soweit die Freiwilligen das Desaster vom Herbst 1914 überstanden hatten, wurden sie allmählich als vollwertige Kameraden in die Einheiten aufgenommen.

7. Kapitel: Transport und Aufmarsch

Am 10. und 11. Oktober wurden die vier Armeekorps in Marsch gesetzt — genauer gesagt, sie wurden in Transportzüge verladen. Keiner der jungen Soldaten kannte das Ziel, niemand in den Zügen wußte etwas über Bestimmung und Auftrag der Korps. »Als das Regiment bei Herbesthal die Grenze überschritt, waren die jungen Kriegsfreiwilligen immer noch in Zweifel, wohin die Reise gehen würde, und als sich herausstellte, daß Belgien das Ziel sei, dachten sie, ganz ebenso wie die Kameraden anderer junger Regimenter, daß sie zunächst etwa als Besatzung von Antwerpen oder einer anderen größeren, feindlichen Stadt Verwendung finden würden, denn eigentlich war alles davon überzeugt, daß die Ausbildung dieser Truppen es noch nicht rätlich erscheinen lasse, sie direkt an den Feind zu bringen[18].«

Aber man hatte etwas anderes mit ihnen vor. Die Lücke zwischen Lille und der belgischen Küste sollte schleunigst geschlossen werden. Ein Vorstoß bis Dünkirchen und Calais war vorgesehen; darüber hinaus dachte man bei der Obersten Heeresleitung an die Möglichkeit, jenen grandiosen Plan doch noch zu verwirklichen, der an der Marne gescheitert war: den Plan nämlich, den Gegner in seiner linken Flanke zu umfassen und ihm vor oder hinter Paris eine kriegsentscheidende Niederlage beizubringen. Was die Alliierten ihrerseits planten, um das Loch in Belgien zu stopfen, blieb der Obersten Heeresleitung verborgen. Man agierte sozusagen munter ins Blaue hinein, und den neuen Korps war dabei eine entscheidende Rolle zugedacht.

Es ging also nach Westen, nach Belgien. Kaum eine Regiments- oder Bataillonsgeschichte, die zu erwähnen vergißt, daß man im Angesicht des Rheines die »Wacht am Rhein« sang. Als die Züge die deutsch-belgische Grenze überquerten, schrien die Soldaten »Hurra«. Die Herzen schlugen höher und heftiger, vor Stolz und Begeisterung, vor Begierde, an den Feind zu kommen (obschon sie doch gehofft hatten, zunächst in rückwärtigen Diensten verwandt zu werden) und auch ein wenig Angst, denn man hatte sie nachdrücklich auf die belgischen Franktireure und ihre heimtückischen Überfälle hingewiesen.

Ausgeladen wurde auf den Bahnhöfen der Strecke Brüssel – Gent – Brügge; diese Bahnstrecke war die Basis, von der aus die vier Korps zu operieren begannen. Am 14. und 15. Oktober setzten sie sich in Bewegung, um die ihnen zugewiesenen Bereitstellungsräume zu erreichen. Als Ziele und Stoßrichtungen der 4. Armee waren vorgesehen:

XXII.	Reserve-Korps auf Dixmuiden
XXIII.	Reserve-Korps auf Bixschote
XXVI.	Reserve-Korps auf Langemarck
XXVII.	Reserve-Korps auf Beselare
III.	Reserve-Korps, das nach der Einnahme von Antwerpen am 9. Oktober frei geworden war, auf Nieuwpoort (an der Küste entlang)

Für die Männer begann eine Zeit der quälenden Fußmärsche und permanenten Strapazen. Sie hatten so vieles nicht geübt, auch nicht das Marschieren, und sie wußten nicht, was es bedeutet, mit schwerem Gepäck 30 km und mehr am Tage zurückzulegen. Erst später kamen Einheitsführer (beileibe nicht alle) auf den Gedanken, die Tornister den Kompanien hinterher fahren zu lassen. Die Fürsorge der Heimat hatte die Soldaten mit Gaben und Geschenken überhäuft, Nützliches und weniger Nützliches war zusammengekommen, das jetzt an den Straßenrand flog oder bei einem Halt aussortiert und einfach liegengelassen wurde: Wollsocken, Strickwesten, Schals, warme Unterhemden, Hausschuhe. Regen, Nebel und Kälte machten sich bald breit, aber in den ersten Stunden und Tagen des Vormarsches, als die Sonne noch brannte, konnte sich niemand vorstellen, daß man einmal bitter nötig brauchen würde, was man aus Leichtsinn oder Verzweiflung neben die Straße warf — bloß um die peinigende Last des Gepäcks ein wenig zu verringern.

Es wird nicht berichtet, welche neuen Besitzer diese wunderliche Auswahl an Wollsachen und anderen Kleidungsstücken gefunden hat. Aber wer immer die Sachen aufgesammelt haben mag, belgische Einwohner oder deutsche Besatzungssoldaten, der wird sich seine eigene Gedanken über die so mühselig dahinziehende Truppe gemacht haben.

Es ist sicherlich nicht müßig, einmal nachzurechnen, was Transport und Aufmarsch einer Armee von 120000 Mann bedeutet. Für je ein Bataillon wurde ein Transportzug benötigt; bei 32 Infanterie-Regimentern zu je drei Bataillonen gleich 96 Bataillone ergibt das 96 Züge. Dazu pro Division ein Jägerbataillon, macht bei acht Divisionen acht Bataillone Jäger und damit weitere acht Transportzüge, insgesamt also 104 Züge allein für die Infanterie. Ferner ein Artillerie-Regiment pro Division, das ergibt bei acht Divisionen acht Artillerie-Regimenter zu je drei Abteilungen gleich 24 Abteilungen und damit weitere 24 Transportzüge. Rechnet man zusammen, so kommt man, ohne die Sondereinheiten wie Pioniere, Sanitäter, Kavallerie, schwere Artillerie und höhere Stäbe zu berücksichtigen, auf Infanterie 96, Jäger 8, Artillerie 24, zusammen 128 Transportzüge.

Das Lenken und Dirigieren dieser rollenden Massen war vielleicht weniger eine Aufgabe, die von den militärischen Stäben als vielmehr von den Experten der Eisenbahn gelöst werden mußte. Im großen und ganzen scheint es funktioniert zu haben. Später, nach dem Verlassen der Züge, ging es weniger gut. Schon hier zeigte sich, daß bei weitem nicht alle Herren der höheren Führung ihre Probleme zu meistern verstanden. Ein Armeeoberbefehlshaber im Range eines Generalobersten mit seinem Stabschef, ebenfalls einem General, vier Korpsgenerale, acht Divisionsgenerale und vierzig Regimentskommandeure (zweiunddreißig bei der Infanterie, acht bei der Artillerie), die im allgemeinen im Range eines Obersten oder Oberstleutnants standen, waren, unterstützt von ihren personalstarken Stäben, am Werk, um den Vormarsch dieser Armee zu lenken — mit manchmal recht zweifelhaftem Erfolg.

Macht man sich einmal die Mühe oder das Vergnügen und zeichnet auf einer Kartenskizze die Marschwege der einzelnen

Regimenter und Bataillone ein, so sieht man, wie sich die Linien häufig berühren und überschneiden. In der Praxis bedeutet das, daß sich die Einheiten in die Quere gerieten, sich gegenseitig behinderten und zeitweilig ein Vorankommen ganz und gar unmöglich machten. Es gab immer wieder Stauungen, Verzögerungen, Umleitungen, vergebliche Wege und ärgerliches Zurückmarschieren. Manche Einheiten kamen zu manchen Zeiten keinen Schritt vorwärts. Eine unter kriegsmäßigen Bedingungen marschierende Division stellt einen äußerst vielfältigen und komplizierten Apparat dar, der an alle Beteiligten, besonders die Führung, höchste Anforderungen stellt[19]. Die Stadt Roeselare (in den Berichten fast immer mit ihrem französischen Namen Roulers bezeichnet), eine für den deutschen Aufmarsch wichtige und zentral gelegene Stadt, war tagelang von Geschützen, Bagagen und Kolonnen förmlich verstopft, und in Poelkapelle, dem Ort, der dann als Ausgangspunkt für die Angriffe auf Langemarck diente, war das Durcheinander so groß, daß man ständig mit einer Katastrophe rechnen mußte. Sie blieb aus, weil der Gegner selbst noch mit seinem Aufmarsch und seinem In-Stellung-Gehen beschäftigt war.

8. Kapitel: Zwischenfälle und Überfälle

Aber da waren noch die Franktireure[20].

Vom ersten Tage des Krieges an hatte es im Westen dieses Problem gegeben. Viele Soldaten, vor allem die Studenten, wußten, daß sich schon im Kriege von 1870/71 die deutschen Truppen mit Freischärlern herumschlagen mußten, die ihren rückwärtigen Diensten zuweilen hart zusetzten. Nach den vernichtenden Niederlagen von Metz und Sedan hatte der französische Innenminister Gambetta die Aufstellung von Franktireur-Einheiten betrieben, die wir heute als Guerillas bezeichnen würden. Sie operierten einzeln oder in kleineren Trupps, ja es gab sogar Franktireurkompanien und Franktireurbataillone, die gewählten oder ernannten Führern unterstanden. Die Angehörigen dieser Einheiten waren uniformiert oder auch nicht uniformiert, ganz wie es sich traf; auch Teiluniformierte gab es. Selbstverständlich kam es immer wieder vor, daß diese so unterschiedlich kostümierten Kämpfer willige oder auch unwillige Bauern und Bürger zur Teilnahme an ihren Kriegszügen animierten, daß sie sich also während oder zwischen ihren Operationen laufend aus der Bevölkerung ergänzten[21].

Die Deutschen, wenn sie eines Franktireurs habhaft wurden, schlugen hart zu. Dabei verfuhren sie im allgemeinen nach einer einfachen Regel: Trug der Mann Uniform, so wurde er wie ein Soldat behandelt und in Gefangenschaft abgeführt; trug er keine, so wurde er erschossen.

Die Franktireure hatten sozusagen die 44 Jahre zwischen dem 70er Krieg und dem Krieg von 1914 überlebt — nicht zuletzt in den Köpfen der deutschen militärischen Führung, die es nicht unterließ, ihre Soldaten nachdrücklich auf die Tätigkeit dieser Freischärler hinzuweisen.

Als die vier neuen Korps durch Belgien marschierten, konnten sie zahlreiche Franktireurberichte und Franktireurerfahrungen von ihren Vorgängern übernehmen, d. h. von jenen Truppen,

73

die im August in Belgien einmarschiert und bis zur Marne durchgestoßen waren. Von Franktireur-Formationen wurde indessen kaum etwas bekannt; die belgischen Freischärler traten mit wenigen Ausnahmen sozusagen als Einzelkämpfer auf. Es hatte bereits einige böse Zwischenfälle gegeben, so der Aufruhr von Löwen vom 25. – 27. August 1914, bei dem nicht nur Menschenleben auf beiden Seiten, sondern auch bedeutende Werte der Löwener Universitätsbibliothek vernichtet wurden. Die Deutschen folgten nämlich bei Franktireurüberfällen oder bei dem, was sie dafür hielten, dem unglückseligen und später aufgehobenen Befehl, Feuer in jene Häuser zu legen, aus denen man auf deutsche Soldaten geschossen hatte. Die Folge war, daß gelegentlich nicht nur das gebrandschatzte Haus, sondern, weil das Feuer übersprang, ganze Häuserzeilen den Flammen zum Opfer fielen. So kam es aber auch, daß deutsche Einheiten, die sich zu wiederholten Malen mit Franktireuren auseinanderzusetzen hatten, geradezu von Feuersbrünsten begleitet wurden und damit den Eindruck erweckten, als zögen sie wie Räuberbanden sengend und brennend durchs Land.

Die Grenze zwischen wirklichen und angeblichen oder eingebildeten Überfällen zu ziehen, war außerordentlich schwer. Ein Schuß, der irgendwo fiel, ohne daß man Herkunft und Anlaß ermitteln konnte, wurde augenblicklich einem Franktireur zugeschrieben, und wenn der Schuß noch Unheil anrichtete, d. h. einen Mann verwundete oder gar tötete, dann griff man rigeros durch — manchmal gegen Unschuldige.

Bei den Auseinandersetzungen mit den Franktireuren kam es aus Angst oder Übereifer zu Falschbeurteilungen der Lage, zu Fehlentscheidungen und Fehlgriffen. »Jede dahinhuschende Katze, jeder vom Nachtwind bewegte Strauch wurde zum anschleichenden Feinde«, heißt es in der Regimentsgeschichte von 202. Und die 245er Infanteristen teilen uns gelassen mit: »Ein Müller, der zufällig beim Vorbeimarsch der Truppe seine Mühle in Gang setzt, muß erleben, daß seine Mühle in die Luft fliegt, weil er verdächtigt wird, daß seine Windmühlenflügel dem Feinde den Anmarsch der Deutschen anzeigen.« Es konnte vorkommen, daß deutsche Soldaten, nachdem sie in ein Haus eingedrungen waren, ein am Fenster lehnendes Gewehr belgischer oder französischer Herkunft fanden, dessen Lauf noch warm war, dazu Patronen auf der Fensterbank und leere Hülsen auf dem Fußboden; also mußten, so schlossen die Soldaten, aus diesem Haus auf sie geschossen worden sein — von einem Zivilisten, denn die feindliche Front war einige Kilometer entfernt. Es konnte sich durchaus so verhalten, mußte aber nicht. Das Gewehr konnte ebenso gut einem belgischen oder französischen Soldaten gehören, der länger als seine Kameraden ausgehalten und sich dann unter Hinterlassung seiner Waffe, weil sie ihn störte, überstürzt auf den Rückzug begeben hatte.

Es gibt Dutzende von Beispielen dieser Art; die Soldaten waren indessen stets geneigt, hinter allem, was nicht ihrer Vorstellung von einer friedlichen Bevölkerung entsprach, das Wirken der Franktireure zu sehen.

Ihr Verhalten und ihre Einstellung erklären sich nicht zuletzt aus den Erlebnissen der vorausgegangenen Wochen. Noch klang ihnen der frenetische Jubel in den Ohren, der sie in der Heimat bei ihrem Ausrücken zu den Verladebahnhöfen begleitet hatte. Immer wieder hatte man ihnen Freundlichkeit, Zuneigung, Bewunderung und Liebe dargebracht, aber jetzt wurden sie mit Menschen konfrontiert, die verkniffenen Mundes am Straßenrand standen oder sich in ihren Behausungen versteckten. Noch war es nicht lange her, seitdem belgische Soldaten die gleiche Straße gezogen waren, abgekämpft und abgestumpft, verloren und verlassen, das jammervolle Bild einer geschlagenen Truppe. Jetzt kamen die Sieger, stolz, selbstbewußt und ziemlich laut — was Wunder, daß man sie haßte.

Die Regimentsgeschichten berichten von unzureichender oder ganz und gar fehlender Verpflegung; was blieb übrig, als sich aus dem Lande zu ernähren? Manchmal bezahlte man oder gab irgend welche Bescheinigungen und Bestätigungen, manchmal gab man nichts als harte Worte oder die zynischen Rechtfertigungen derer, die die Gewalt und die Macht besitzen. Der Hunger tat weh, und auch die Edelmütigen unter den Soldaten lernten sehr bald, daß man mit harschen, barschen Worten eher ans Ziel kam als mit freundlichem Auftreten. Später besserte sich das Verhältnis zwischen deutscher Besatzung und belgischer Bevölkerung; auch ließen die Verwandtschaften sprachlicher Art manche Schranke fallen, aber zunächst gab es vor allem böses Blut.

Es unterliegt keinem Zweifel, daß die Franktireure den Deutschen zu schaffen machten. Wie immer in solchen Fällen wurden die Aktivitäten auf unheilvolle Weise von jenen angestachelt, die weit vom Schuß saßen und nichts zu fürchten hatten. Politiker und Journalisten, die sich in England oder im südlichen Frankreich aufhielten, genossen das Vergnügen, andere zum Kampf anzufeuern, ohne selber gefährdet zu sein.

Unter dem Datum vom 1. Oktober 1914 und unter der Überschrift »Der belgische Franktireurkrieg« veröffentlicht die »Frankfurter Zeitung« in ihrer Urkunden- und Depeschensammlung »Der große Krieg« folgenden Bericht (hier auszugsweise wiedergegeben):

> In der Londoner »Sphere« vom 22. August 1914 findet sich ein Bild, das eine Frau darstellt, die, umringt von ihren Kindern, aus einer Türöffnung auf Ulanen schießt. Eine ausführliche Unterschrift klärt die Leser dieser »Familienzeitschrift« über die Tätigkeit der Franktireurfrau auf. Ein weiteres Bild zeigt bewaffnete Arbeiter, die mit Sensen, Hacken und Knüppeln ihr Heim verteidigen. Am bezeichnendsten ist die Unterschrift, die einem im »Graphic« erschienenen Bilde beigegeben ist. Eine belgische Frau kniet an der Bahre eines sterbenden belgischen Soldaten. Bei der Besprechung der »Verdienste« belgischer Frauen heißt es dann: »Sie trieben manchen Angriff von Ulanen zurück und machten bei Herstal 2000 Deutsche durch kochendes Wasser kampfunfähig.« Die französische Zeitung »L'Avenir Reims« bestätigt diese Scheußlichkeiten. Sie schreibt: »Die Stadt war natürlich beim Einzug der Deutschen leer von allen waffenfähigen Männern. Aber die Frauen, meistens Arbeiterinnen der großen Waffenfabrik, hatten

geschworen, die deutschen Truppen an der Besitzergreifung der Fabrik zu hindern. Sie bewaffneten sich daher mit Revolvern und mit all dem, was als Waffe dienen konnte. Sie trieben mehrmals die Angriffe der Ulanen zurück . . .

Zehn Jahre nach Kriegsende, nämlich 1928, flammte der Streit um das Franktireurwesen noch einmal in aller Schärfe und Erbitterung auf, als der Würzburger Universitätsprofessor Christian Meurer im Auftrag der Reichsregierung eine Schrift mit dem Titel »Loewen und der belgische Volkskrieg in der Auffassung von Fernand Mayence« (Tübingen 1928) herausgab, die die Löwener Ereignisse vom 25. – 27. August 1914 zum Gegenstand hatte. Meurer kam zu dem Schlusse, daß die deutsche Besatzung von Löwen tatsächlich von belgischen Zivilisten überfallen worden sei und daher notgedrungen zur üblichen Strafe und Vergeltung habe schreiten müssen — also Verhaftungen, Erschießungen, Brandschatzungen. Der Brand der Löwener Universitätsbibliothek, so die Version von Meurer, sei durch eine unglückliche Verkettung verschiedener Umstände ausgebrochen, und die zum Löschen herbeigeeilten deutschen Soldaten hätten nichts tun können, da die Türen der Bibliothek verschlossen gewesen seien — wohlgemerkt von innen verschlossen, was auf die Anwesenheit von Leuten schließen lasse, die sich hatten verstecken oder verbarrikadieren wollen.

Der Löwener Universitätsprofessor Fernand Mayence hingegen erklärte, daß die Deutschen vorsätzlich und ohne Grund Feuer an die Bibliothek gelegt hätten, gerade als seien die deutschen Soldaten zu dem Zwecke ausgezogen, um Bibliotheken in Brand zu stecken.

Der Streit wurde mit der bei solchen Anlässen üblichen polemischen Gereiztheit geführt, man unterstellte und wies Unterstellungen zurück, und die Verbissenheit, mit der gekämpft wurde, wuchs von Zeile zu Zeile. Beide Kontrahenten präsentierten eine Fülle von Beispielen; während z. B. Mayence schlankweg behauptet, »daß deutsche Soldaten in die Häuser eingedrungen sind und von den oberen Stockwerken geschossen haben, um den Anschein eines von Zivilisten ausgehenden

Angriffs zu erwecken«, spricht Meurer von einer »hartnäckigen, skrupellosen Greuelpropaganda«.

Die Unvereinbarkeit solcher gegensätzlicher Darstellungen kehrt in fast allen Franktireurberichten wieder, und es ist schlechterdings unmöglich, die Wahrheit und nichts als die reine Wahrheit zu erfahren[22].

Zur Verwirrung haben die Belgier wahrscheinlich am meisten beigetragen. Schon in Friedenszeiten hatten sie die »Garde civique« aufgestellt, eine halbmilitärische Truppe, unvollkommen uniformiert (Armbinde und Käppi), wenn auch einheitlich mit Infanteriegewehren bewaffnet. Den Angehörigen dieser Truppe fiel es also nicht schwer, sich gegebenenfalls ins Zivilleben zurückzubegeben; sie brauchten nur Armbinde und Käppi samt Gewehr abzulegen, um als harmlose Bürger zu gelten. Noch schlimmer war es um die »Garde civique non activ« bestellt, bei der es keinerlei einheitliche Kleidung, Bewaffung oder Führung gab. Den Belgiern selbst scheinen erhebliche Bedenken gegen diese fragwürdige Streitmacht gekommen zu sein, die dann auch gleich nach Kriegsausbruch durch Regierungsdekret aufgelöst wurde. Ob das Dekret allen Angehörigen der Garde civique non activ zur Kenntnis gelangt ist, erscheint allerdings fraglich.

Von Zwischenfällen — oder was immer man dafür hielt — wurde kaum eine Einheit verschont. Das Regiment 205, das zum XXII. Korps gehörte, also auf Dixmuiden marschierte, berichtet, daß die Bevölkerung überall ruhig geblieben sei; in einem Ort zeigte sich der Bürgermeister besonders vernünftig, indem er die Waffen seiner Bürger einsammeln ließ und den Deutschen übergab. Einen Tag später geht es weniger gut. Es ist das Übliche. Von irgendwoher fällt ein Schuß, »und die zerstreut liegenden Gehöfte werden vom gesamten I. Bataillon unter Leitung von Oberstleutnant Quast gesäubert. Da sich auch Bewohner an dem Kampf beteiligen — ein 14jähriges Mädchen schießt auf Leutnant Hahn von der 4. Kompanie — wird rücksichtslos vorgegangen; die Häuser werden angezündet.« Da ist sie also wieder, die Feuersbrunst, die sich bei gewissen Einheiten zur Manie ausgewachsen haben muß. Gelegentlich verfolgen die Artilleristen kopfschüttelnd das flammenfreudige Verhalten der Infanterie; sie, die Artilleristen, können ja nicht so frei umherstreifen wie ihre Kameraden von der Schwesterwaffe. Die 51er Artilleristen berichten: »Das Anzünden war damals an der Tagesordnung, ohne Besinnung wurde im Vorbeimarschieren Feuer gelegt, und nur mit Mühe gelang es, die Infanteristen — unsere Leute konnten nicht von Pferden und Geschützen weg — von dem Zwecklosen, ja Gefährlichen ihres Beginnens zu überzeugen. Wir deuteten dem Feinde genau unseren Vormarsch an, abgesehen davon, daß wir unsere eigenen Quartiere anzündeten. Doch daran dachte man damals noch nicht. Morgen war ja Einzug in Ypern!«

Schüsse fallen häufig auf diesem Vormarsch; weniger häufig gelingt es, die Urheber zu ermitteln. War es des öfteren nicht doch auch ein Mann der eigenen Truppe, der aus Angst, Übereifer, Unvorsichtigkeit oder Tollerei einen Schuß löste[23]? Wie oft ist es vorgekommen, daß sich die eigene Truppe gegenseitig beschoß? Es wurde auch übersehen, daß in dem Maße, wie man dem Feinde näher rückte, die Aktivitäten eben dieses Feindes zunahmen. Kavalleriepatrouillen streiften durch die Gegend, Spähtrupps waren unterwegs, vorgeschobene Sicherungen saßen in Hecken und Gehöften — man möchte kaum annehmen, daß sich diese Sonderkommandos stets brav und zurückhaltend gebärdet haben.

Am 20. Oktober kam es im Abschnitt des XXII. Korps zu dem Überfall auf Esen. Beumelburg hat dieses Ereignis in der Einleitung zu seinem Dixmuidenbericht ausführlich behandelt —, aber vielleicht doch nicht ausführlich genug, denn es bleiben eine paar wichtige Fragen offen. Nach Beumelburg waren die 15er Reservejäger und Teile der Regimenter 201 und 203 gegen Abend in das still daliegende Dorf eingerückt und hatten sich sogleich um Quartiere bemüht. Auch Artillerie muß dabei gewesen sein, obschon sie von Beumelburg nicht erwähnt wird — jedenfalls nicht beim Einrücken. Bald darauf, »als urplötzlich in der Dunkelheit mitten in dem träumerischen Dörflein ein regelloses, wildes Schießen begann«, waren auf einmal auch Artilleristen da, denn »die Straßen waren vollgestopft mit hereingerückten Kolonnen, so daß es weder ein Vor noch ein

Zurück gab. Infanterie, Artillerie und Jäger waren miteinander zu einem dichten Knäuel vermengt. Eine grenzenlose Verwirrung entstand, als sich unter das rollende Geknatter der Gewehre die dumpfen Paukenschläge von Handgranaten mischte.«

Also ein Überfall par excellence. Sogar aus der Kirche wurde geschossen, und vom Turm herab fielen die Handgranaten. »Als habe einer mit rießigem Fuß in einen Bienenschwarm getreten, so summte und schwirrte es überall hinter verschlossenen Fenstern und Dachluken hervor.« Die Jäger schlugen zurück (die Männer der Regimenter 201 und 203, die doch auch dabei waren, werden von Beumelburg beim Gegenschlag nicht erwähnt), »im Handumdrehen klatschten wuchtige Axthiebe gegen aufstöhnende Türen«, und der Zwischenfall endet wie üblich: die Jäger »machten nicht lange Federlesens und legten den gefräßigen Brand an«.

Die 15er Jäger sehen die Vorgänge genauso:

> Als auf dem Durchmarsch durch das gänzlich ausgestorben scheinende Esen dieser Ort etwa 7.15 Uhr abends mit Infanterie, Artillerie, Pionieren usw. dicht besetzt war, begann plötzlich aus zahlreichen verschlossenen Häusern, besonders vom Kirchturm aus, lebhaftes Schützenfeuer. Vom Kirchturm wurden sogar Handgranaten geworfen. Es entspann sich ein kurzes Straßengefecht in finsterer Nacht. Die Verwirrung war für kurze Zeit groß, dann aber wurden mit Äxten und Beilen die verschlossenen Türen der besetzten Häuser eingeschlagen und die Franktireure, denn nur solche waren es, herausgeholt und auf der Stelle erschossen. Zahlreiche Häuser gingen strafweise in Flammen auf.

Der Bericht ist ein wenig kürzer als bei Beumelburg ausgefallen, doch stimmen beide Darstellungen so genau überein, daß die Vermutung nicht von der Hand zu weisen ist, daß man da ganz einfach eine Vorlage übernommen habe (die Geschichte des Reserve-Jäger-Bataillons Nr. 15 erschien 1934, Beumelburgs Bericht dagegen 1928). Was indessen besonders auffällt, ist die

Verlustmeldung der Jäger. Es heißt: »Die Verluste des Bataillons betrugen am 19. und 20. Oktober zwei Tote und 20 Verwundete.« Die Verluste der anderen Einheiten sind außer beim Regiment 203 nicht bekannt, aber daß die Jäger, die doch inmitten des Esener Überfalls steckten, nur zwei Tote und 20 Verwundete verloren haben wollen, macht stutzig. Dabei beziehen sich diese Verlustzahlen auch noch auf den 19. Oktober, jedenfalls nicht auf Esen allein.

Ganz anders hört sich der Bericht des Reserve-Regiments 203 an (1960 erschienen):

So nähern sie sich den ersten Häusern von Esen, als ein wildes Gewehrfeuer ihnen entgegenprasselt. Die Stille der Nacht, der Wiederhall und der Geschoßaufschlag auf die Häusermauern täuscht vervielfachte Stärke vor. Fünf Mann werden getroffen. Ein schauderhaftes Gefühl würgt in der Kehle. In dunkler Nacht, ohne den Feind überhaupt gesehen, denn ihm Abbruch zugefügt zu haben, eins abkriegen, das wünscht sich keiner. — Eine Batterie prescht heran, ostwärts hinter Plaetse Molen protzt sie ab und pfeffert nach Esen hinein. Bald lodern auch über Esen Brandfackeln wie über Dixmude und den vielen Orten rundum. Mit Donnergepolter stürzt der Kirchturm von Esen ein.

Für das Regiment 201 berichtet der Regiments-Adjutant, Leutnant v. Frantzius, wie folgt:

Der Abend des 20. Oktober in Esen. Gegen 6.30 Uhr abends stand ich vor unserem Regiments-Stabsquartier, das in einem Hause neben der Kirche eingerichtet war, als die Kirchturmuhr plötzlich 7.00 Uhr schlug. Ich zog sofort meine Uhr und sagte: »Nanu, es ist doch erst 6.30 Uhr!« — Im selben Augenblick setzte eine wilde Schießerei ein. Hauptman v. Bonin und ich durchsuchten sofort unser Haus und fanden auf dem Boden eben ausgezogene Uniformstücke. — Der Truppe hatte sich infolge des Gewehrgeknatters eine große Aufregung bemächtigt, und es mag mancher gewesen sein, der zum Gewehr griff und ziellos mitschoß. Beim weiteren Durchsuchen der Häuser wurde aber doch an verschiedenen Stellen feindliche Munition gefunden. Zweifellos war hier ein neuer Franktireurüberfall versucht worden. Der Regimentskommandeur ordnete deshalb die Bestrafung durch Niederbrennen der Häuser an, dessen heller Feuerschein zugleich neue Überfälle verhindern sollte.

Die Regimentsgeschichte von 201 fährt dann fort:

Über die Vorgänge dieses Oktoberabends in Esen, die dem Regiment glücklicherweise keine Verluste gebracht hatten, sind die späteren Darstellungen derer, die sie miterlebten, nicht einheitlich. Das ist begreiflich, da auch die Erlebnisse der 201er abweichend voneinander gewesen sein werden und die Dunkelheit keinen Überblick mehr gestattete.

Wie es wirklich gewesen sein könnte, bleibt verborgen. Zweierlei aber ist zu bedenken. Erstens: Esen liegt knapp drei Kilometer vor Dixmuiden, das von Belgiern und Franzosen besetzt und überaus stark für die Verteidigung vorbereitet war. Könnte es nicht sein, daß die Verteidiger in Erwartung der Angreifer ihre Sicherungen bis nach Esen und darüber hinaus vorgeschoben hatten, und es in erster Linie diese Sicherungen waren, mit denen es die Deutschen in Esen zu tun hatten?

Und zweitens: Die in Esen einrückenden deutschen Einheiten suchten dort Quartier für die Nacht — ein verblüffendes Unterfangen im Angesicht eines starken Gegners, der sich, kaum drei Kilometer entfernt, zum Kampfe bereit hielt. Wie war es da eigentlich um die Aufklärung der Deutschen bestellt?

Nicht weniger verworren als die Ereignisse von Esen war der Überfall von Roeselare im Mittelpunkt der allmählich sich bildenden deutschen Front. Aber er hatte ernste und bedeutsame Folgen, weil die Deutschen dabei Gefangene an die Engländer verloren, die den Alliierten Gewißheit über den Umfang des deutschen Aufmarsches in Flandern gaben. Auch der englische Oberbefehlshaber, General French, hatte wie sein deutsches Gegenüber bis dahin nur mit schwachen feindlichen Kräften gerechnet.

Roeselare, französisch Roulers, zentral gelegen und Ausgangspunkt für den deutschen Vormarsch bzw. die deutschen Angriffe auf Bixschote, Langemarck und Beselare, wurde am 19. Oktober vom I. Bataillon des Reserve-Infanterie-Regiments Nr. 235, also einer Einheit der 51. Reserve-Division (26. Reservekorps), nach kurzem Gefecht genommen, wobei es die üblichen Begleiterscheinungen gegeben hatte, denn »bei den Plänkeleien waren einige Häuser in Brand geraten«.

Vorher aber, am 18. Oktober, hatte die 46. Reserve-Division, deren Stab in Thielt, 16 Kilometer vor Roeselare, lag, eine Aufklärung auf Roeselare und darüber hinaus befohlen; zu diesem Zweck war aus den Regimentern 213, 214 und 215 eine Radfahrerabteilung gebildet worden, die sich unter Führung des Offizierstellvertreters Sellschopp auf den Weg machte. Die Angaben über die Stärke der Abteilung schwanken zwischen 70 und 90 Mann. Zu den Radfahrern gesellte sich eine Kavallerie-Patrouille der Divisions-Kavallerie-Abteilung 46, Stärke: ein Offizier, ein Wachtmeister und drei Dragoner, nach anderer Darstellung sechs Dragoner. Führer: Leutnant Winckler-Krämer.

Es muß vorausgeschickt werden, daß die deutsche Führung die Radfahrerabteilungen, die von verschiedenen Einheiten bereits in der Heimat gebildet und zu besonderen Übungen herangezogen worden waren, mit unterschiedlichem Erfolg eingesetzt hatte. Sie galten als »Kavallerieersatz« und hatten den Vorteil, schnell und fast lautlos operieren zu können; ihr Nachteil gegenüber der Kavallerie lag darin, daß sie an Straßen und Wege gebunden waren. Dies mag auch der der Grund dafür gewesen sein, daß man von Seiten der 46. Division ein gemischtes Detachement, Radfahrer und Reiter, auf den Weg schickte.

Im übrigen verfügte gerade das Regiment 213 bzw. die 46. Division in Bezug auf die Radfahrer über eine bestimmte Erfahrung, die zunächst zur Auflösung der Abteilung geführt hatte. »Durch die Schuld und Nachlässigkeit ihres Führers«, heißt es in der Regimentsgeschichte der 213er, »hatte die Sonderexistenz dieser kleinen Truppe ein vorzeitiges Ende gefunden.« Am 15. Oktober nämlich, bald nach Ankunft der Division in Flandern, hatte man die Truppe zur Aufklärung vorausgeschickt und brauchbare Resultate von ihr erwartet. Die Radfahrer indessen, der plötzlich gewährten Freiheit im fremden Land noch ungewohnt, steuerten ein Hotel an und machten sich über die reichlich vorhandenen eßbaren und trinkbaren Vorräte her. Der Zustand der Männer nach ausgedehntem Gelage führte dazu, daß sie auch die Betten des Hotels in Anspruch nahmen. Erst am nächsten Tag kehrten sie zu ihrer Einheit, zu der sie sogar eine Zeitlang die Verbindung verloren hatten, zurück. Zur Strafe wurde die Abteilung aufgelöst und die Männer zu ihren Kompanien zurückversetzt. Daß man jetzt doch wieder eine Radfahrertruppe formiert hatte, mag daran gelegen haben, daß es eben außer der Kavallerie, die ja durchaus ihre Nachteile hatte, keine schnellen Verbände zur Aufklärung, insbesondere keine Flieger, gab.

In der Frühe des 18. Oktober setzten sich die Radfahrer und die Kavalleristen der 46. Division von Thielt aus nach Roeselare in Marsch. Die Stadt war frei vom Feinde und ruhig — beängstigend ruhig, fast wie ausgestorben. Es zeigte sich kaum ein Mensch auf der Straße; wer indessen die Häuser aufmerksam mit den Augen absuchte, gewahrte, sofern die Läden nicht herabgelassen waren, hier und da hinter den Scheiben ein Gesicht, feindselig, verbissen oder auch gleichgültig. Auf dem Marktplatz gab es eine kurze Rast. Über den weiteren Verlauf der Patrouille berichtet die Regimentsgeschichte der 213er wie folgt:

> Da erschien plötzlich aus Richtung Westroosebeke ein Auto mit zwei deutschen Fliegeroffizieren und meldete eine stärkere feindliche Kavalleriepatrouille im Raume westlich Roulers. Leutnant Winckler und Vizewachtmeister Strasen stiegen mit in das Auto, während Offizierstellvertreter Sellschopp . . . Auf-

forderung erhielt, mit den Radfahrern auf der Straße nach Westroosebeke zu folgen . . . Die Autobesatzung hatte inzwischen durch Umfahren die feindliche Patrouille — es war englische Kavallerie von den Royal Horse Guards in Stärke von rund 60 Mann — in einem Feuerüberfall schwer geschädigt und befand sich jetzt, da das Auto von drei Seiten Feuer erhielt, in rasender Fahrt auf dem Rückweg nach Roulers. Offizierstellvertreter Sellschopp näherte sich in entgegengesetzter Richtung mit seiner Schar von Roulers her auf der Straße Roulers-Staden. Bei der Wegegabel, etwa bei B 21, teilte er seine Truppe, indem er den 213ern Befehl gab, dort liegen zu bleiben, wohl zur Sicherung gegen etwaige Überraschungen von rückwärts. Die 214er und 215er fuhren auf der Straße nach Oostnieuwkerke weiter, wobei aber Sellschopp mit der aus den 214ern gebildeten Spitze in Stärke von 10 – 12 Mann ein schnelleres Tempo einschlug, während das Gros seiner Leute langsamer folgte. Die 213er untersuchten währenddessen schnell die an der Wegegabel und in ihrer Nähe stehenden Gehöfte, insbesondere eine Schenke, von deren Boden aus nichts zu sehen war . . . Da hörte man plötzlich Schießen. Aufgesessen und den Kameraden nachgefahren! Aber bald geriet die Truppe in Schnellfeuer, das, wäre es besser gezielt gewesen, die ganze Abteilung aufgerieben hätte. Was war geschehen? Sellschopp hatte Warnungen des Leutnants Winckler in den Wind geschlagen . . . und war in Unterschätzung des überlegenen Feindes in dessen Aufnahmestellung mitten hineingefahren.

Sellschopp löste damit eine Katastrophe für sich und seine Männer aus. Beumelburg stellt die Vorgänge etwas anders dar, indem er berichtet, daß die Gruppe Sellschopp »in einen sorgfältig gestellten Hinterhalt englischer Kavallerie geraten« war. Sellschopp war aber, wie aus dem Bericht der 213er hervorgeht, von Leutnant Winckler-Krämer gewarnt worden.

Auch die Regimentsgeschichten von 214 und 215 bestätigen die Warnungen.

Die Berichte über das weitere Schicksal der Patrouillen stimmen ebenfalls nicht überein. Beumelburg macht es sich sehr einfach und schreibt:

> Die Überlebenden und Entkommenen flüchten querfeldein gegen Roulers zurück. Da haben die Einwohner mittlerweile die Läden wieder in die Höhe gezogen, und aus zahlreichen Häusern vom Stadtrand fuhren den Flüchtenden Gewehrkugeln entgegen.

Die Regimentsgeschichten der 213er, 214er und 215er dagegen sprechen von einem nachdrängenden Feind; die 215er führen sogar eine französische Kavalleriepatrouille an, die im Osten der Stadt den Flüchtenden, als sie Roselaere schon wieder verlassen hatten und bereits auf dem Rückweg nach Thielt waren, den Weg verlegen wollte. Offenbar war Roeselare zu diesem Zeitpunkt von starken englischen und französischen Aufklärungstrupps so gut wie umzingelt.

Und die Aktivitäten der Franktireure innerhalb der Stadt Roeselare? Wiederum gehen die Meinungen und Schilderungen auseinander. Regiment 213: »Auch die Bewohner der Stadt nahmen feindliche Haltung an, die am Morgen noch menschenleeren Straßen waren jetzt dicht gedrängt voll von erregten Menschen. Aus den Querstraßen wurde auf die nach Osten eilende Patrouille geschossen, man weiß nicht, ob von Soldaten oder Zivilisten.« — Regiment 214: »Nun geht es durch Roeselare hindurch, wo die Patrouille von Zivilisten beschossen wird.« Regiment 215: »Der Feind ist ja schon in der Stadt und feuert schon bei der Annäherung an die ersten Häuser . . . Aus der ersten Querstraße schlägt ihnen Feuer entgegen, von Zivilisten oder Truppen . . .«

Von den 70 oder 90 Radfahrern kamen 18 zurück. Der eine oder andere der Fehlenden konnte sich in einem Gehöft verbergen und wieder zu seiner Truppe stoßen. Die Kavalleristen hatten offenbar keine Verluste. Offizierstellvertreter Sellschopp und zwei seiner Männer sind »als verbrannte Leichen später identifiziert worden«.

Dies also waren die Ereignisse von Roeselare, die eine ganze Division, nämlich die 46., in Aufregung versetzten, weil man begriff, daß der Feind zur Stelle war, weil die ersten ernsten Verluste zu verzeichnen waren, und weil man sich am Verhalten des Gegners ausrechnen konnte, wie hartnäckig, wie verschlagen und wie tapfer er sein würde.

9. Kapitel: Die Schlacht beginnt.
Langemarck, 21. Oktober 1914

Um diese Zeit, d. h. zwischen dem 18. und 20. Oktober, hatten die Gegner ihre Positionen eingenommen. Engländer, Franzosen und Belgier hielten die Linie Nieuwpoort – Dixmuiden – Houthulster Wald – Langemarck – Beselare; die Deutschen lagen fast auf Tuchfühlung gegenüber. Hier und da hatte es schon Berührungen gegeben, Vorpostengefechte, Geplänkel, erste Kämpfe. Am 21. Oktober, einem Mittwoch, prallten die feindlichen Armeen auf der ganzen Linie mit voller Wucht aufeinander.

Kein Zweifel, daß die deutsche Führung die Stärke des Gegners bis zuletzt unterschätzte. Rudolf G. Binding berichtet unter dem 19. Oktober in seinem Kriegstagebuch, daß »ein findiger Kriegsfreiwilliger« englische Truppen vor der deutschen Front im Abschnitt Langemarck — Passchendaale festgestellt habe. Binding ritt mit dem Kriegsfreiwilligen zum Divisionsstab, um die wichtige Beobachtung zu melden, kam aber schlecht an. Das seien »versprengte Truppen aus Antwerpen«, meinte der Generalstabsoffizier wegwerfend. Binding: »Wir sind über die Geringschätzung der Meldung sehr erregt.«

Das Verhalten dieses Generalstabsoffiziers erklärt die Leichtfertigkeit, mit der die deutsche Führung den Angriff befahl. Aber selbst wenn Engländer gegenüberliegen sollten — was machte das schon aus? Der größte Teil der Soldaten stellte sich die Engländer als eine minderwertige Söldnertruppe vor. Führung und Truppe waren sich darin einig, daß man den Gegner, wer immer es sei, gleichsam mit einer Handbewegung hinwegfegen könne. Sie wurden sehr schnell eines anderen belehrt. Dazu Beumelburg:

Die englischen Kampfverbände, die gleich zu Beginn des Krieges auf das Festland hinübergeworfen wurden, rekrutierten sich aus Formationen, die fast alle schon in den Kolonien Verwendung gefunden hatten. Die Ausnutzung des Geländes im Angriff und in der Verteidigung, die Zuhilfenahme künstlicher Deckungen und die Irreführung des Gegners aus unsichtbarer Stellung waren Begriffe, die ihnen in Fleisch und Blut übergegangen waren. Mit einer Zähigkeit klammerten sich die Truppen an das Gelände, die stets neue Tricks erfand und nachts überraschend durch einen Handstreich zurücknahm, was tagsüber die deutschen Freiwilligen mit Hekatomben von Menschenleben gewonnen. Sportgeist und Jägerinstinkte schufen Voraussetzungen für das Gefecht, die kein opferbereiter Idealismus aufzuwiegen vermochte. Oft lagen die deutschen Sturmtruppen stundenlang vor einem vermeintlichen englischen Graben und entdeckten beim Sturmangriff, daß er nur aus einer Reihe ausgehobener Grabenstücke bestand, die mit Rübenköpfen garniert war. In der Verwirrung, die jedem Angriff folgt, prasselte dann das Feuer aus dem dahinterliegenden richtigen Graben ... Schulterwehren, Flankendeckungen, Unterstände, Brustwehren waren Angelegenheiten, die in der deutschen Truppenausbildung als ein notwendiges Übel mit sichtlichem Unbehangen gestreift wurden, die aber dem Engländer vertraut waren wie das tägliche Brot.

Ausbildungsstand und Fertigkeiten der englischen Truppen, die Beumelburg hier schildert, sind für einen wohlausgebildeten Soldaten, gleich welcher Nation, nichts Außergewöhnliches; daß Beumelburg so ausführlich darüber spricht, weist wiederum daraufhin, wie miserabel es mit der Ausbildung der vier neuen Korps bestellt war. »Die Mängel der Ausbildung«, setzt Beumelburg hinzu, »waren an allen Ecken und Enden bemerkbar.«

Die Einheit, die sich vor allem mit Langemarck zu beschäftigen hatte, war die zum XXVI. Korps gehörende 51. Division, bestehend aus den Infanterie-Regimentern 233 (aufgestellt in Meiningen und Gotha), 234 (Kassel und Göttingen), 235 (Koblenz) und 236 (Köln), dazu das Jägerbataillon 23 aus Goslar und das Artillerie-Regiment 51 aus Kassel.

Am 20. Oktober in der Frühe begann der Vormarsch der Division von Roeselare aus. Zu erreichen war der Abschnitt Passchendale — Westroosebeke; von dort wollte man dann weiter vorrücken auf Langemarck und die Yser.

Es wurde ein Tag des permanenten Durcheinanders für die gesamte Division, vor allem aber für die 51er Artilleristen. Das Regiment hatte die Nacht in Roeselare verbracht und sollte am Morgen des 20. Oktober in zwei Kolonnen die Stadt verlassen: die eine Kolonne hatte den Weg über de Reuter (südwestlicher Vorort von Roeselare) zu nehmen, die andere den Weg über Oostnieuwkerke (vier Kilometer westlich von Roeselare).

Nun lag aber jene Gruppe, die den Ausgang nach de Reuter benutzen sollte, in der Nähe des Ortsausgangs nach Oostnieuwkerke und setzte sich demzufolge auch dorthin in Marsch. Kaum abmarschiert, mußte sie kehrt machen, um den für sie bestimmten Ausgang nach de Reuter zu erreichen; ihr entgegen kamen aber bereits die Abteilungen, die für den Ortsausgang Oostnieuwkerke vorgesehen waren. Die Folge: Zusammenprall, Stockung, Verwirrung und Geschrei, dazu Offiziere, die mit der Pistole herumfuchtelten und unentwegt Drohungen ausstießen. Mindestens zwei Stunden gingen im Zeitplan verloren. Das alles hätte sich vermeiden lassen, wenn man der versehentlich nach Oostnieuwkerke marschierenden Gruppe ihren Weg und ihren Willen gelassen und dafür die andere Gruppe nach de Reuter umgeleitet hätte. Aber offenbar gab es keinen Führer und keinen Stab, der fähig war, die Situation zu überschauen und einen entsprechenden Befehl zu erteilen.

Der einen Verwirrung folgten sogleich noch andere. Während die beiden Kolonnen endlich die Stadt verlassen, fällt bei der einen Kolonne von irgendwoher ein Schuß, der eine allgemeine wilde Schießerei auslöst. Infanterie marschiert zwischen den Geschützen oder an den Geschützen vorbei, ein Gedränge und Geschiebe entsteht, Gebrüll, Gezeter, Befehle und Gegenbefehle. Es gibt einen Toten und mehrere Verwundete, das Pferd des

Divisionskommandeurs wird getroffen. Und wiederum gerät der Zeitplan aus den Fugen.

Später, auf dem weiteren Vormarsch, verfährt sich eine Gruppe, sie muß halten, muß kehrtmachen, von neuem halten und von neuem antreten. Auch jetzt fallen Schüsse, man glaubt, irgendwo in der Ferne feindliche Schützen zu sehen, eine Batterie geht in Stellung und feuert, von sich kreuzenden Befehlen irritiert. Neben dem Regimentskommandeur sind auch Divisions- und Korpskommandeur erschienen, die Herren sind sich nicht immer einig, sie widersprechen sich, und der eine hebt den Befehl des anderen wieder auf. Auch die feindliche Artillerie macht sich bemerkbar, sie wird unter Feuer genommen, ohne daß man weiß, wo sie steht. Man weiß überhaupt nicht viel. In der ganzen Division scheint es nur eine Karte zu geben — hat sie der Adjutant, fehlt sie dem Kommandeur, hat sie der Kommandeur, fehlt sie dem Adjutanten.

Für einen Marsch von zehn Kilometern braucht man einen vollen Tag! Allmählich kommt die Nacht, und allmählich kommt man auch nach Poelkapelle, drei Kilometer vor Langemarck, wo man die Nacht verbringen will. Aber der Ort ist viel zu klein, um eine ganze Division zu fassen, immerhin 15 000 Mann mit Pferden, Geschützen, Bagagen. Und wie der Tag begann, so endet er auch, nämlich mit einem wilden Durcheinander. Vormarsch und Aufmarsch waren so schlecht dirigiert und kombiniert, daß die gesamte Division nach Poelkapelle hineindrängte und sich dann sozusagen selber im Wege stand.

In unglücklichem Knäuel verwickelt Fahrzeuge aller Art, Munitionswagen, Geschütze, Feldküchen, Pferde, Reiter, Menschen. Alles wollte auseinander und keiner konnte mehr. Weder vorwärts ging es noch rückwärts. Denn als in Poelkapelle die Spitze stockte, war man hinten rechts heraus und an der Kolonne vorbeigefahren, bis man vorne auch nicht mehr weiter konnte. Darauf hatten sich auf dieselbe Weise eine dritte und eine vierte Kolonne gebildet. Im Orte selbst versuchte man, kehrt zu machen, um in die Seitenstraßen zu kommen. Dabei verfuhr man sich noch mehr mit den nachdrängenden Truppenteilen. Schließlich hatte man es bis zur gänzlichen Bewegungsunfähigkeit gebracht. Dabei stockfinstere Nacht. Fortwährend ertönten die rätselhaften Schläge der Kirchturmuhr. Wenn nun die feindliche Artillerie anfängt, mit Granaten auf Poelkapelle zu schießen? Gar nicht auszudenken war die Wirkung einer kräftigen Beschießung des vollgepfropften Poelkapelle . . . (Bericht der 51er Artilleristen).

Der Höhepunkt des Desasters blieb dem Reserve-Infanterie-Regiment 235 vorbehalten. Da das Regiment beim besten Willen in Poelkapelle nicht unterkommen konnte, wurde es in das drei Kilometer entfernte Langemarck beordert; dort sollte es sich Quartiere beschaffen. Niemand wußte, ob Langemarck vom Feinde frei war oder nicht. Aufklärungstrupps wurden nicht vorausgeschickt. Man operierte also wieder einmal ins Blaue hinein.

Das Regiment setzte sich befehlsgemäß in Marsch, mit seinem III. Bataillon an der Spitze. Eine Zeitlang ging alles gut, fünfzehn Minuten, zwanzig Minuten. Als man schon meinte, die ersten Häuser von Langemarck zu erkennen, setzte wildes Infanteriefeuer ein. Also kehrt und im Laufschritt nach Poelkapelle zurück. Der Gegner konnte jeden Augenblick nachstoßen.

Der Gegner stieß nicht nach. Die 235er suchten sich ihr Nachtlager, wo sie gingen, wo sie standen, in Höfen, in Gärten, auf der Straße, an Hausmauern, unter Bagagewagen. Jetzt war es vier Uhr früh am 21. Oktober 1914.

Das gesamte XXVI. Korps hatte sich am 20. Oktober von der Linie Roeselare — Staden feindwärts bewegt, wobei es an verschiedenen Stellen schon zu Gefechten mit vorgeschobenen Kräften des Gegners gekommen war. Das Tagesziel des Korps für den nächsten Tag, den 21. Oktober, hieß: »Überwindung des Yserabschnittes nördlich von Ypern«.

Korpsbefehle müssen von den unterstellten Einheiten für ihre Zwecke umgeformt und erweitert — man könnte sagen: für das Detail zugeschnitten werden. Trotz der katastrophalen Zustände in der Nacht vom 20. zum 21. Oktober brachte der Stab der 51. Reserve-Division den Angriffsbefehl für den 21. Oktober zustande. Er besagte, daß die Division um 7.00 Uhr früh angriffsbereit zu stehen habe und daß in vier Kolonnen wie folgt anzugreifen sei:

> Erste (nördliche) Kolonne, bestehend aus dem Reserve-Infanterie-Regiment 234, dem Reserve-Jäger-Bataillon 23 sowie der 1. und 2. Batterie des Reserve-Feld-Artillerie-Regiments 51, vom Bahnhof Poelkapelle über Koekuit, Mangelaar, St. Jean-Hoek, Bixschote nach Steenstraat.
>
> Zweite Kolonne, bestehend aus einem Bataillon des Reserve-Infanterie-Regiments 236 und der 3. Batterie des Reserve-Artillerie-Regiments 51, vom Bahnhof Poelkapelle über Goed ter Veste, Weidentreft, Korteker nach Steenstraat.
>
> Dritte Kolonne, bestehend aus zwei Bataillonen des Reserve-Infanterie-Regiments 236 und der 4. Batterie des Reserve-Artillerie-Regiments 51, vom Nordrand von Poelkapelle zum Nordrand von Langemarck und weiter nach Het Sas.
>
> Vierte (südliche) Kolonne, bestehend aus dem Reserve-Infanterie-Regiment 235, der III. Abteilung des Reserve-Feld-Artillerie-Regiments 51, der Reserve-Pionierkompanie 51 und dem Divisions-Brückentrain, von Poelkapelle zum Südrand von Langemarck und weiter nach Pilkem und Boezinge.
>
> Das Reserve-Infanterie-Regiment 233 und zwei Batterien des Reserve-Feld-Artillerie-Regiments 51 blieben zur Verfügung des kommandierenden Generals.

Aus dem Befehl geht hervor, daß man unter Umgehung von Ypern (die Einnahme der Stadt sollte dem XXVII. Korps vorbehalten bleiben) die Yser zu erreichen und im Bereich der vierten Kolonne (Zuteilung des Brückentrains) zu überschreiten gedachte. Die Orte Steenstraat, Het Sas und Pilkem liegen am diesseitigen Ufer der Yser, der Ort Boezinge bereits auf der anderen Seite. Der Divisionsbefehl läßt keinen Zweifel daran, daß der Schwerpunkt des Angriffs bei der vierten Kolonne, also beim Regiment 235, liegen sollte.

Am Morgen des 21. Oktober herrschte dichter Nebel, und es war zunächst unmöglich, weiter als zehn oder zwanzig Meter zu sehen. Die 235er lagen oder standen in den Gärten am Westrand von Poelkapelle und warteten. Kurz vor 9.00 Uhr lichtete sich der Nebel, eine Viertelstunde später brach die Sonne durch, und das Land zeigte sich in all seinen Besonderheiten, seinen Heimlichkeiten und Gefahren: Wiesen, Koppeln und Rübenfelder, Hecken, Büsche und Buschreihen, Gräben und Pfähle, einzelne Gehöfte und Pappeln. Das Gelände ist weitläufig und doch wieder seltsam beengt. Letzte Nebelfetzen hängen in den Bäumen. Und irgendwo dahinter liegt Langemarck.

Um 9.30 Uhr treten die 235er zum Angriff an. Und kaum haben sie die Gärten von Poelkapelle verlassen, prasselt ihnen schon Infanteriefeuer entgegen. Der Feind ist auf der Hut. Das Feuer wird stärker, Maschinengewehre mischen sich ein; man könnte darüber streiten, ob es drei oder vier sind, vielleicht ist es ein halbes Dutzend. Die letzten Gruppen der 235er haben die Gärten noch nicht verlassen, da hört man schon die ersten Schmerzensschreie der Verwundeten und Getroffenen. Hier und da stürzt ein Angreifer, »um nie wieder aufzustehen« — wie es in den Regimentsgeschichten so gern ausgedrückt wird.

Da Langemarck drei Kilometer entfernt liegt, und da Gewehr- und Maschinengewehrfeuer auf diese Entfernung wirkungslos bleiben würde, gibt es keine andere Erklärung als die, daß der Gegner starke Sicherungen weit nach vorn geschoben hat; sie müssen in den Gehöften sitzen, in den Buschreihen und Hecken, hinter einem grasbewachsenen Hügel am Rande einer Koppel. Aber zu sehen sind sie nicht.

Und das ist die immer wiederkehrende Litanei der deutschen Soldaten in Flandern: wütendes Feuer von drüben und schreckliche Verluste in den eigenen Reihen, aber vom Gegner, der sich wie toll gebärdet, ist nicht das geringste zu sehen. Es scheint, daß die höhere Führung nie einen Gedanken daran verschwendet hat, wie sie den Soldaten beibringen könne, was man tun müsse, um den Gegner erst einmal ausfindig zu machen, ihn zu entdecken, zu erkennen, zu orten; wie man sich anzustellen habe, um die feindlichen Schützen- und Maschinengewehrnester auszuschalten und die feindliche Artillerie zum Schweigen zu bringen, was, um es mit einem Wort zu sagen, zu veranlassen sei, um den Feind niederzukämpfen, ehe man zum Angriff blasen läßt.

Die 235er greifen an. Aber was ist das für ein Angriff? Sie gehen, sie laufen und rennen, und sie werden getroffen. Sie werfen sich in das feuchte Gras, sie taumeln durch die nebelnassen Rübenfelder, sie schreien, stöhnen, keuchen, fallen. Sie geraten an Drahtzäune, aber sie haben keine Drahtscheren, um hindurchzukommen. Ans Eingraben denkt kaum einer, denn sie haben es nicht gelernt, außerdem fehlt es an Spaten. Wer sich umwendet, sieht wie aus Poelkapelle dunkle Rauchpilze emporwachsen: Die feindliche Artillerie hat eingesetzt, und bald liegt ihr Feuer auch auf den angreifenden deutschen Soldaten. Die Erde dröhnt und schwankt, glühend heiße Splitter schwirren durch die Luft, es gibt immer mehr Verwundete, immer mehr Tote.

Auch die eigene Artillerie greift ein, aber sie weiß nicht so recht, wohin sie schießen soll, es sind ja keine Ziele erkannt und keine feindlichen Stellungen ausgemacht. Die Artillerie schießt nach Langemarck hinein — blindlings, wie so vieles an diesem Tage blindlings geschieht.»Die Verbindung zwischen Infanterie und Artillerie versagte ja gänzlich«, wie die 51er Artilleristen festgestellt hatten.

In den einzelnen stehenden Gehöften sammeln sich verirrte und verwirrte Gruppen, und für einen Augenblick überkommt sie so etwas wie eine wilde, verzweifelte Freude: sie beobachten, wie feindliche Gruppen und Grüppchen sich aus ihren Stellungen hinter Büschen und Bäumen lösen und auf Langemarck zurückgehen. Zum ersten Mal sehen die Deutschen den Feind, der ihnen so zusetzt, sie nehmen ihn unter Feuer, fügen ihm Verluste zu, und wie sie merken, daß auch der Gegner verletzbar und verwundbar ist, stürzen sie heraus aus den Gehöften und gehen von neuem vor.

Aber es hilft nichts, es nutzt nichts, es fruchtet nichts. Das Feuer aus Langemarck schlägt ihnen nun noch heftiger entgegen. Es gibt kaum noch einen Führer, der imstande wäre, irgend etwas zu unternehmen, und sei es auch nur, daß er den Befehl zum Rückzug gäbe. Wer sich aufrichtet, um seine Männer zu lenken, anzuleiten, zu führen, wird augenblicklich abgeschossen. Die meisten Führer sind gefallen oder verwundet, die Verbindungen zu den Nachbarkompanien sind abgerissen. Es ist ein Inferno, ein Abknallen und Abschlachten, ein Gemetzel.

Und es ist genug. Wer noch lebt, wer noch laufen kann, ob verwundet oder unverwundet, wendet sich um und weicht zurück. Das Zurückweichen wird zur Flucht, als plötzlich der Eindruck oder auch das Gerücht entsteht, die Gegner, Engländer und Franzosen, wollten ihrerseits angreifen.

Die Fliehenden stoßen auf die Reserven, die man inzwischen alarmiert hat. Zwei Bataillone der 235er sind schon verheizt, jetzt ist das dritte an der Reihe. Auch Teile des Regiments 233 werden nachgeschoben. Der Weg der Reserven geht vorbei an Toten und Verwundeten, an Wimmernden, Stöhnenden, Schreienden. Für einen Augenblick kommt die Flucht zum Stehen, aber da schlägt schweres Artilleriefeuer auch in die Nachrückenden, ein Hagel von Schrapnells bricht über sie herein. Und immer wieder das rasende, nie aufhörende Gewehr- und Maschinengewehrfeuer. Niemand weiß, wo eigentlich die vordere Linie ist, kein Mensch ist sicher, ob nicht die Artillerie, die irgendwo bei Poelkapelle steht und keine rechte Verbindung zur Infanterie hat, in die eigenen Reihen schießt.

Es gibt kein Halten mehr. Die Flucht beginnt von neuen. Auch die Reserven machen kehrt. Wer Glück hat, kommt bis Poelkapelle, wo der Angriff begann. Verstört und verwirrt, mit blassen, schmutzigen, verzerrten Gesichtern, humpelnd oder kriechend, viele blutüberströmt, so kommen die Angreifer zurück, und die Offiziere der am Ortsrand von Poelkapelle mit ihren Geschützen stehenden Artillerie haben alle Mühe, ihre Leute davon abzuhalten, sich in den Strudel der Flucht und der Panik mit hineinreißen zu lassen.

»Wir hatten uns unsere Feuertaufe anders vorgestellt«, bekennt der Kriegsfreiwillige Willi Kahl in der Regimentsgeschichte des Reserve-Infanterie-Regiments 236, das rechts von den 235ern, genauer gesagt: in dem Abschnitt zwischen den beiden parallel laufenden Straßen, die Poelkapelle und Langemarck verbinden, vorzugehen hatte. Und weiter heißt es:

> In breiten Schützenlinien stürmten die Kompanien des II. und links davon des III. Bataillons in weiten Sprüngen vorwärts. Da zischte verheerendes Maschinengewehr- und Infanteriefeuer von mehreren Seiten in die liegenden und laufenden Kampfreihen. Vom Gegner aber war nichts zu sehen. Schon springen einzelne der immer lichter werdenden Sturmlinien ohne Offiziere vor. Es mehren sich Tote und Verwundete. Das erste Bataillon, als Divisionsreserve bestimmt, wurde schon in der ersten Stunde des Gefechts . . . vorgeholt, um eine durch die hohen Verluste entstandene Lücke zwischen den beiden Regimentern 236 und, links davon, 235 auszufüllen. . . Gegen 11 Uhr mußte die letzte Reserve des Regiments, Züge der 11. und 12. Kompanie, eingesetzt werden, die schon beim Anmarsch vom feindlichen Infanterie- und Artilleriefeuer gefaßt werden. Immer weiter, jetzt gruppenweise, arbeiten sich die Stürmer trotz stark steigender Verluste vor. Auf dem erkämpften Gelände lagen die Toten und Verwundeten reihenweise.

Aber die 236er kämpfen glücklicher als ihre linken Nachbarn vom Regiment 235 — sofern man bei diesem Gemetzel von Glück reden mag. In ihrem Abschnitt machen die Engländer einen Gegenstoß, es gelingt, den Feind zurückzuschlagen und bis an den Ortsrand von Langemarck zu verfolgen; es gelingt sogar, zwei Dutzend englische Gefangene zu machen und diese Gefangenen später, als das Regiment der allgemeinen Rückwärtsbewegung folgt, mit nach Poelkapelle zu bringen. Die Verluste aber stehen denen des Regiments 235 nicht nach. Unter ihnen ist der jüngste Tote der Division, der Kriegsfreiwillige Karl Steding aus Köln, geboren am 25. Juli 1899, am Tage seines Sterbens also 15 Jahre alt.

Aber es ist noch nicht zu Ende. Die 51. Division war vier Regimenter stark, und von dreien haben wir erst berichtet; ein Bericht über das Reserve-Infanterie-Regiment Nr. 234 steht noch aus.

Wie erinnerlich bildeten die 234er die erste (nördliche) Angriffskolonne der Division; sie sollten, unterstützt von der 1. und 2. Batterie des Reserve-Feldartillerie-Regiments 51, vom Bahnhof Poelkapelle aus über Kokuit, Mangelaar, St. Jean-Hoek und Bixschote die Yser bei Steensraat erreichen. Hinter Mangelaar gab es ein Hindernis von besonderer Art zu überwinden, nämlich den Kortebeek, einen tief eingeschnittenen Bach, von dem man annehmen mußte, daß ihn der Gegner in seine Verteidigungslinie einbezogen habe. »Wir sollten«, heißt es kurz und bündig in der Regimentsgeschichte der 234er, »über Mangelaar vorstoßend den Kortebeek durchqueren, während unsere Schwesterregimenter Langemarck selbt zu nehmen hatten.«

Um es kurz zu machen: Über Mangelaar ist das Regiment nicht hinausgekommen. Es war, so möchte man sagen, das Übliche: ein irrsinniges Feuer des Gegners, aber von eben diesem Gegner war nichts zu sehen. Wie es im einzelnen zuging, erfahren wir aus einem »größtenteils in heftigem Infanterie- und Artilleriefeuer« geschriebenen Brief vom 25. Oktober 1914, den der kriegsfreiwillige Student Heinrich Ruprecht aus Göttingen an seine Eltern schickte:

Der Gedanke an Zurück kam uns überhaupt nicht. Das Gewehrfeuer schlief allmählich ein, und an seine Stelle trat dann ein heftiges Artilleriefeuer, das uns trotz zwei- bis dreistündiger Dauer noch nicht sehr viel Schaden tat. Nur konnten wir immer keinen Anschluß an andere Truppenteile bekommen, und wenn wir ihn hatten, ging er gleich verloren. Alle Bitten um Verstärkung blieben unerfüllt. Schließlich merkten wir, daß alles schon zurückgegangen war und gingen nun auch geschlossen zurück, kilometerweit wurde das ganze Land mit Geschossen überschüttet, überall stießen wir auf rückflutende Trupps, Sanitätskolonnen, Bagage, so daß der Rückzug bald flucht-ähnlich wurde. Plötzlich explodierte genau über unserer Abteilung ein Schrapnell und richtete eine fürchterliche Verwüstung an . . . Nach einer Stunde fanden sich die Reste des Bataillons zusammen. Unsere Kompanie hatte noch etwa 40 Mann. Einige 60 – 70 fanden sich nachher wieder dazu. Aber über 100 Mann Verluste in den ersten 24 Stunden ist doch böse.

Auch die Verluste der 234er waren also schwer. Das Regiment verlor an Toten, Verwundeten, und Vermißten zwei Drittel seines Bestandes. Ähnlich erging es den 23er Jägern aus Goslar, die auf dem rechten Flügel der Nordkolonne kämpften und über ihren Einsatz folgendes berichten:

> Der Widerstand des Feindes verstärkte sich zuse-hends, das Gelände nahm jede Übersicht, alle Kom-panien waren in Einzelkämpfe um Gehöfte, Hecken oder Waldstücke verstrickt. Vor allem: das Bataillon schwebte vollkommen in der Luft. Nach rechts fehlte jegliche Verbindung mit dem XXII. Res.-Korps. Man wußte nicht, daß es befehlsgemäß den Wald von Houthulst im Norden umgangen hatte und der Geg-ner, unter diesem Druck ihn schleunigst räumend, auf Bixschoote zurückgegangen war. Ebenso wenig war nach links zum R.I.R. 234 Anschluß vorhanden. Unter diesen Umständen sah sich — wenn auch nur widerstrebend — Hptm. de Cuvry, der für den am Kortebeek gefallenen Major von Winterfeld die Füh-rung übernommen hatte, gezwungen, um nicht abge-schnitten zu werden, den Befehl zum Zurückgehen zu erteilen . . . Die Linien gehen langsam, unbehelligt vom Feinde zurück, erst jetzt sehen wir, wie dünn sie geworden sind. Überall ist das Feld gesprenkelt mit grünen Flecken[24], reich hat der flandrische Tod Ernte unter uns gehalten! Wir lesen Verwundete auf, hier schleppt sich einer mühselig zurück, dort wankt ein anderer, dort ist ein Jäger auf ein belgisches Fahrrad

gesetzt und wird von Kameraden geschoben. Wir hängen einen Fensterladen auf einem Gehöft aus, legen darauf einen Kameraden, der schwer verwundet ist, zwei Gewehre darunter, so wanken wir auf der Straße nach hinten, wie betäubt . . . Völlig niedergeschlagen durch den Rückzug, grimmigen Hunger im Leib, todmüde ziehen wir durch den Houthulster Wald. Endlich heißt es: »Halt — Front!« Hinter einer dicken Weißdornhecke sollen wir uns eingraben. Wir haben fast kein Schanzzeug, mit Beilpicken und Seitengewehren wird gewühlt — und wir sind so kaputt, seit drei Tagen keine Verpflegung, kaum etwas zu trinken, vor Hunger haben wir Wasserrüben gefuttert und so-o schlapp! Jetzt sollen wir die dicke Weißdornhecke umlegen — womit? Kein Mensch fragt danach! Hat denn alles den Kopf verloren? Warum die Hecke umlegen, die uns guten Schutz gegen Sicht bietet . . . Wir mühen uns stundenlang vergeblich. Die Hände zerrissen, Röcke zerfetzt — der zähe Weißdorn gibt nicht nach! Hat denn niemand ein Einsehen? Wir geben es auf . . . fallen um vor Müdigkeit.

Es war ein Desaster auf der ganzen Linie. Das Armeeoberkommando indessen zeigte sich unbeeindruckt. Es bestand auf der Einnahme von Langemarck am 22. Oktober.

Die 52. Reserve-Division, wie die 51. zum XXVI. Korps gehörend, operierte links von ihrer Schwesterdivision. Sie stellte sich in Moorslede, acht Kilometer südwestlich von Roeselare, bereit; ihr Hauptangriffsziel war die von Langemarck nach Zonnebeke führende, fünf Kilometer lange Straße.

Auch die 52. Division hatte man für den Angriff geteilt, und zwar in eine Nordkolonne, bestehend aus den Regimentern 237 und 239, und eine Südkolonne aus den Regimentern 238 und 240 sowie den 24er Jägern. Praktisch kam dies einer Teilung der Division in zwei Brigaden gleich.

Am 20. Oktober waren die beiden Kolonnen bis zur Linie Paschendaele — Keiberg vorgerückt, wobei es bereits feindlichen Widerstand zu überwinden galt. Hätte der Angriff zu dem vorgesehenen Ziel geführt, wäre Langemarck von Süden bzw. Südosten bedroht gewesen; kein Wunder also, daß sich der Gegner beizeiten dem deutschen Vorgehen entgegenstemmte. Das Regiment 237 berichtet:

> Res.-Inf.-Rgt. 237 griff frontal an in Richtung auf Straße Passchendaele – Broodseinde, 239 folgte rechts gestaffelt, um den Gegner zu umfassen, I. und II. Bataillon in vorderster Linie, III. Bataillon hinter der Mitte. Um die Mittagsstunde wurde der Vormarsch durch die Waldstücke nördlich von Moorslede angetreten, um 3 Uhr nachmittags die Straße nördlich Passchendaele unter feindlichem Artilleriefeuer überschritten und das Regiment dann südlich Mosselmark wieder versammelt. 3. und 7. Kompanie entwickelten sich dann vor ihren Bataillonen und trugen den Angriff rechts von 237 vor. Da zog sich der Gegner nach Süden zurück. Der Abend brach herein. Die Regimenter 237 und 239 verblieben beiderseits der Straße Mosselmark — Fortuin, etwa 2 km westlich Passchendaele.

Dies also war die Lage bei der Nordkolonne. Schlimmer sah es bei der Südkolonne aus. Hier kam man nur mühsam voran. Es ist die Rede von »wütendem Schrapnellfeuer, das sofort große Verluste zur Folge hatte«. Am späten Nachmittag kam der Angriff 800 m vor Broodseinde zum Stehen. Erreicht hatte man so gut wie nichts. Die Verbände waren arg durcheinander geraten; sie mußten in der Dunkelheit zurückgenommen und neu geordnet werden.

Auch für die 52. Division wurde der 21. Oktober zum Fiasko. Da sich, wie sich alsbald herausstellte, der feindliche Widerstand in Broodseinde konzentriert hatte, wurde der Ort von Norden und Süden umfassend angegriffen. Man wollte ja an diesem Tag die Kanalübergänge gewinnen, und »so mußte auch der Gegner bei Broodseinde geschlagen werden, um freie Bahn zu erhalten«.

Der Angriff scheiterte. Die Nordkolonne erhielt Flankenfeuer aus Richtung Langemarck, die Südkolonne aus Richtung Beselare. Beide Kolonnen mußten zurückgehen, ihre Verbände neu ordnen, mußten sich neu formieren, von neuem angreifen, diesmal frontal auf Broodseinde. Die Manöver geschahen in heftigem feindlichen Infanterie- und Artilleriefeuer, die Verluste waren beträchtlich. Von der Wirkung des eigenen Artilleriefeuers war nichts zu spüren, und man munkelte wieder einmal, daß die deutsche Artillerie in die eigenen Reihen schösse. Um 2 Uhr nachmittags wichen die deutschen Angreifer auf der ganzen Front zurück.

In der Ausgangsstellung, etwa 800 Meter von Broodseinde entfernt, wurden die Zurückflutenden mühsam zum Stehen gebracht. Soweit möglich gruben sie sich ein. Es wird nicht gesagt, in wieweit dies wirklich gelang; die Regimenter hatten ja aus ihrer Ausbildungszeit berichtet, daß es an jedwedem Gerät gefehlt hatte, auch an Spaten. Vielleicht hatte man sich Schanzzeug in den umliegenden Orten und Gehöften beschafft. Aber es ist die Rede davon, daß man nicht in Gräben, sondern in »Rinnen« Schutz vor dem feindlichen Feuer gesucht habe, das die ganze Nacht über anhielt.

Trotz des schweren Rückschlages glaubte die höhere Führung immer noch, daß nur schwache feindliche Kräfte gegenüberlägen. Daher wurde für den Abend ein neuer Angriff befohlen.

Auch diesmal ging es schief. Lediglich dem III. Bataillon der 240er gelang es, bis an den Ortsrand von Broodseinde vorzustoßen und sogar ein halbes Hundert Engländer gefangenzunehmen. Aber »der Tag war für das Bataillon äußerst verlustreich«. Es mußte sich unter andauerndem feindlichen Feuer wie die ganze 52. Division auf die Ausgangsstellung zurückziehen.

An dieser Stelle ein Wort zum Gegner. Aufgelaufen waren die deutschen Angreifer bei Langemarck auf englische Einheiten. Der Ort Langemarck bildete in etwa die Grenze zwischen den französischen Truppen im Norden und den englischen im Süden. Während der Kämpfe ist es immer wieder zu Verschiebungen und Vermischungen gekommen, so daß die deutschen

Soldaten manchmal gleichzeitig von englischen und französischen Gegnern an ein und demselben Frontabschnitt berichten. Dies trifft vor allem auf die Kämpfe am 10. November bei Bixschote zu.

Im großen und ganzen wurden von den Alliierten folgende Abschnitte gehalten:

Belgier und Franzosen:	Von der Küste bei Nieuwpoort bis Dixmuiden
Franzosen:	Von Dixmuiden bis Langemarck
Engländer:	Von Langemarck bis Beselare

Das Generalkommando des XXVI. Korps machte sich auf die Vorgänge des 21. Oktober seinen eigenen Vers. Es zeigte sich unberührt. Es schien nicht zu wissen oder nicht wissen zu wollen, daß die Verbände im Durchschnitt fast die Hälfte ihres Bestandes verloren hatten. Es schien zu übersehen, daß die Regimenter des Korps schließlich geflohen oder — wie es in einigen Berichten fast poetisch hieß — »zurückgeflutet« waren. Noch am Abend des 21. Oktober gab das Korps einen Befehl heraus, der folgenden Passus enthielt: »Ich habe mich gefreut, daß das Korps bei dem ersten ernsten Zusammenstoß den Feind auf der ganzen Linie abgewiesen und geworfen hat.« Man möchte fragen, wer eigentlich wen abgewiesen und geworfen hatte. Und weiter im Korpsbefehl: »Das Korps gräbt sich heute nacht in den gewonnenen Stellungen ein.« Eingraben — womit? Und wenn schon hier und da Spaten vorhanden waren, so wußte man nicht immer, wie sie zu gebrauchen waren. Dazu ein Bericht der 51er Artilleristen:

> Die Infanterie hatte Befehl, sich westlich Poelkapelle einzugraben und unter allen Umständen das Dorf zu halten. Aber zu neuen Taten, und wenn sie nur im Eingraben bestanden, fehlte es an Anleitung und Kraft. Der Ordonnanzoffizier des R.F.A. 51 kam zu Fuß in dunkler Nacht nördlich von Poelkapelle an zwei Gruppen Infanteristen vorbei, die untätig und

unschlüssig herumstanden und sich Schreckensge-
schichten erzählten. Es entspann sich folgende Unter-
haltung:

»Was macht ihr denn hier?«

»Herr Leutnant, wir sollen uns eingraben und wissen
nicht, wie das gemeint ist.«

»Wer ist denn hier der älteste?«

Keine Antwort.

»Ist denn kein Unteroffizier da? Gefreiter?«

Keine Antwort.

»Wer ist denn von euch Musketieren der älteste?«

Das wurde nach längerem Fragen festgestellt.

»So, Sie übernehmen jetzt hier das Kommando und
die anderen haben Ihnen zu gehorchen. Hier wird
jetzt mit dem Spaten ein Graben ausgehoben, so breit,
daß ihr euch hineinlegen könnt. Wer keinen Spaten
hat, holt aus dem Schober drüben ein paar Arme voll
Stroh . . . Und der geht zur Nachbargruppe hier
rechts und nimmt Verbindung auf und sagt, was ihr
vorhabt.

Die Sache leuchtet ein. Sie rennen los, und sie
graben . . .[25]«

Dem ersten Korpsbefehl folgte alsbald ein zweiter, der sich
ebenfalls nicht an die Tatsachen hielt: »Der Feind, der am 21.
gegen das Korps vorging, ist von den Nachbarkorps rechts und
links von uns umfaßt und teilweise bereits unmittelbar an die
Yser zurückgedrängt.« Ferner heißt es: »Nördlich von uns greift
heute 7 Uhr morgens die Nachbardivision (46. R.D.) mit linkem
Flügel von Mangelaere auf Langemarck an.« Hier tritt ein
bemerkenswerter Widerspruch zutage: indem der 46. Reserve-
division diese Angriffsrichtung und dieses Angriffsziel zugewiesen wurde, machte man deutlich, daß Langemarck eben noch
nicht umfaßt war, jedenfalls nicht von rechts; erst der für den
22. Oktober befohlene Angriff der 46. R.D. konnte, wenn er
gelang, zu dieser Umfassung führen.

Zum Zwecke der strafferen Führung wurde noch in der Nacht
aus den Regimentern 234 und 239 unter dem Befehl des Generals

von Wechmar eine Brigade gebildet, die zusammen mit der 46. R.D. Langemarck nehmen bzw. umfassen sollte. Aber auch hier gab es gleich zu Anfang ein Fiasko. Es fehlte wieder einmal an der gebotenen Abstimmung und Übereinstimmung. Während die Brigade Wechmar im Morgengrauen noch mit der Umgruppierung und Bereitstellung ihrer Einheiten beschäftigt war, brach die 46. R.D. schon zum Angriff hervor und wurde von der englischen Artillerie zusammengeschossen. Nachdem dies geschehen war, brach auch die Brigade Wechmar hervor und wurde ebenfalls zusammengeschossen. »Durch diesen taktischen Fehler«, heißt es in der Regimentsgeschichte der 234er Infanteristen, »war es den Engländern möglich gemacht, ihre gesamte Artillerie zuerst auf die 46. R.D. zu konzentrieren und alsdann, nachdem der dortige Angriff erstickt war, die vorbrechenden Linien der Brigade Wechmar zu fassen.«

Es ist fraglich, ob die deutschen Truppen vor Langemarck ihre Ziele erreicht hätten, wenn sie besser ausgebildet gewesen wären. Neben der unzulänglichen Ausbildung gab es ja noch andere Mängel genug: die schlechte Nachrichtenverbindung, den Munitionsmangel, den miserablen Verpflegungsnachschub und vor allem die Unfähigkeit der Kommandeure und ihrer Stäbe. Die vorerwähnten Auszüge aus den Befehlen des XXVII. Korps zeigen eine katastrophale Unkenntnis oder auch gewollte Verdrehung der wirklichen Lage und eine Neigung zum Angriff um jeden Preis ohne zweier für den Angriff so wichtigen Voraussetzungen: Aufklärung und Artillerievorbereitung. Daß die deutschen Truppen vor Langemarck über alle Maßen tapfer waren, steht außer Frage, wenngleich es hin und wieder auch zu Flucht und Panik kam. Beumelburg hat dem Phänomen der Panik in seinem Ypern-Buch ein besonderes Kapitel gewidmet, und es muß gerade für ihn, der stets darauf bedacht war, die Tapferkeit, die Ausdauer und den Angriffsgeist der vor Langemarck kämpfenden Truppen hervorzuheben, eine schreckliche Feststellung gewesen sein, daß diese Truppen auch einmal nicht tapfer und nicht ausdauernd waren, und daß sich der Angriffsgeist gelegentlich in das Gegenteil verkehrte, nämlich eine alle Sinne und alle Vernunft raubende Angst. Dieser katastrophale Umschwung in der Stimmung und im Verhalten der Truppe ist nicht zuletzt darauf zurückzuführen, daß die deutsche Führung mit ihren ewigen Angriffsbefehlen fortgesetzt das Unmögliche verlangte und damit die Tapferkeit ihrer Soldaten mißbrauchte.

Die englische und französische Führung, insgesamt nicht besser als die deutsche, schien immerhin erkannt zu haben, daß ihre Gegner schwer geblutet hatten und nunmehr gewisse Anzeichen der Schwäche nicht verbergen konnten. Sie tat, was Generale in solchen Fällen meistens tun: sie befahlen ihrerseits den Angriff. Und so kommt es denn bis zum 10. November, jenem Tag, der die legendenbildende Verlautbarung der deutschen Obersten Heeresleitung auslöste, zu permanenten Angriffen und Gegenangriffen, die außer bedeutungslosen örtlichen Erfolgen nichts einbrachten als blutige Verluste auf beiden Seiten. Im Grunde genommen waren die Fronten vor Langemarck schon in der letzten Oktoberwoche erstarrt. »Der Rest des Monats Oktober«, heißt es in der Geschichte des Reserve-Feldartillerie-Regiments Nr. 51, »scheint uns in unserer Erinnerung ohne wichtige Ereignisse verlaufen zu sein. Die Kampfhandlungen waren dauernd sehr ernst, aber sie wurden von den Ereignissen bei den Nachbarfronten an Bedeutung für die allgemeine Lage übertroffen.«

Die Ereignisse bei den Nachbarfronten — sie sind es, denen wir uns jetzt zuwenden müssen.

10. Kapitel: Das Ringen auf dem rechten Flügel. Dixmuiden

Das Schlachtfeld dampft von Rauch und Blut.
Aus der Bataillonsgeschichte der 15er Reserve-Jäger.

Am 10. November, dem Tage, da die deutschen Sturmtruppen »unter dem Gesange ›Deutschland, Deutschland über alles‹ gegen die erste Linie der feindlichen Stellungen« vorgebrochen sein sollen, wurde 20 km rechts (d. h. nördlich) davon die Stadt Dixmuiden von den Deutschen genommen. Sie wurde genommen nach insgesamt vier Angriffen, von denen drei blutig abgewiesen wurden, während der vierte, nicht minder blutig, zum Erfolg führte. Aber was war das für ein Erfolg?

Es begann wie bei Langemarck am 21. Oktober, und genau wie dort gab es Verwirrung und Durcheinander schon beim Aufmarsch und bei der Bereitstellung. Die Einnahme der Stadt war der zum XXII. Korps gehörenden 43. Reserve-Division zugedacht, die aus den Reserve-Infanterie-Regimentern 201 bis 204 bestand, ferner dem Reserve-Jäger-Bataillon 15 und dem Reserve-Feldartillerie-Regiment 43, allesamt in Berlin und Potsdam aufgestellt. Schon beim Vormarsch auf Dixmuiden wurden die Einheiten ständig beschossen, es ist die Rede von »mittelstarkem feindlichen Infanterie- und Schützenfeuer« und von einem »nicht leicht erkennbaren Feind«.

Die ständigen Scharmützel, in die sie mit einem unsichtbaren Gegner verwickelt wurde, machte die Truppe so nervös, daß sie hinter jeder Hecke und in jedem Haus einen Franktireur vermutete; am 20. Oktober kam es dann zu der blindwütigen Schießerei von Esen. Schon am 19. Oktober aber, so meldet die Bataillonsgeschichte der 15er Jäger, blieb die Verpflegung aus: »Von diesem Tage an begann eine fünftägige Hungerperiode.« Und in der Regimentsgeschichte von 202 berichtet der Soldat

Eberhard Lottermann von der Dixmuiden-Front: »Was unsere persönlichen Bedürfnisse anlangt, so haben wir schwer unter Hunger zu leiden, mitunter 30 Stunden lang so gut wie nichts zu essen, jedes Stück Trockenbrot wird mit einem ›Hurra‹ begrüßt.« Zumindest die ersten beiden Angriffe auf Dixmuiden wurden von Soldaten unternommen, die sich an die auf den Feldern vorgefundenen Steckrüben hielten und daher alsbald von Durchfall geplagt wurden.

Am 21. Oktober gegen 5 Uhr morgens erhielt das Reserve-Jäger-Bataillon 15 den Befehl, »die vorderste Infanterie-Schützenlinie zu verstärken«. Ihm zugeteilt bzw. unterstellt wurde das III. Bataillon von 202. Die vorderste Schützenlinie wurde gebildet von den Regimentern 201 und 203.

Und dann wurde angegriffen — ohne Aufklärung, ohne nennenswerte Artillerieunterstützung, ohne die geringste Kenntnis von der Stärke des Gegners. In der Bataillonsgeschichte der 15er Jäger steht der verwirrende und zugleich bezeichnende Satz: »Um 2.00 Uhr nachmittags wurde der Angriff auf Dixmuiden ohne größere Befehlserteilung eingeleitet.«

Ohne größere Befehlserteilung — das kann nur heißen, daß Befehle von oben nicht durchkamen oder gar nicht erst gegeben wurden; die unteren Führer, die da mit ihren Leuten durch die Rübenfelder krabbelten und taumelten, mußten sich selber helfen. Also vorwärts! Man ist viel zu früh, d. h. auf eine zu große Entfernung angetreten, ein voller Kilometer ist von der Ausgangsstellung bis zum Angriffsziel zu überwinden. Und immer noch keine wirksame Artillerieunterstützung, kein Gegner, den man erkannt hätte (»Vom Feinde immer noch nichts zu sehen!«). Es war wie vor Langemarck: man stürmte einfach drauf los, einfach ins Blaue hinein — wenn man denn dieses blinde Vorgehen, dieses Tappen und Taumeln und Stolpern überhaupt »stürmen« nennen will. Die Schützen drüben in Dixmuiden, Belgier und Franzosen, sollen vor Freude gejubelt haben, als sie sahen, wie sich die deutschen Soldaten aus den Rübenfeldern erhoben und wie auf dem Exerzierplatz gegen die Stadt vorgingen. Wenn man schon töten und vernichten muß, dann kann sich keiner bessere Ziele wünschen.

Was die deutschen Soldaten empfinden, ist ein Gemisch aus

blindem Gehorchenwollen, aus Hingabe und Begeisterung nebst Angst, Grauen, Verzweiflung und Schmerz. Und dabei machen sie immer wieder den Versuch, das Neue, Ungeheure, Unerhörte, das über sie hereinbricht, durch Phrasen zu bewältigen: »Wer will unserem Ungestüm Widerstand leisten? Ran an den Feind! Siegeslorbeer gilt es zu erringen!« Mit dem Siegeslorbeer war es nichts. Die 15er Jäger melden kurz und schlicht: »Der Angriff brach im rasenden feindlichen MG-Feuer zusammen. Die Truppen ziehen sich auf die Ausgangsstellung bei Esen zurück.« Ausführlicher beschreibt der Soldat Karl Classow vom Regiment 201 das Debakel:

Hinaus springen wir frohen Blickes, tatendurstig, angriffsfreudig. Ungefähr 1 200 m mögen uns vom Ziel trennen. Flaches, aber unübersichtliches Gelände. In aufrechter Haltung, ausgeschwärmt, geht es zunächst vor, die Gruppenführer vor der Front. Was in Döberitz geübt ist, sitzt! Ich blicke um mich. Ein prächtiges Bild! Überall, rechts und links von uns geht 201 vor, ungeachtet der feindlichen Schrapnells und Granaten. Wir werden's heute schaffen . . . Weiter vorwärts geht's. Schrapnells und Granaten zischen dichter, näher. Infanteriekugeln singen uns um die Köpfe . . . Eine dichte Hecke hemmt unseren Lauf. Zu dicht, um hindurchzukommen. Alles schiebt sich zusammen nach einer schwachen Stelle, hindurch, wieder entfalten. Wassergraben. Hinüber. Vorwärts! Neue Hecke. Wo sind die anderen Züge, die Nachbargruppen . . .? Die Zahl der Verwundeten wächst. Eine längere Stockung tritt ein, werden wir doch jetzt mit feindlichem Feuer überschüttet. In die Furche geduckt, das Gesicht dicht an die Erde gepreßt . . . Nun müssen wir den Feind bald von Angesicht zu Angesicht sehen können. Wo steckt er nur? Ein rasendes Feuer schlägt uns entgegen. Kameraden schwanken, taumeln, stürzen. Weiter stürmen wir mit aufgepflanztem Seitengewehr. Ein schneller Blick links, rechts: Unsere Reihe ist so dünn geworden.

Verbindung ist abgerissen, Hecke, Graben, keine Übersicht. Mein Atem wird knapp, die Brust keucht. Vom Feinde noch immer nichts zu sehen. Zug- und Gruppenführer fallen durch Tod oder Verwundung aus . . . Wie hingemäht liegen die halblinks vorstürzenden Kameraden. Einige liegen schmerzverkrümmt, andere stumm, reglos, die Finger in die flandrische Erde gekrallt — tot . . . Dann hier, da, dort setzt gegen Abend eine rückläufige Bewegung ein. Das Feuer flackert vereinzelt auf. Noch immer liegt der Tod auf der Lauer. Einige Kameraden müssen weiter vorgekommen sein. Ich sehe vor mir etwa zehn Kameraden zurückkommen. Sind sie wahnsinnig? Sie gehen aufrecht, stumpf, schleppenden Schrittes. »Hinlegen!« rufe ich ihnen zu. Mit hoffnungslosen Blicken sehen sie mich stumm an. Da prasselt eine Geschoßgarbe in sie hinein. Einige stürzen, bleiben liegen, die anderen schwanken, Gewehre unterm Arm weiter, bis die Kugeln auch sie zu Boden strecken. Grauenhaft! — Die Nacht hat ihren Schleier über das grausige Schlachtfeld gedeckt . . . Wir wechseln kaum ein Wort. Fassungslos stehen wir jungen Kriegsfreiwilligen dem Grauen dieses zu Ende gehenden Tages gegenüber.

Grauen auch beim Regiment 203, für das der Kriegsfreiwillige Lothar Eickhoff folgendes berichtet:

Aus dem Heckengelände kamen wir heraus in Rübenfelder, die nun gar keinen Schutz mehr boten. Es ging jetzt an den Bahndamm heran, der in der Richtung unseres Angriffs verlief, also auch keinen Schutz bot. Bei einem Bahnübergang standen mehrere Häuser, die von der Artillerie heftig beschossen wurden. Auch die Infanterie richtete ihr Feuer darauf, da aus den Fenstern geschossen wurde. Ich konnte aber keinen entdecken, gab aber dorthin einige Schüsse ab . . . Wir gingen nun über den Bahndamm, wobei wir heftiges Feuer bekamen, da wir wohl auch besonders einzusehen waren. Hier fiel mir besonders auf, wieviele Tote und Verwundete schon dalagen . . . Stets in starkem Infanteriefeuer, konnten wir zum erstenmal eine kleine Pause eintreten lassen, als wir an einem Damm kamen, der rechtwinklig zum Eisenbahndamm lag und zu einem Bahnübergang führte. Dieser Damm bot uns Schutz . . . Ich war von vornherein dem Offizierstellvertreter Seefeldt gefolgt, denn er, der in China schon Krieg kennengelernt hatte, war entschieden der ruhigste von unseren Führern . . . Er war auch an unserem Damm der einzige Vorgesetzte. Er ordnete wieder ein wenig seinen Zug, reihte die Leute von anderen Kompanien ein, alles natürlich im Liegen, mit der Stimme allein, denn wer den Kopf über den Rand steckte, bekam einen Schuß. Wir mußten dicht vor dem Feinde sein, nach den Treffern zu urteilen, die der Feind erzielte, aber zu sehen war er nicht . . . Allgemein machte sich der Ruf nach Befehlen bemerkbar. Das war ja auch ganz erklärlich. Waren wir Soldaten doch erst seit zweieinhalb Monaten. Wir konnten einfach noch nicht selbständig handeln . . . In unseren Zug Seefeldt war inzwischen eine ganze Kompanie unter Führung eines Hauptmanns eingeschwärmt. Dieser übernahm dann auch das Kommando. Er befahl zwei Sprünge, die auch glänzend ausgeführt wurden, aber bei denen fast alles tot oder verwundet liegen blieb. Rasendes Feuer empfing uns. Wir mußten ganz dicht am Feind sein, trotzdem war er nicht zu sehen. Der Hauptmann war auch gefallen . . . Wir lagen jetzt in der Rinne zwischen zwei Rübenfeldern, einer ganz geringen Vertiefung nur . . . Rühren durfte sich kein einziger. Einige hoben den Kopf, um irgendwo den Feind zu finden, aber Kopfschüsse oder Kugeln, in unmittelbarer Nähe einschlagend, machten ihrem Vorhaben ein rasches Ende . . . Endlich kam die Nacht heran. Das Feuer ließ nach.

Auch das Regiment 203 oder besser: das, was vom Regiment noch übrig war, mußte in der Nacht auf seine Ausgangsstellung bei Esen zurück. Die Regimentsgeschichte meldet:»Die Nacht zum 22. verbreitet Fassungslosigkeit über die Gemüter.« Glimpflicher kam das Regiment 204 davon. Es nahm nicht direkt am Sturm auf Dixmuiden teil, sondern wurde gegen den 3,5 Kilometer südlich gelegenen Ort Woumen eingesetzt. Die Ausfälle waren, gemessen an den Toten und Verwundeten, die die anderen Einheiten der Division zu beklagen hatten, gering. Mit einem Verlust von vier Toten und 18 Verwundeten bezahlt das Regiment den Preis des ersten Kampftages«, heißt es in der Regimentsgeschichte.

Allein das I. Bataillon von 201 zählte 30 Tote, 169 Verwundete und 187 Vermißte, insgesamt 386. Besonders erschreckend der hohe Anteil der Vermißten — übrigens eine Erscheinung, die auf alle vier Armeekorps zutrifft. Einige Vermißte sind sicherlich als Versprengte zu ihren Einheiten zurückgekehrt; andere sind in Gefangenschaft geraten. Der größte Teil, tot oder verwundet, dürfte zunächst einfach liegengeblieben sein. Noch beim 3. Angriff auf Dixmuiden, nach 4 Tagen, stießen die Angreifer auf tote oder verwundete Kameraden, die zu bergen man vergessen oder auch nicht gewagt hatte. »Das Bild, das sich uns bot, war entsetzlich«, berichtet der Kriegsfreiwillige Eickhoff vom Regiment 203. »Überall in den Rübenfeldern lagen Menschen. Die meisten waren tot. Aber auch viele Verwundete lagen immer noch da. Wo man hinsah, sah man einen winken, soweit er es noch konnte. Sehr viele schrien um Hilfe, es war furchtbar.«

Noch im Frühjahr 1915 fand man Leichen aus den Herbstkämpfen des Jahres 1914.

Die zurückgeschlagenen und dezimierten Kompanien gruben sich in der Nacht zum 22. Oktober am Rande von Esen ein — so wird berichtet; es wird nicht berichtet, wie sie das bewerkstelligt haben. Die Regimentsgeschichte von 203 stellt jedenfalls fest: »Der Mangel an Schanzzeug macht sich bei allen Kompanien stark bemerkbar. Der kleine Infanteriespaten ist das Ziel aller Wünsche.«

Aber Mangel nicht nur in Ausrüstung und Ausbildung. Es fehlte auch an einer klaren, verständlichen Befehlsgebung, an Unterrichtung und Information — wir würden heute sagen: an einer vernünftigen psychologischen Führung. Es war nicht damit getan, daß ein Bataillonskommandeur im prasselnden feindlichen Feuer auf seinem Schimmel hin und herritt (gesagt wird ausdrücklich »auf seinem Vollblutschimmel«) oder auf eine andere sinnlose Weise seinen Heldenmut demonstrierte: die Soldaten bewunderten zwar dieses Verhalten, waren aber sofort hilflos, wenn der Schimmelreiter, was unausbleiblich war, alsbald von einer feindlichen Kugel ausgelöscht wurde.

Einige Berichte lassen darauf schließen, daß verschiedene Einheiten, die den Angriff von 21. Oktober mitmachten, gar nicht wußten, worum es eigentlich ging. So heißt es in der Regimentsgeschichte von 202:

> In den dunklen Nächten stolperten die Züge auf den Rübenfeldern umher und gerieten mit verhängnisvoller Regelmäßigkeit in treffsicheres Feuer. Es wirkte entmutigend und erbitternd auf die Kriegsfreiwilligen, daß sie nie erfuhren, welchen Sinn ihre nächtlichen Kämpfe hatten, die immer Opfer kosteten und oft eine zielbewußte Leitung vermissen ließen.

Und an anderer Stelle:

> Es war nun endlich bekannt geworden, daß die letzten meist fehlgeschlagenen Unternehmungen der Einnahme der Stadt Dixmuiden gegolten hätten.

Trotz der schrecklichen Erfahrungen, die man am 21. Oktober gemacht hatte, waren das Armeeoberkommando (das 70 Kilometer von den Ereignissen entfernt in Gent saß) und das Generalkommando des XXII. Korps der Auffassung, daß man es mit verhältnismäßig schwachen Kräften zu tun habe. Es gab so etwas wie eine These, die besagte, daß, wenn Dixmuiden fiele, die gesamte feindliche Flandernfront weichen müsse. Die hohen Herren bestanden daher auf einem zweiten Angriff am 22. Oktober. Die Regiments- und Bataillonskommandeure, die alle Hände voll mit dem Auffangen und Ordnen ihrer arg durcheinander geratenen Verbände zu tun hatten, konnten erreichen, daß dieser zweite Angriff um 24 Stunden hinausgeschoben wurde.

Also ging es am 23. Oktober noch einmal los. Die 43. Division entwickelte folgenden Angriffsplan:

> Die 43. Reserve-Division greift heute Dixmude an, unterstützt von zahlreicher schwerer Artillerie und einem Bataillon der Korps-Reserve. Das Reserve-Infanterie-Regiment 201 mit Jägern 15 und einem Bataillon 203, das Reserve-Infanterie-Regiment 203 ohne ein Bataillon und ein Bataillon 207 gewinnen von 9 Uhr ab Gelände gegen Dixmude. Der südliche Teil der Stadt bildet das Angriffsziel des R.I.R. 203, der nördliche Teil des R.I.R. 201 mit zugeteilten Truppen. Das R.I.R. 202 steckt in aller Frühe das Schloß 1 km südlich Dixmuiden an und geht gegen die Kanallinie vor[26].

Um 9.30 Uhr trat die Infanterie an. Gleichzeitig eröffnete die Artillerie das Feuer. Gleichzeitig — das bedeutet, daß es wiederum keine Vorbereitung des Sturms durch die Artillerie gab.

> Ziel unserer Geschütze, heißt es in der Regimentsgeschichte von 203, sind ausschließlich die feindlichen Infanteriestellungen. Das hat zur Folge, daß die Geschütze des Gegners ungestört ihr Feuer auf die deutsche Infanterie konzentrieren konnte.

Aber auch »Infanteriegeschosse schlagen unaufhörlich ein«, und so kommt es wieder einmal, wie es kommen mußte. Das Unternehmen verlief wie gehabt. Die Verluste häufen sich, der Angriff bricht im feindlichen Feuer zusammen. Was sich am 23. Oktober in den Rübenfeldern von Dixmuiden an Not, Qual, Angst, Blut und Tod anhäufte, konnte sich durchaus messen mit dem, was zwei Tage vorher, am 21. Oktober, geschehen war.

Die Nacht vom 25. zum 26. Oktober war die schlimmste von allen. Man mag darüber streiten, ob die Erziehung des Soldaten

zum Kämpfen und Töten einer Erziehung zum Mord gleich-
kommt; es gibt indessen keinen Zweifel, daß in dieser Nacht von
beiden Seiten gemordet wurde. Der Kampf entartete zu einem
verbissenen Schlagen, Stoßen, Stechen und Würgen — Verwundete, längst nicht mehr kampffähig, bekamen den Rest mit
Gewehrkolben oder Bajonett, Gefangene, die ihre Waffen
schon weggeworfen hatten, wurden erstochen, erschossen,
erschlagen. Wir kennen ein schreckliches Wort im Vokabular
des Krieges, das die Vorgänge am deutlichsten kennzeichnet,
und das Wort heißt »niedermachen«. Soldaten von beiden
Seiten machten ihre Gegner nieder oder wurden von ihnen
niedergemacht.

Feiner Dunst, dünn und weiß wie Wasserdampf, lag über den
Rübenfeldern, als der Morgen des 25. Oktober anbrach. Es war
Sonntag. Gegen 9 Uhr kam die Sonne hervor, und es schien ein
warmer, strahlender, sonniger Tag werden zu wollen.

Und wiederum erwartete Freund und Feind nichts Gutes. Das
Armeeoberkommando in Gent drängte zu neuem Angriff, und
so wurde eben wieder angegriffen, diesmal in zwei Kolonnen, im
Norden Regiment 201 und Jäger 15, im Süden Regiment 203.
Die Divisionsartillerie wurde auf beide Kolonnen verteilt.

Bei der Nordkolonne gab es gleich zu Anfang die übliche
Panne. Während die 15er Jäger, die auf dem linken Flügel
eingesetzt waren, in ihrer Bataillonsgeschichte die Vorgänge
schamvoll verschweigen, berichtet die Regimentsgeschichte von
201:

> Am Mittag erging der Befehl für den auf 2 Uhr
> festgesetzten Angriff auf Dixmude. Der Sturm war in
> der Weise vorgesehen, daß der linke Flügel . . . zuerst
> vorgehen sollte, worauf die anderen staffelförmig zu
> folgen hätten . . . Unser I. Bataillon wartete bis 7 Uhr
> abends vergeblich auf das Vorgehen seiner linken
> Nachbarn. Als dann ein neuer Befehl zum Vorgehen
> eintraf, gingen 3. und 4. Kompanie 201 selbständig
> vor. In schneidigem Anlauf gelang es ihnen, bis in den
> Südostrand von Dixmude einzudringen. Heftiges
> MG-Feuer aus der Flanke verhinderte weiteres Vor-
> gehen. Beide Kompanieführer wurden verwundet.

Der langen Rede kurzer Sinn: Auch dieser Angriff wurde abgeschlagen. Armeeoberkommando und Generalkommando taten, was sie in solchen Fällen bisher noch immer getan hatten: Sie befahlen einen neuen Angriff, der nach Lage der Dinge nur nachts stattfinden konnte. Er wurde auf 1 Uhr früh festgesetzt. Für den Angriff wurden aus den Regimentern 201, 202, 203, 204 und 207 bzw. aus Teilen dieser Regimenter drei Kolonnen gebildet. Da das strahlende Herbstwetter, das sich am Morgen des 25. Oktober angekündigt hatte, nur kurze Zeit vorhielt — schon gegen Mittag gab es die ersten Schauer, und seit dem frühen Nachmittag regnete es ununterbrochen — waren, wie die Regimentsgeschichte von 203 berichtet, »die Wege völlig aufgeweicht, die Felder ein einziger Sumpf«. Unter diesen Umständen war es schon ein Riesenproblem, den Angriffsbefehl, der erst bei sinkender Nacht herauskam, überhaupt zuzustellen. Oberleutnant von der Lühe vom Stabe des Regiments 203, der es sich zur Aufgabe gesetzt hatte, den Angriffsbefehl für die Kompanien seines Regiments selbst nach vorn zu bringen, berichtet über seine Bemühungen:

Es war ungeheuer schwer, in dem aufgeweichten Boden vorwärts zu kommen, noch schwerer, die Führer zu finden, da die Leute in völliger Apathie größtenteils schliefen und nicht wußten, ob die Führer rechts oder links lagen, geschweige denn die Namen von ihnen kannten. Am allerschwersten aber war es, den Führern den Sammelplatz der Kolonnen sowie den Weg dorthin zu bezeichnen. Nachdem ich mühsam die Front abgegrast hatte, eilte ich, d. h. stampfte ich durch den tiefen Schlamm, über Zäune, Gräben und freie Ebene zur Kompanie von Stocken, die bereits seit dem 23. abhanden gekommen war. Sie sollte sich beim Angriff nach der Yser haben abdrängen lassen und — sehr weit vorgekommen — sich eingegraben haben ... Es war ein schweres Stück, die Kompanie zu suchen. Wege gab es nicht, sehen konnte ich nicht, rufen durfte ich nicht. Ich verließ mich auf meinen Ortssinn und tappte immer weiter nach Westen. Als schließlich das Gelände immer ungangbarer wurde, beschlossen wir, zum Regimentsstab zurückzukehren.

Was ein Angriff sein sollte, ist letzten Endes ein mehr oder weniger planloses Stolpern, Straucheln und Patschen durch die vor Nässe triefenden Rübenfelder. Es ist stockdunkle Nacht, und manchmal wissen die Soldaten nicht, ob es sich bei den Gestalten, die sich vor ihnen oder neben ihnen durch die Dunkelheit bewegen, um Freunde oder Feinde handelt. Die Verbände geraten durcheinander, Befehle kommen nicht durch oder werden nicht weitergegeben, es ist kein planmäßiger Angriff, es ist ein Chaos. Das Kriegstagebuch des I. Bataillons vom Regiment 203 berichtet darüber:

> Es wurde auf vollkommen unbekannten Wegen und schließlich querfeldein durch Hecken, Drahtzäune und ca. anderthalb Meter tiefe Wassergräben vorgegangen. In Gruppenkolonnen nebeneinander marschierten die Kompanien in starkes MG-Flankenfeuer und erhielten von vorn Granatfeuer. Nachdem das Bataillon plan- und ziellos weiter vorgegangen war und schließlich nicht mehr wußte, wo es sich befand . . . beschlossen die Kompanieführer, sich nach Westen aus dem Bereich des MG- und Granatfeuers zu den übrigen Truppen zurückzuziehen. Vom Bataillon sammeln sich zunächst nur 75 Mann . . .

Einer einzigen Gruppe vom III. Bataillon des Regiments 202, die sich um ihren Bataillonskommandeur geschart hatte, gelingt es, nach Dixmuiden hineinzukommen — aber zu welchem Preis! Dazu berichtet die Regimentsgeschichte von 201 kurz und bündig:

> Das III. Bataillon von 202 (Major v. Oidtmann) war auf Grund eines neuen Angriffsbefehls um Mitternacht 25./26. Oktober gegen Dixmude vorgegangen, um die Stadt durch Überrumpelung zu nehmen. Es gelang dem Bataillon durch die von unserer 3. und 4.

Kompanie geschaffene Lücke in Dixmude einzudringen. Nach französischen Quellen entbrannten hier heftige Kämpfe, doch gelang es dem Bataillon in der Dunkelheit bis über die Yser vorzudringen. Hier wurde es dann von feindlicher Übermacht aufgerieben.

Mehr erfahren wir aus einem belgischen Bericht[27], der sich der Vorgänge wie folgt annimmt:

.... den bewundernswerten Truppen, die unter dem Unwetter von Feuer und Eisen überall standgehalten haben, wird zum hundertsten Male der Befehl wiederholt: Ausgehalten bis zum Tode! Es sind große Mengen Munition angekommen, und Petroleum ist herangeschafft worden, um die überlasteten Maschinengewehre zu ölen. Belgier und Marinefüseliere habe Geschosse genug, um Tausende von Boches zu töten. Ein jeder fühlt, daß die fürchterliche Entscheidungsstunde naht, und diese Gewißheit erhöht den Mut der Leute bis zur Verzweiflung. Kaum ist die Dunkelheit hereingebrochen, so setzt ein neuer Angriff im Nordabschnitt ein; er wird jedoch zurückgeschlagen. Fast gleichzeitig scheitert ein starker Vorstoß im Süden. Jedesmal, sobald das Gewehrfeuer beginnt, legen unsere Batterien Sperrfeuer auf das Gelände vor den Gräben. Die berstenden Granaten und Schrapnelle erleuchten den Nachthimmel mit feenhaften Lichtwirkungen. Unsere Leute sind begeistert. Die Truppen der tapferen eisernen Division schlagen sich mit unsäglichem Mut, sie scheinen unbesiegbar.
Der Feind scheint jedoch jedes Opfer bringen zu wollen, um den Sieg davonzutragen. Er muß allem Anschein nach große Massen frischer Truppen vor Dixmuiden angehäuft haben, die den Auftrag haben, die Stellung um jeden Preis zu nehmen; denn ihre Zähigkeit erlahmt nicht. Kaum ist ein Ansturm abgeschlagen, so greifen sie aufs neue mit noch größerer Wucht an. Welche Beute mag man ihnen

versprochen haben, daß sie sich so töten lassen? Welchen Trunk haben sie getrunken, daß sie von derart tierischer Wut besessen sind? Blutlechzend, dämonengleich stürmen sie mit dem Geheul wilder Tiere, dürstend nach Metzelei; über Leichen strauchelnd treten sie die Verwundeten mit Füßen, und während sie zu Hunderten niedergemäht werden, kommen sie immer wieder heran. Einzelne Angreifer gelangen von Zeit zu Zeit an die Brustwehr, dann entspinnen sich Einzelkämpfe mit Bajonett und Gewehrkolben; man schlitzt sich den Bauch auf, erwürgt sich, Schädel werden zertrümmert. Aber die Verteidiger, die unter Einsetzung der letzten verfügbaren Reserven sämtlich in den Gräben sind, weichen nirgends auch nur einen Finger breit. Vor unseren Gräben sieht es schrecklich erregend aus. Zwischen Waffen und Uniformresten liegen hunderte von deutschen Leichen, Verwundete kriechen an unsere Gräben heran, blut- und schmutzbedeckt, ein erbarmungswürdiges Bild des Elends.

Auf den Regen ist ein wahres Unwetter gefolgt. Das Heulen des Windes mischt sich mit dem Donnerkrachen der Granaten. Gegen ein Uhr nachts stürmen in der Nähe der Esener Straße trotz des Gewehrfeuers der 4. Kompanie des 11. Regiments einige hundert Deutsche unter Führung eines Majors gegen die Straße vor und gehen im Laufschritt, alles vor sich niederrennend, auf Dixmuiden los, wo sie wie ein Sturmwind am Marktplatz ankommen und durch ihr Gebrüll und durch Gewehrschüsse Verwirrung hervorzurufen glauben.

Die Horde kommt an die Yserbrücke, überschreitet die Brücke, ehe man erkennen kann, ob es sich um Flüchtlinge oder Feinde handelt. Als jeder Irrtum unmöglich ist, nimmt ein Maschinengewehr aus nächster Nähe die Beschießung des Haufens auf. Ihrer 30 fallen. Der Rest des Trupps mit dem Major an der Spitze setzt seinen Weg nach der Haltestelle Caeskerke fort. Seine Hurrarufe durchtönen die dunkle Nacht, und der Spielmann bläst zum Sturm. Am Bahnübergang von Caeskerke sieht sich die unheimlich schreiende Bande durch die Schranke, die man rechtzeitig schließen konnte, aufgehalten. Aus den benachbarten Gräben der Marinefüseliere erhält sie Gewehrfeuer, und die Leute stürzen sich daraufhin auf die anliegenden Wiesen. Unter Todesdrohungen verlangen sie von den Gefangenen die Angabe der Artilleriestellungen; doch niemand verrät etwas. Und die Geschütze stehen in der Nähe, kaum hundert Meter entfernt, aber in der Dunkelheit kann der Feind sie nicht erkennen. Die Bande hat sich dann zerstreut, in der Finsternis haben die Leute einander verloren und sind auseinandergelaufen, da sie fühlen, daß es um sie geschehen ist. Bei Tagesanbruch werden sie in kleinen Abteilungen gefangengenommen. Nur eine kleine Gruppe, von dem Major geführt, hält als einzige stand, nachdem dieser seine letzten Gefangenen hat erschießen lassen. Für dieses Verbrechen muß er mit einem Bajonettstich büßen, während die eine Hälfte seiner Leute niedergemacht und die andere gefangengenommen wird. Vier der Gefangenen, die des Mordes überführt sind, werden auf Befehl des Admirals[28] auf der Stelle erschossen.

Nach dem Bericht des Regiments 202 war das Bataillon des Majors v. Oidtman zu einem Zeitpunkt als letzte Divisionsreserve eingesetzt worden, da ein Gelingen des Angriffs schon nicht mehr erwartet werden konnte. Ein neuer Befehl sagte daher den Sturm ab. Dieser neue Befehl aber hat das Bataillon nicht mehr erreicht.

Die seit dem 21. Oktober währende blutige Schlacht um Dixmuiden wurde nach dem 26. Oktober vorläufig abgebrochen, die schlecht vorbereiteten, widersinnigen Angriffe fanden nicht länger statt. Irgend jemand beim Armeeoberkommando muß gesagt haben: »So kann es nicht weitergehen.« In wieweit der Armeeoberbefehlshaber, Herzog Albrecht von Württemberg, das sinnlose Gemetzel zu unterbinden sich bemühte, ist schwer zu sagen. Denkbar ist, daß er nicht viel getan hat. Er saß in Gent, weit genug entfernt, um selber niemals gefährdet zu sein, edelmütig und hilflos sah er dem Treiben zu und erließ von Zeit zu Zeit einen nichtssagenden, läppischen Tagesbefehl — so am 4. November 1914, als die Situation an der ganzen Front längst verfahren war:

> In den Kämpfen der letzten Tage haben alle Truppenteile Beweise von größter Hingebung, Ausdauer und Angriffslust gezeigt. Sie haben in schwerem Artilleriefeuer ausgehalten und keine Verluste gescheut. Ich spreche allen Offizieren, Unteroffizieren und Mannschaften der Armee die wärmste Anerkennung aus und gebe mich der Hoffnung hin, daß durch unentwegtes Festhalten an dem Angriffsgedanken die jetzt begonnenen Operationen zu glücklichem Ende geführt werden.

Immerhin gab es vor Dixmuiden bemerkenswerte Veränderungen. Durch das immer wiederkehrende sinnlose Gemetzel war man offenbar zu der Überzeugung gekommen, daß die aus vier Infanterie-Regimentern und einem Artillerie-Regiment nebst kleineren Einheiten wie Pionier- und Kavallerieabteilungen bestehenden Division miserabel geführt wurde. Deshalb wurden — ein öfter geübtes Verfahren, wie wir bereits gesehen haben — die vier Infanterie-Regimenter der Division, die die Hauptlast des Kampfes getragen hatte und immer noch dazu bestimmt war, Dixmuiden zu nehmen, in zwei Brigaden unterteilt: die Brigade Reuter (Führer Oberst v. Reuter), bestehend aus den Regimentern 201 und 202 sowie den 15er Jägern und die Brigade Teetzmann (Oberst Teetzmann), bestehend aus den Regimentern 203 und 204. Auch die Stelle des Divisionskommandeurs wurde mit dem Generalmajor v. Runckel neu besetzt.
Die neuen Herren kamen von draußen, von aktiven Einheiten. Was sie in erster Linie mitbrachten, war vernünftiges militärisches Denken und Handeln. Sie folgten dem einfachen logischen Grundsatz, daß man eine starke feindliche Stellung

nicht angreift, ehe man sie nicht hinreichend aufgeklärt, ehe man sich ihr nicht auf eine erträgliche Distanz genähert und ehe man sie nicht mit vorbereitendem Artilleriefeuer mürbe geschlagen hat. Was sie zunächst taten, und was die Soldaten in achtungsvolles Erstaunen versetzte, war, daß sie sich die Sache aus der Nähe betrachteten. Das heißt, sie drangen bis in die vordersten Stellungen vor und kamen sehr schnell zu der Überzeugung, daß den Soldaten nahezu alles fehlte, was sie brauchten, um die Stadt Dixmuiden zu nehmen.

Die Soldaten hatten aus den Rübenfeldern, in denen sie lagen, weder Schußfeld noch überhaupt Sicht — hoben sie den Kopf, so wurden sie vom Gegner, der in höher gelegenen Stellungen, Häusern und Dämmen saß, sogleich abgeschossen. Was sich die Soldaten an Deckungen geschaffen hatten, war durch mangelndes Können und fehlendes Schanzzeug so kümmerlich, daß es kaum Schutz bot.

Jetzt wurden umliegende Gehöfte, ob zerstört oder unzerstört, nach Spaten, Schaufeln und Hacken durchforscht und dabei auch die landesüblichen schmalen Drainagespaten nicht verschmäht. Nach dem Motto »Schweiß spart Blut« wurden unter verstärktem Einsatz der Pioniere (die oftmals den unzureichend ausgebildeten Infanteristen erst einmal zeigen mußten, wie man ein Deckungsloch aushebt und danach mehrere Löcher zu einem durchlaufenden Graben verbindet) die Stellungen ausgebaut und verstärkt. Nacht für Nacht schob man die Stellungen durch das Anlegen von Sappen gleichsam Stück für Stück nach vorn und stellte solcherart allmählich eine vernünftige Angriffsentfernung her.

Größere Kampfhandlungen suchte man zu vermeiden. Wiederum nachts waren ständig Patrouillen unterwegs, um Stellungen und Verhalten des Gegners zu erkunden und die besten Möglichkeiten zur Annäherung festzustellen. Es war bezeichnend für das, was man den Geist der Truppe nennt, daß sich trotz der vorausgegangenen sinnlosen Angriffe immer wieder Freiwillige zu diesen Patrouillen meldeten — so groß war das Vertrauen der jungen Soldaten in ihre Führung, so ungebrochen war ihr Wille, dem Vaterland zu dienen.

Die Kompanien hatten besondere Trupps zusammenzustellen, deren Aufgabe es war, das Gelände nach Toten der vorausgegangenen Kämpfe abzusuchen. Es galt, die erschreckend hohe Zahl der Vermißten zu senken. Man fand nicht nur Tote, sondern hier und da auch noch Verwundete, die drei, vier und mehr Tage hilflos in einem Rübenfeld gelegen hatten und nun von erschütterten Kameraden zurückgeschleppt wurden. Auch zu diesen Unternehmen meldeten sich immer wieder Freiwillige.

Am 29. Oktober gab die Division einen Befehl heraus, der die Truppe über ihre Lage und über die Gesamtsituation an der Dixmuidenfront unterrichtete. Es hieß darin:

> Die feindliche Stellung zieht sich von den Häusern bei In de Dry Musschen Cabt. über das Depot an der Eisenbahn hart östlich Dixmude den Eisenbahndamm entlang, weiter dem Waerdeken-Kanal folgend in Richtung des Yserbogens östlich St. Jacques Capelle hin. Gegen unsere Stellung vorgeschoben sind die Besatzungen des Bahnwärterhauses etwa 300 m östlich Depot sowie des Friedhofes ca. 300 m südlich Dixmude an der Woumener Chaussee. Rückwärts ist die Yserkanallinie von Kerkhoek bis St. Jacques Cappelle mit Verteidigungsanlagen versehen. Weitere feindliche Gräben befinden sich mit Front nach Norden beiderseits der Chaussee Dixmude — Beeret in der Höhe von Keyzerhoek. Unsere vordere Linie verläuft demgegenüber vorbei an den westlichen Gehöften von Eessen-Kappel, dann Straßenkreuz 400 m südwestlich Eessen-Kappel, nordwestliche Gehöfte von Dixmudehoek bis Nordrand von Chateau etwa 800 m südlich Dixmude. Diese Stellungen sollen in unablässigen Vorarbeiten unter dem Schutz der eigenen Artillerie feindwärts verlegt werden.

Das war etwas anderes als das Gewäsch des Armeeoberbefehlshabers. Die Soldaten, und vor allem ihre Führer, wußten, woran sie waren. Während man in den ersten Kämpfen wie bei Langemarck dumm und einfältig ins Blaue hinein operiert hatte, kannte man jetzt zufolge der eifrigen Patrouillentätigkeit den

Verlauf der feindlichen Stellungen — die unabänderliche Voraussetzung für jeden Angriff. Jedermann war sich klar darüber, daß der nächste Sturm, von dem man ständig sprach, kein Vergnügen sein würde, zumal man mit arg dezimierten Einheiten antreten mußte. Das Regiment 203 zum Beispiel meldete am 27. Oktober einen »Abgang« von 36 Offizieren und 1.366 Unteroffizieren und Mannschaften, das war fast die Hälfte des Regiments, wobei es keine Unterlagen gab, »aus denen festzustellen wäre, wieviel von diesen Zahlen als gefallen, vermißt, verwundet und erkrankt zu gelten« hätten.

Trotz allem hoben sich Stimmung und Zuversicht der Truppen beträchtlich. Die neue Führung hatte dafür gesorgt, daß die Soldaten ausreichend verpflegt wurden und einmal, wenn nicht gar zweimal, am Tage warme Verpflegung erhielten. Und da jetzt häufig Artilleriebeobachter in den vorderen Gräben erschienen, sprach es sich schnell herum, daß die Divisionsartillerie erheblich verstärkt worden war, unter anderem auch durch schwere und schwerste Geschütze, die schon vor Antwerpen gewirkt hatten.

Auch der Gegner schickte Patrouillen ins Gelände; immer wieder stießen Spähtrupps, Stoßtrupps und vorgeschobene Abteilungen von hüben und drüben aufeinander und machten sich das Leben schwer. Es waren keine großen Kampfhandlungen, nicht zu vergleichen mit dem Gemetzel, das vorausgegangen war, aber doch wütende, bissige Scharmützel mit Toten und Verwundeten auf beiden Seiten. Auch durch das Artilleriefeuer, das Freund und Feind von Tag zu Tag forcierten, gab es ständig Verluste.

Am 1. November, eine gute Woche vor dem entscheidenden Angriff, machten die deutschen Soldaten vor Dixmuiden eine eigenartige Feststellung. In ihren Deckungslöchern stieg auf eine unerklärliche Weise das Wasser, und wo immer sie den Spaten ansetzten, quoll ihnen die Nässe entgegen.

Der Grund für diese Erscheinung wurde noch im Laufe des Tages bekannt: Die Belgier hatten sich, um das Vordringen der zwischen Dixmuiden und dem Meer operierenden deutschen Truppen, des III. Reservekorps, aufzuhalten, der Nieuwpoorter Schleusen bedient und das Land unter Wasser gesetzt. Die Überschwemmung machte vor den Toren von Dixmuiden halt, sandte aber sozusagen ihre Ausläufer noch über die Stadt hinaus.

Noch wußte niemand auf deutscher Seite, wo Anfang und Ende der künstlich erzeugten Flut würden zu suchen sein und welche Schwierigkeiten man noch von den steigenden Wassern zu erwarten habe. Da Eile geboten schien, bestand die Gefahr, daß man wiederum überstürzt und überhastet handeln würde; doch siegten noch einmal Zurückhaltung und Vernunft. Die Kommandeure und Kompanieführer der in vorderster Linie eingesetzten Truppen wiesen, gestützt auf ihre Erfahrungen aus den vorausgegangenen Kämpfen, darauf hin, daß man sich den feindlichen Stellungen noch nicht hinreichend genähert habe, um einen Erfolg des Angriffs erwarten zu können. Also ging man im Wettlauf mit der Zeit und dem Wasser daran, die Sturmausgangsgräben noch weiter vorzutreiben. Schließlich hatte man sich auf durchschnittlich 200 Meter genähert, und das Generalkommando befahl den Sturm für Dienstag, den 10. November 1914. Als Sturmtruppen waren vorgesehen die Regimenter 201 und 202, die 15er Jäger und das I. Bataillon von 203. Später, als es eine kritische Phase zu überwinden galt, wurde auch noch das II. Bataillon von 203 hinzugezogen, während das III. Bataillon die Verbindung zum weiter rechts (nördlich) liegenden, aber am Angriff auf die Stadt nicht beteiligten Regiment 204 hielt und »vom eigentlichen Sturm nichts erlebte«.

Am 10. November also, bei Tagesanbruch, setzte die deutsche Artillerie mit allen Rohren und Kalibern ein, und zum ersten Mal hatten die in ihren Sturmausgangsstellungen lauernden Soldaten den Eindruck, daß ihre Artillerie der feindlichen überlegen sei. Zwar gab es einige Feuerpausen, aber nach jeder Pause traten die Geschütze, als ob sie sich erholt hätten, umso heftiger in Aktion. Die Regimentsgeschichte von 203 berichtet:

> Um 13 Uhr gibt unser Artilleriefeuer wie mit einem Schlage die vorderen feindlichen Gräben frei und wird vorwärts verlegt. Im gleichen Augenblick bre-

chen . . . die Sturmtruppen der 43. R.D. unter schmetternden Hörnern, Trommelschlag und tausendfachem Hurra mit aufgepflanztem Seitengewehr in die feindlichen Stellungen an der Ostfront von Dixmude und am Bahndamm ein. Die Führer mit gezogenem Degen vor der Front, stürmt Welle auf Welle grauer Soldaten und grüner Jäger gegen Dixmude vor.

Das Regiment 202 schildert den Sturm wie folgt:

Nebelumwallt erhob sich der Morgen des 10. November aus der flandrischen Ebene. Unter dem Schutze der Nacht hatten sich die Kompanien in der Sturmstellung eingegraben. Bleierne Müdigkeit auf den Gliedern, von der kalten Frühluft umschauert, hockten wir in den engen Gräben. Da lief der Befehl »Sturmgepäck rollen!« durch die Züge und verscheuchte im Nu die schlafheischende Starre. Granat- und Minenfeuer zerpflügte die feindliche Stellung vor der Stadt. Das vorbeireitende Gewehrfeuer der Infanterie erschien dagegen wie Kinderspiel. Punkt ein Uhr mittags wurde das Feuer auf den Süd- und Westrand der Stadt verlegt. Ein letzter Blick auf die Uhr und, den gezogenen Degen in der Faust, sprangen die Führer über die Deckung, die Mannschaften ihnen nach mit brausendem Hurra.

Die 15er Jäger sahen den Sturm so:

Der siegreiche Sturm auf Dixmude ist nun endlich gelungen. Das Schlachtfeld dampft von Rauch und Blut. Grausiges Verderben hat ringsum der Landschaft das Gepräge aufgedrückt. Seit 11 Uhr erzitterte die Erde vom Donnergetöse unserer Granaten, Schrapnells und Minen. Ein Pfeifen und Rollen hoch über unsere Köpfe hinweg, ein Krachen und gellendes Dröhnen drüben in Feindesreihe war der erste Auftakt dieses 10. Novembers . . . Es war noch nicht 1 Uhr nachm., als Hauptmann v. Ameln den Befehl zum Sturmangriff gab. Geschlossen wie eine Mauer brachen aus einem senkrecht zur feindlichen Stellung führenden Graben die 1. und 3. Komp. in erster Linie, die 2. und 4. Komp. in zweiter Linie hervor, und dann raste unter dem Sturmsignal der Hornisten und dem Trommelwirbel der Nachbarregimenter der Jägersturmangriff dahin . . .

Die deutschen Verluste waren wiederum beträchtlich, zumal alsbald schwerstes feindliches Artilleriefeuer über die Stadt hereinbrach, ein Beweis, daß der Gegner Dixmuiden zwar aufgegeben hatte, aber sich immer noch hartnäckig zur Wehr setzte, und daß seine hinter der Stadt aufgestellten Batterien durchaus intakt waren. Regimentsgeschichte 203:

> Dixmude ist völlig zerstört. Ganze Straßenzüge sind durch Trümmer von Häusern verschüttet. An verschiedenen Stellen lodern Feuerbrände empor. Der Feind beginnt, sein Artilleriefeuer, teilweise mit schwersten Kalibern, auf den Süd- und Ostrand der Stadt und die Stadt selbst zu legen. Über dem ganzen Gefechtsfeld knattert das Feuer der Infanterie und bellen die eigenen und feindlichen Maschinengewehre.

Am Abend schlug das Wetter um, Sturm kam auf und peitschte den Regen durch die von Feuer und Qualm eingehüllte Stadt. Und in der Nacht machte sich wieder einmal das Armeeoberkommando auf eine verhängnisvolle Weise bemerkbar. Ohne mit den örtlichen Verhältnissen vertraut zu sein und ohne zur Kenntnis zu nehmen, daß sich der Feind zu neuer Gegenwehr festgesetzt hatte, befahl es die Wegnahme der hinter Dixmuiden liegenden Kanalbrücken. Dieser Angriff brach im rasenden Abwehrfeuer des Feindes unter schweren Verlusten zusammen.

11. Kapitel: Das Ringen auf dem linken Flügel. Beselare

Am weitesten links, d. h. südlich der vom Meer bis zur Stadt Menen am Flusse Leie (französisch Lys) reichenden Front der 4. Armee, war das XXVII. Reserve-Korps (53. und 54. Reserve-Division) eingesetzt. Von den 10 Regimentern des Korps (acht Infanterie und zwei Artillerie-Regimenter) waren sechs in Sachsen und vier in Württemberg aufgestellt worden; die beiden Jäger-Bataillone, das 25. und 26., kamen aus Dresden bzw. Freiberg in Sachsen.

Diesem sächsisch-württembergischen Armeekorps erging es wie den anderen Einheiten der 4. Armee: viel zu kurze und dürftige Ausbildung (man entsinnt sich des Berichts, wonach es in der Ausbildungzeit des Reserve-Jäger-Bataillons 26 gelegentlich nur zu dem immerfort wiederholten »Rechts schwenkt marsch« gelangt hatte); mangelhafte Ausrüstung (»nur ein Drittel der Leute des Reserve-Jäger-Bataillons 25 waren mit kleinem Spaten versehen«); schlechte Versorgung (»das zeitweilige gänzliche Ausbleiben der Verpflegung«) und miserable Führung (von den 4 Kompanieführern eines Bataillons meldeten sich bereits nach dem ersten Kampftag drei krank).

Korpskommandeur war der sächsische Kriegsminister, Generalleutnant v. Carlowitz, von dem die Regimentsgeschichte von 246 zu berichten weiß:

> Am Westausgang von Moorseele stand das Generalkommando. General v. Carlowitz diktierte, Führer hörten zu, Adjutanten schrieben. Der General erörterte: »Vormarsch geht über Dadizeele, Terhand, Beselare auf Geluvelt und nach dessen Wegnahme auf Ypern. Die Linie Poperinghe-Dickebusch muß erreicht werden. Befehlsausgabe abends um 6 Uhr im Rathaus von Ypern«.

Die Herren hatten wirklich keine Ahnung, was um sie vorging. Ein Kommandierender General sieht sich schon am 20. Oktober

1914 im Rathaus einer Stadt, die während des ganzen Krieges nie genommen wurde. Derselbe Kommandierende General, Herr über 30000 Soldaten, weiß, um die Stadt zu gewinnen, keinen anderen Weg, als seinen Soldaten immer wieder das Anrennen gegen einen raffiniert getarnten und in hervorragend ausgebauten Stellungen sitzenden Gegner zu befehlen. In der Geschichte des Reserve-Infanterie-Regiments 243 heißt es:

> Es verging kaum ein Tag, an dem nicht ein neuer Angriffsbefehl die seit Wochen ununterbrochen unter den größten Entbehrungen und seelischen Leiden kämpfenden Truppen von neuem anspornen soll-te[29].

Neben Langemarck und Dixmuiden ist Beselare für die Deutschen zu zweifelhaftem Ruhm gelangt — auch hier brachten die deutschen Truppen schreckliche Blutopfer. Aber es gibt einen Unterschied: während Langemarck von den Deutschen nicht genommen wurde, jedenfalls nicht im Jahre 1914, und Dixmuiden erst beim vierten Anlauf fiel, konnten die Einheiten des XXVII. Reserve-Korps nahezu unangefochten in Beselare einziehen. Das Drama begann, als die Deutschen den Ort schon besetzt hatten, und man ist versucht, von einer Falle der Engländer zu sprechen.

Am 17. Oktober hatte das Korps die Stadt Oudenaarde, 25 km östlich von Kortrijk erreicht. Am 18., einem Sonntag, wurde bei strahlendem Herbstwetter der Vormarsch in zwei Divisionskolonnen fortgesetzt. Zum Marschziel für die Nordkolonne, die 53. Reserve-Division, wurde Ledeghem bestimmt, die 54. Reserve-Division als Südkolonne hatte Moorseele zu erreichen (nicht zu verwechseln mit dem etwa 10 km weiter nördlich liegenden Morslede, von wo aus das XXVI. Reserve-Korps in die Kämpfe eingriff).

Auf dem Vormarsch gab es die üblichen Erlebnise und Ereignisse: vereinzelte Schüsse aus dieser oder jener Richtung, von denen man nicht wußte, ob sie von englischen Soldaten oder belgischen Zivilisten stammten; verlassene Dörfer; unkenntlich gemachte Ortsschilder; in die falsche Richtung zeigende Wegweiser; aufgerissene Straßen und gelegentlich ein Toter in deutscher oder englischer Uniform — alles Zeugen eines dauernden Geplänkels mit einem zurückweichenden Gegner. Und da der Gegner ständig zurückwich, wurde die höhere Führung zum Schlusse verleitet, daß man es mit schwachen Kräften zu tun habe.

Auch das schon von Poelkapelle und Esen her bekannte allgemeine Durcheinander blieb dem 27. Korps nicht erspart. Dazu die Regimentsgeschichte von 247:

> Wir marschierten durch Dadizeele und dann an der großen Windmühle vorbei nach Terhand. Die Straße konnte nicht mehr benutzt werden. Sie stand voller Truppen, Kanonen und Wagen, die beleuchtet waren vom flackernden Licht brennender Gehöfte. Querfeldein stolperte die Infanterie über die Felder. Vollends in Terhand war kein Durchkommen. Alle scheltenden Kommandos wollten nichts nützen. Man war rettungslos festgefahren. Erst als Exz. v. Schäfer selber eingriff, entwirrte sich ein wenig das Durcheinander, und es gab Luft. Hätte der Gegner in diesen Wirrwarr gefeuert, so hätte es ein großes Unglück gegeben. Mühsam arbeiteten wir uns bis zum Westrand des Dorfes durch. Der eilige beschwerliche Vormarsch hatte uns erhitzt, nun froren wir mit leeren Mägen erbärmlich. Dazu ging zeitweise ein leichter Sprühregen nieder. Vor uns sahen wir Beselare.

In der Frühe des 20. Oktober hatten die Einheiten des Korps unter großen Mühen ihre Bestimmungsorte bzw. Ausgangsstellungen erreicht. Nachdem es gelungen war, ein wenig Ordnung in das ewige Durcheinander zu bringen, wurde der Angriff befohlen. Es war jetzt kurz nach 12 Uhr mittags, ein kalter, trüber und grauer Tag.

Die Geschichte des Reserve-Infanterie-Regiments 246 schildert, wie der Angriff begann:

> Von einer geordneten Entwicklung konnte zunächst jedoch keine Rede sein. Ein Schreien, Durcheinander-

laufen, regellose Massierungen hinter Hecken und Häusern, das war das erste Bild. Eine Batterie des Reserve-Feldartillerie-Regiments 54 ging unmittelbar westlich Terhand in Stellung. Offiziere versuchten, Ordnung in das Durcheinander zu bringen. Die ersten Schützenwellen durchbrachen dann bald die Dorfhecke und setzten sich in Richtung Beselare-Kirchturm in Bewegung. Plötzlich begann es drüben zu knattern. Ein Surren und Zischeln ringsherum, klatschend schlägt es in die Blätter der Tabakfelder, hie und da ein Einschlag wie Peitschenknall . . . Allmählich kam das Vorgehen gegen Beselare in Fluß.

Um 18 Uhr, nach anderen Berichten um 16 Uhr, war Beselare von den Deutschen besetzt. Man verzeichnete nur geringen Widerstand des Gegners und wenig Ausfälle an Toten und Verwundeten.

Es schien ein Sieg zu sein, ein leichter zwar, aber ein Sieg. Und dennoch war den deutschen Soldaten, die in den Ort eingedrungen waren und jetzt begannen, durch die Straßen und Gärten zu streifen und die Häuser zu durchsuchen, unheimlich zu Mute. Über dem Ort lag eine bedrückende, Unheil verkündende Stille. Ungeschoren erreichten die ersten Trupps der Deutschen den jenseitigen Dorfrand.

Da knatterte es plötzlich von allen Seiten los, daß einem Hören und Sehen verging. Ein Pfeifen, Klatschen und Surren in der Luft, herunterschlagende Dachplatten, Wolken von Zielgelstaub! Wenige hundert Meter westlich war eine englische Hauptstellung, die urplötzlich ein wahres Höllenfeuer auf uns eröffnet hatte. (Bericht eines Kriegsfreiwilligen vom Regiment 246, dessen Name in der Regimentsgeschichte nicht genannt wird).

Und nun zeigt sich das schon bekannte unverständliche Verhalten der höheren Kommandeure. Da war also, klar erkannt und deutlich festgestellt, eine »englische Hauptstellung«. Und was tut die deutsche Führung? Sie befiehlt den Angriff. Und wie üblich ist die Truppe dann ohne Aufklärung, ohne Sicherung, ohne Vorbereitung in das mörderische Feuer, das ihr aus dieser feindlichen Stellung entgegenschlug, hineingelaufen. Was dann kommt, ist wiederum eine Folge von verzweifelten Infanterieangriffen ohne wirksame Artillerieunterstützung, ein blindes und blindwütiges Anrennen — das übliche Gemetzel. Besonders das Vorgehen gegen den rechts von Beselare liegenden Ort Reutel und den Polygonenwald endete in einer Katastrophe. Regiment 245 berichtet, daß ein Angriff, der zunächst gut vorankam, vom eigenen Artilleriefeuer zerschlagen wurde. Der schweren Artillerie sei, so wird entschuldigend hinzugefügt, »anscheinend keine Meldung über die neu erreichte Stellung zugegangen«.

Unter schweren Opfern gelingt es, den Höhenzug hinter Beselare zu erreichen. Von dort herab bietet sich das gewohnte Bild: drahtumzäunte Wiesen und Weiden, Hecken, Büsche und Waldstücke, dazwischen ein paar Äcker, hier und da ein Gehöft. Um besser beobachten und schießen zu können, gehen die Angreifer über den Kamm der Höhe hinaus und machen sodann einen der schlimmsten Fehler, der einem Soldaten unterlaufen kann: Sie bleiben am Vorderhang liegen und bieten sich damit dem Gegner als ideale Ziele an. Kein Mensch denkt daran, zum schützenden Hinterhang zurückzukriechen; sie haben es nicht gelernt, und niemand sagt ihnen, daß sie es jetzt tun sollen.

Wie so oft bei der 4. Armee häufen sich die Fehler, die Mängel, die Unzulänglichkeiten. Deutsche Artillerie schießt in die eigenen Reihen. Zurückgehende Infanterie wird von eigenen Infanterieeinheiten unter Feuer genommen, die im Vorgehen begriffen sind. Der Nachschub bleibt wieder einmal aus, und seit 36 Stunden ist die Truppe ohne Verpflegung, so daß die Steckrüben, frisch vom Acker, wieder herhalten müssen. Der Sanitätsdienst funktioniert nicht, »er kann«, wie die 245er Infanteristen melden, »die riesenhafte Aufgabe nicht mehr bewältigen«. Die Verwundeten bleiben einfach draußen liegen, und schier unerträglich sind ihre Hilferufe, die die ganze Nacht über andauern.

Der Ort Reutel, vom englischen Yorkshire-Regiment und den Royal Scots Fusiliers verteidigt, wurde schließlich genommen; mehr war von den Deutschen nicht zu erreichen, auch dann nicht, als Teile der 53. Reserve-Division in die Kämpfe eingriffen.

Der 53. Reserve-Division (Regimenter 241 – 244, Jäger 25 und Artillerie-Regiment 53), die rechts von der 54. Reserve-Division kämpfte, erging es nicht anders als ihrer linken Nachbardivision. Die Tuchfühlung, die beide Divisionen hatten, war zeitweilig so eng, daß sich die Verbände gelegentlich bei zunehmender Härte der Kämpfe vermischten und dann nur mühsam, wenn überhaupt, auseinanderdividiert werden konnten.

Dessen ungeachtet kam es gleich zu Anfang zu einem Zwischenfall von besonders unheilvoller Art. Die 53. Division, die, ehe es zu der engen Verbindung kam, zunächst noch zurückhing, hielt die vor ihr liegende 54. Division für eine feindliche Einheit und reagierte dementsprechend. Dazu ein Bericht der Betroffenen, nämlich der 246er Infanteristen:

> Die vorderen Teile der 53. Reserve-Division gingen später angriffsweise gegen den nördlichen Flügel von Beselare vor, anscheinend ohne Kenntnis davon, daß dieser Ort von deutschen Truppen besetzt war, denn es hatten Teile des Regiments 246 unter ihrem Feuer zu leiden[30].

In zwei Kolonnen, einer nördlichen (Regimenter 241 und 243 und Jäger 25) und einer südlichen (Regimenter 242 und 244) marschierte die 53. Division ihrem Schicksal entgegen. Als sich die Kolonnen gegen Abend des 20. Oktober der von Beselare nach Passchendale führenden Straße näherten, gerieten sie plötzlich in einen Feuerüberfall englischer Infanterie und Artillerie:

> Meldereiter sprengten heran, entsetzt, daß wir hier in geschlossenen Kolonnen anmarschierten. »Deckung nehmen«, schrie einer der Reiter und schon ein

Zischen, ein Sausen . . .und dicht hinter uns wühlten sich die Granaten in das Rübenfeld, Erdklumpen und Eisensplitter um sich spritzend. Wir wußten nicht, wie uns geschah. Am Boden kriechend suchten wir in den Straßengraben zu gelangen, und schon fuhr fauchend eine dritte Granate dicht über uns weg und krepierte hinter uns . . . Pfeifend und mitunter wie Peitschenhiebe, dann wieder zischend durchschnitten feindliche Gewehrkugeln die Luft.
(Regimentsgeschichte 243)

Der Feuerüberfall ging gnädig vorüber. Das Regiment meldete keine Verluste. Die Nacht verbrachte man auf den Feldern neben der Straße.

In den Morgenstunden des 21. Oktober rückten die Regimenter von neuem vor. Stolz wird berichtet, daß sich »die Bataillone wie bei einer Felddienstübung entwickelten«, aber alsbald rührte sich der Gegner, und der Angriff stockte. Das feindliche Feuer wurde so heftig, daß jeder Zusammenhalt und Zusammenhang bei den Angriffen verlorenging.

Durcheinandergeworfen, führerlos lagen die Teile unserer Schwesterregimenter zwischen ihren Toten in den Ackerfurchen und wühlten sich in die Erde, um nur einigermaßen geschützt zu sein[31].
(Regiment 243)

Und so ging es fort, am 22. Oktober, am 23. Oktober, am 24. Oktober. Am 24. Oktober meldete das Regiment 244, daß es beim Sturm auf den neben Reutel liegenden Polygonenwald 18 Offiziere und 580 Mann englischer Truppen gefangengenommen habe. Demgegenüber verlor das Regiment an diesem Tag sechs Offiziere und 156 Mann an Toten und vier Offiziere und 220 Mann an Verwundeten.

Die Straße von Beselare nach Passchendale wurde nur für kurze Zeit überschritten. Immer wieder, bei gelegentlichen örtlichen Erfolgen wie auch bei vergeblichen Angriffen, ist die Rede von »furchtbaren Verlusten«. In der Regimentsgeschichte von 243 heißt es:

Es war unmöglich, weiter vorwärts zu kommen, selbst nicht mit Unterstützung der Gardejäger. Die Schlacht an der Yser und vor Ypern war infolge völliger Erschöpfung bei Freund und Feind im Stellungskrieg erstarrt. Die 53. Reserve-Division hatte in diesen blutigen Kämpfen an Offizieren 98 Tote und 147 Verwundete, an Mannschaften 3 761 Tote und 4 695 Verwundete verloren.

Das sind, alles zusammengerechnet, für die 15 000 Mann starke Division Verluste in Höhe von 8 701 Mann. Da die Vermißten nicht genannt wurden, dürften die Ausfälle in Wirklichkeit noch höher gelegen haben.

Eine besonders unheilvolle und tragische Rolle während der Kämpfe der 4. Armee bei Beselare hat die Kirche des Ortes gespielt. Verschiedenen Berichten zufolge hatte der Regimentsarzt von 246, Oberstabsarzt Dr. Gärtner, in der Kirche einen Verbandplatz eingerichtet — was Dr. Gärtner selbst nachdrücklich in Abrede stellt, obschon er dann unter den schwierigsten und schrecklichsten Verhältnissen in der Kirche gearbeitet hat. Er habe, so stellt er in der Regimentsgeschichte von 246 fest, schon einen Verbandplatz in der Kirche vorgefunden, als er nach vorn gekommen sei. Wer ihn dort eingerichtet hatte, ließ sich nicht mehr feststellen — »die Erstgekommenen haben die Kirche bequem gefunden und besetzt«. Gärtner billigte die Wahl keineswegs, »denn Kirchen liegen vorne stets unter Feuer und dürfen daher nicht belegt werden«.

Trotz alledem akzeptierte Gärtner den Verbandplatz, ihm blieb keine andere Wahl. Zuviele Soldaten, leichtverwundete und schwerverwundete, waren in das Kirchenschiff gebracht worden oder hatten sich, zitternd und schreckensbleich, stöhnend, wimmernd oder schreiend dorthin geflüchtet. Dem Oberstabsarzt Gärtner blieb nichts anderes übrig, als augenblicklich mit seiner Arbeit zu beginnen:

Mein Verbandstisch war bei der Kanzel aufgestellt . . . Draußen tobte der Kampf. In der Kirchturmspitze hielten sich noch Engländer und schossen von da in die Straßen. Unsere schwerbepackten Soldaten hatten leider das hochgelegene Nest nicht entdeckt, da sie die enge Leiter nicht bestiegen. In die Kirche herein strömten die Bahren mit den Schwerverletzten und die Scharen der Leichtverletzten. Wir alle verbanden unausgesetzt. Die brennenden Kirchenlichter auf hohen Leuchtern warfen ihr flackerndes Licht über unsere Arbeiten. Dazu der Blutgeruch, das Jammern und Stöhnen der Verwundeten, das Heulen der Geschosse, das Ächzen der Sterbenden. Ein Verwundeter wankte, von meinem Fuhrmann Walz geführt, auf mich zu, ein Blutstrom entquoll seinem Mund, allem nach war die ganze Zunge herausgeschossen. Aber ehe ich noch zufassen konnte, sank er tot zusammen. Den Nächsten heran! Der namenlose Tote wurde hinweggeschleift, und die Arbeit ging weiter ohne Aufhören. Immer zunehmend, übermenschlich werdend. Schreie in nächster Nähe und die Meldung, ein Mann sei tobsüchtig geworden. Er wurde rasch eingespritzt, nach ein paar Minuten lag er wie ein Klotz am Boden. Ich habe ihn am nächsten Tag ganz wohl und vernünftig angetroffen . . . Die Toten mußten unter Lebensgefahr der Träger vor die Kirche geschleppt werden, die andauernd unter schwerstem Artillerie- und Infanteriefeuer lag. Unsere Artillerie stand feuernd in nächster Nähe. Die brave Orgel, sie hat manchem unserer Verwundeten und uns das Leben gerettet, jammerte beim Einschlag der feindlichen Infanteriegeschosse in merkwürdigen, singenden und heulenden Tönen . . . In der Kirche herrschte das Entsetzen. Bei jedem Einschlag ging eine jammernde Unruhe durch die Masse der Verwundeten.

Gärtner berichtet dann weiter über den nächsten Tag und die nächste Nacht, den übernächsten Tag und die übernächste Nacht. Es ist immer wieder dasselbe grausige Bild, das er beschwört und schildert. Die Kirche ist überfüllt, denn auch der

139

Stabsarzt Fiedler vom sächsischen Reserve-Infanterie-Regiment 245 hat dort seinen Verbandplatz eingerichtet. Das Fazit von drei Tagen und drei Nächten: »Die Kirche lag unter immer schlimmerem Feuer, andauernd Splitter, Kugeln, Trümmer und Aufschläge.«

Endlich am vierten Tag entdeckt der zu Gärtners Einheit gehörende Sanitätsfeldwebel in einer nahegelegenen Brauerei einen tiefen, bombensicheren Keller — Platz »für viele hundert Verwundete«. Unter ständigem feindlichen Feuer zieht man mit Hilfe eines Planwagens um. Es ist ein gefährlicher, verlustreicher Umzug, der den Stabsarzt Fiedler veranlaßt, mit seinen Verwundeten und Sterbenden in der Kirche zu bleiben. Gärtner: »Als am 25. Oktober mittags eine Granate das nördliche Schiff der Kirche traf und eine Menge Verwundeter zerriß, da bin ich über meinen rechtzeitigen Wechsel sehr froh gewesen[32]«.

12. Kapitel: Die Bayern

Der Anteil Bayerns bei der Aufstellung und beim Einsatz der sogenannten Freiwilligenregimenter im Herbst 1914 wird in den Berichten über die Flandernkämpfe nur am Rande gestreift oder gar ganz verschwiegen. Das liegt gewiß daran, daß die bayerischen Kontingente, abgesehen von der kurzfristigen Unterstellung eines einzigen Regiments unter das XXVII. Korps bzw. die 54. Division, nicht zur 4. Armee gehörten, und daß sie zufolge ihres Einsatzgebietes ganz im Süden der Flandernfront mit dem Ort Langemarck nicht gut in Verbindung gebracht werden konnten. Darüber hinaus wird man den Gedanken nicht los, man habe es dem bayerischen Generalstab verübelt, daß er den Intentionen des preußisch-deutschen Generalstabs, der für Bayern ein komplettes neu aufzustellendes Armeekorps vorgesehen hatte, nicht gefolgt war, sondern sich auf eine Division (statt deren zwei) beschränkt hatte. Als Grund wurde angegeben, daß Bayern bereits einen erheblichen Beitrag zur kämpfenden Truppe geleistet habe, und daß man nicht mehr als eben diese eine Division, die 6. bayerische Reserve-Division, zu stellen bereit und in der Lage sei.

Und in der Tat — in Bayern scheinen, gemessen am übrigen Reichsgebiet, wieder einmal besondere Verhältnisse geherrscht zu haben. Während man sonst in Deutschland der vielen Männer, die zum Kriegsdienst drängten, gar nicht mehr Herr werden konnte, während man — angeblich — viel mehr Ersatz hatte, als die Front aufzunehmen imstande war, wiesen die Bayern schon in diesen Wochen auf eine Erscheinung hin, die den Krieg alsbald bis zu seinem bitteren Ende begleiten sollte: den Mangel an fronttauglichen Männern. Die Frage liegt nah, ob man in Bayern die Situation nüchterner und realistischer sah. War man aufrichtiger und ehrlicher? Oder sträubte man sich ganz einfach wieder einmal gegen die preußische Bevormundung? Das Kriegstagebuch der 6. bayerischen Reserve-Division jedenfalls weiß von ersten Mangelerscheinungen zu berichten:

Da sich in Bayern schon vor dem Kriege eine militärische Überspannung der Volkskraft gezeigt hatte, verpflichtete sich das bayerische Kriegsministerium nur zur Aufstellung einer Reserve-Division.

Es waren die Regimenter

Bayerisches Reserve-Infanterie-Regiment Nr. 16 (Oberst List), aufgestellt in München

Bayerisches Reserve-Infanterie-Regiment Nr. 17 (Oberst Großmann), aufgestellt in Augsburg

Bayerisches Reserve-Infanterie-Regiment Nr. 20 (Oberst Weiß), aufgestellt in Nürnberg

Bayerisches Reserve-Infanterie-Regiment Nr. 21 (Oberstleutnant Braun), aufgestellt in Fürth

Bayerisches Reserve-Feldartillerie-Regiment Nr. 6 (Oberst Ebermayer), aufgestellt in München

Die Bayern nannten ihre Regimenter gern nach dem betreffenden Regimentskommandeur, also Regiment List, Regiment Großmann usw., ja man sprach sogar von »Listern«; daher sind die Namen der Kommandeure hier mit aufgeführt[33]. Im übrigen wurde die Division schon in der Heimat nach dem in Deutschland üblichen Muster in zwei Brigaden, die 12. und 14. bayerische Reserve-Infanterie-Brigade — Brigadekommandeure und Stäbe waren vorhanden — gegliedert, wie man überhaupt den Eindruck hat, daß es bei der Aufstellung dieser Division insgesamt ordentlicher, zumindest aber gelassener und weniger hektisch zugegangen ist. Verhängnisvolle Mängel gab es allerdings auch hier.

Durch die zugeteilten Verbände — genannt werden u. a. das bayerische Reserve-Kavallerie-Regiment Nr. 6 und das bayerische Reserve-Fußartillerie-Bataillon Nr. 6 — erscheint die Division personell und materiell ungewöhnlich stark; als Gesamtstärke werden 17 782 Mann und 5 584 Pferde genannt. Dabei ist zu berücksichtigen, daß das Kavallerie-Regiment diesen Namen eigentlich gar nicht verdiente, da es nur zwei Eskadronen zählte, während das Fußartillerie-Bataillon nur zwei Batterien hatte.

Die Umstände, die Aufstellung, Ausbildung und Ausrüstung der bayerischen Regimenter begleiteten, waren denen der im übrigen Reichsgebiet aufgestellten Einheiten durchaus ähnlich. Auch hier zeigt sich die Neigung, die Zahl der Freiwilligen, vor allem der Studenten, möglichst hoch anzugeben; sobald man aber mit konkreten Zahlen aufzuwarten den Mut hat, kommt man zu dem üblichen Ergebnis: Die Studenten waren beileibe nicht in der Mehrzahl. »Stark durchsetzt von Studierenden der Hochschulen und selbst der oberen Klassen der Mittelschulen« — so kennzeichnet die Geschichte der 16er Infanteristen die personelle Zusammensetzung des Regiments. Ebenso allgemein gehalten sind die Angaben der 21er bayerischen Infanteristen:

> Die Kompanien bestehen aus Ersatzreservisten und einer größeren Zahl von Kriegsfreiwilligen, unter denen sich sehr viele Erlanger Studenten . . . befinden.

»Sehr viele Erlanger Studenten« — das läßt sich gewiß nicht in dieser Formulierung aufrecht erhalten. Nehmen wir die Stärke des Regiments 21 mit 2 800 Mann an, so stehen demgegenüber 675 Erlanger Studenten, die im Sommersemester 1914 bzw. im Wintersemester 1915 Kriegsdienst leisteten (Statistisches Jahrbuch für das Deutsche Reich, 36. Jahrgang 1915). Dabei ist zu berücksichtigen, daß es neben dem Regiment 21 (Fürth) auch das Regiment 20 im benachbarten Nürnberg gab, wo sich ebenfalls Erlanger Studenten als Kriegsfreiwillige eingefunden haben dürften. Auch wird man nicht annehmen können, daß sich alle 675 Erlanger Studenten für die Regimenter 20 und 21 entschieden haben. Das Kriegstagebuch der 6. bayerischen Reserve-Division notiert, daß von den Mannschaften der Infanterie ein Drittel Kriegsfreiwillige (nicht alle waren Studenten) und zwei Drittel Ersatzreservisten waren, »während Kavallerie und Artillerie zum größten Teil aus ausgebildeten Mannschaften zusammengesetzt werden konnten«.

Im übrigen verhängnisvolle Mängel und permanente Unzulänglichkeiten auch hier. Wenn berichtet wird, daß bei den Kompanien erst zum Gefechtsschießen, das Anfang Oktober stattfand, die Gewehre eintrafen, so läßt sich leicht ausmalen, wie wenig frontgerecht die Ausbildung sein konnte. Über fehlende Spaten fällt allerdings kein Wort. Auch Geschütze und andere wichtige Dinge wurden während der Ausbildungszeit schmerzlich vermißt. Darüber der Verfasser der Regimentsgeschichte der 6er Artilleristen:

> Da die Division »überplanmäßig« war, fehlte es überall an Bekleidung, Waffen, Ausrüstungsstücken und Fahrzeugen. Die Bedienungskanoniere erhielten Karabiner anstelle von Pistolen. Der teilweise Mangel an Geschützen verlangsamte die Ausbildung der Kanoniere . . . Die II. und III. Abteilung verfügen längere Zeit nur über je sechs Geschütze (statt deren zwölf). Die 4. und 5. Batterie erhielten die letzten kurz vor der Beförderung auf den Truppenübungsplatz Hammelburg. Auch der Mangel an aktiven Offizieren und Unteroffizieren beeinträchtigt die Ausbildung . . . Eine Minderung der Dienstgrade bei den an der Front stehenden Regimentern hätte sich empfohlen. Da Vorgesetzte und Untergebene sich anfänglich fremd gegenüberstanden, waren Reibungen und Fehlgriffe bei der Auswahl von Persönlichkeiten für besondere Verwendung unvermeidlich. Dem inaktiven Ausbildungspersonal fehlte teilweise die Kenntnis der neuen Richtmittel. Das leichte Feldhaubitzgerät war vielen fremd. Zur Abhilfe wurden von jeder Batterie zwei Offiziere, vier Unteroffiziere und sechs Richtkanoniere zur preußischen Feldartillerie-Schießschule nach Jüterbog kommandiert.

Auch die Druse, hier Brustseuche genannt, die unter den Pferden der III. Abteilung ausbrach, wird erwähnt.

Was zunächst gar nicht als Mangel oder Nachteil erschien,

sollte sich bald als verhängnisvoller Fehlgriff erweisen: Die bayerischen Regimenter wurden, da nicht genügend Helme vorhanden waren, mit wachstuchüberzogenen Schirmmützen ausgerüstet, wie sie sonst nur von den Männern des Landsturms getragen wurden. Dies führte dazu, daß die Bayern — insbesondere das der 54. Reserve-Division zeitweilig unterstellte Regiment 16 — mit englischen Truppen verwechselt und unter Feuer genommen wurde, ja, es ist vorgekommen, daß sich die Bayern gegenseitig das Leben schwermachten, wie die 21er Infanteristen von ihrem Einsatz am 1. November bei Wytschaete, ganz im Süden der Flandernfront, zu berichten wissen:

> Der Angriff schreitet nur ungleichmäßig vorwärts, da die Kompanien aufgehalten werden durch zahlreiche, mit Draht durchzogene lebende Hecken, und weil sie beim Umgehen der Hecken in dem unbekannten Gelände und in der Dunkelheit die Richtung verlieren. Es muß deshalb sehr bald auch das I. Bataillon zum Schließen der Lücken und zum Verstärken der vorderen Linie eingesetzt werden. — Der Angriff gelingt. Die Höhe wird genommen, und nun dringt das I. Bataillon von Süden in Wytschaete ein und wirft den Gegner bis zum Westrand zurück, gerät aber jetzt plötzlich mit von Osten nachdrängenden Teilen der 12. Reserve-Infanterie-Brigade (Regimenter 16 und 17), die es im Dunkeln unglücklicherweise für Feinde hält, in einen verlustreichen Kampf, der nur mit Mühe durch die Gewandtheit einzelner Führer beendigt wird.

Der Zeitplan der Bayern lag um eine gute Woche hinter dem Plan der preußischen und sächsisch-württembergischen Korps zurück. Am 10. Oktober, während die anderen schon auf dem Weg zur Front waren, wurden die Regimenter der 6. bayerischen Resere-Division zu Gefechtsübungen auf das Lechfeld im Süden von Augsburg verlegt. »Am 18. Oktober«, so steht es in der Regimentsgeschichte der 16er Infanteristen, »fand nach der vormittägigen Brigade-Übung die Weihe der neuen Feldfahnen statt.« Nur in den bayerischen Berichten ist die Rede von

Fahnen, die bataillonsweise verliehen und die dann auch mit hinausgenommen wurden. Sie scheinen sogar — wenigstens am Anfang und in Einzelfällen — den Stürmenden vorangeweht zu haben, jedenfalls läßt sich ein »Fahnenbericht«, den uns die 20er Infanteristen überliefern, kaum anders deuten:

> Um die Mittagszeit des gleichen Tages (11. Dezember 1914) sichtete Infanterist Rinner von der 5. Kompanie vor dem eigenen Drahthindernis zwischen der feindlichen und eigenen Stellung, der feindlichen etwas näher, die so lange gesuchte Fahne des I. Bataillons. Telefonist Renner von der 3. Kompanie, der eben vorne im Graben Dienst hatte, sprang am hellichten Tage hinaus und konnte das kostbare Tuch mit daranhängendem abgesplittertem Schaft hereinholen. Bevor der Engländer sich von seinem Staunen erholt hatte, war Renner bereits wieder im Graben. Das nachträglich einsetzende feindliche Infanteriefeuer konnte ihm nichts mehr anhaben. Renner erhielt für diese Tat das EK II. Alles wunderte sich über die Gewalt der Schiffsgranate, die das Feldzeichen so weit fortschleudern konnte.

Die Bayern wurden nicht wie die jungen Regimenter der 4. Armee an der Strecke Brüssel – Brügge ausgeladen — auch sie sangen »Die Wacht am Rhein«, als sie den Fluß überquerten —, sondern so dicht wie möglich an den südlichen Abschnitt der Flandernfront herantransportiert, wo das XXVII. Reserve-Korps, vor allem die 54. Reserve-Division, bei Beselare in schwere Kämpfe verstrickt und in eine höchst kritische Lage geraten war. Die Fahrt ging bis Lille, das die Deutschen am 12. Oktober genommen hatten, und das sich jetzt als typische Etappenstadt präsentierte, mit zahllosen Truppenteilen und Stäben nebst Nachschubeinheiten, Lazaretten und rückwärtigen Diensten. Zumal am Bahnhof herrschte ein beträchtliches Durcheinander; alle Abstellgleise und Rampen waren besetzt oder blockiert, so daß die bayerischen Artilleristen ihre Geschütze im Personenbahnhof ausladen und in einem mühsamen Manöver die Treppen des Empfangsgebäudes hinunterrollen mußten.

Zugeteilt wurden die Bayern der unter dem Oberbefehl des bayerischen Kronprinzen Rupprecht stehenden 6. Armee, die im Süden der Flandernfront Anschluß an die 4. Armee hatte. Innerhalb der 6. Armee bildete die 6. bayerische Reserve-Division zusammen mit dem XV. preußischen und dem II. bayerischen Armeekorps sowie der 26. württembergischen Infanterie-Division und der 11. preußischen Landwehrbrigade die »Gruppe Fabeck« (General Fabeck), die, eingeschoben zwischen 4. und 6. Armee, mit der Stoßrichtung direkt auf Ypern die Entscheidung bringen sollte. Aber auch die Gruppe Fabeck erreichte in blutigen und verlustreichen Kämpfen ihr Ziel nicht.

Das bayerische Reserve-Infanterie-Regiment Nr. 16 fand zusammen mit der schweren Artillerie der Division eine kurzfristige Verwendung innerhalb der 4. Armee. Beide Einheiten wurden am Abend des 28. Oktober der 54. Reserve-Division unterstellt und nahmen am nächsten Tag an einem erneuten Angriff auf den Ort Reutel bei Beselare teil. Auch dieser Kampftag — der erste für das Regiment 16 — endete in einem Fiasko. Dazu die Regimentsgeschichte der 16er:

Obwohl am Morgen angesagt worden war, daß die englischen Stellungen stark erschüttert seien und dem Angriff nicht mehr standhalten würden, bestätigte die Erfahrung das Gegenteil. Mit ungebrochener Feuerkraft spien die Maschinengewehre ihre Salven über die im Sprung vorgehenden Schützengruppen . . . Die dicht gelagerten Granatsalven rissen reihenweise Lücken in die Kampffront und zwangen die Truppe immer wieder zum Ausweichen nach vorwärts, ohne daß die feindlichen Stellungen unter längeres wirksames Feuer genommen werden konnten. Dabei war vom Feind fast nirgends etwas zu sehen . . . So kam der Angriff gegen Mittag allmählich ins Stocken und fand schließlich etwa 200 m vor den englischen Stellungen sein Ende.

Man kann den Bericht über die 6. bayerische Reserve-Division nicht abschließen, ohne auf ein Ereignis hingewiesen zu haben, das in erschütternder Weise die Unerbittlichkeit der höheren Führer und damit die verzweifelte Lage der vor Ypern eingesetzten Regimenter schildert. Es ist die Offiziersbesprechung in der Nacht vom 30. zum 31. Oktober in einem Haus von Kruiseke in der Nähe von Beselare:

Oberst von Oldershausen als stellv. Abschnittskommandeuer leitete die Besprechung ein: »Meine Herren, sind wir alle versammelt? Dann bitte ich achtzugeben! Wo stehen wir jetzt? Wer steht in der Mitte?«

»I. Bataillon Regiment 16 Mitte zwischen den beiden Straßen, 600 m vorwärts des Straßenkreuzes.«

»III. Bataillon links anschließend an der Yperner Straße.«

»Links davon Regiment 247 mit dem rechten Flügel an der Yperner Straße . . .«

»Gut! — Im Laufe der Nacht treten die beiden Bataillone an, arbeiten sich unbemerkt an die englischen Stellungen heran — im Morgengrauen erfolgt der Sturm auf Gheluvelt . . .«

In diesem Augenblick machte sich eine lebhafte Bewegung in den hinteren Reihen bemerkbar — man hörte den Ruf »Bataillone . . .«

Der Oberst unterbrach: »Haben die Herren etwas zu bemerken? . . .«

Der Bataillonsführer I/16 trat vor: »Verzeihen Herr Oberst, es ist die Rede von Bataillonen. Wir in der Mitte haben keine Bataillone mehr, kaum eine regelrechte Kompanie. Die Mannschaft steht seit 48 Stunden im Gefecht, hat seit 3 Nächten nicht mehr geruht. Die Truppe ist erschöpft. Wir haben keine Infanterie-Reserve hinter der Front. Ich halte es für unmöglich, einen reinen Infanteriesturm ohne nachdrückliche Artillerievorbereitung auf die schwer verschanzten englischen Stellungen mit Erfolg durchzuführen!«

»Unmöglich sagen Sie? — Es gibt kein Unmöglich!
Wir sind Soldaten und müssen sterben können! . . .
Also die Bayern wollen nicht angreifen?«

»Daran ist es nicht! Aber die Verantwortung für die
Truppe bestimmt mich, darauf aufmerksam zu
machen, daß wir ohne starke Artillerie den Sturm
nicht werden durchhalten können!«

»Von Verantwortung sprechen Sie? — Seien Sie
beruhigt — Sie haben keine Verantwortung! Wenn
der Befehl gegeben wird, dann trägt die Verantwortung der, der ihn gibt — und der wird sie zu tragen
wissen. Sie haben nur die Verantwortung, daß der
Befehl richtig ausgeführt wird! . . .«

Da erhob sich Oberst List langsam von seinem Sitz.
Tiefer Ernst lag auf seinem Antlitz.

»Wenn ich dazu sprechen darf — auch ich bin der
Anschauung, daß einem so schlauen und intelligenten
und starkverschanzten Gegner gegenüber ein reiner
Infanterieangriff, wenn nicht zum Mißerfolg, so doch
zu maßlosen Blutopfern führen muß. Ich würde
dringend bitten, noch im Lauf der Nacht schwere
Artillerie einzusetzen und die Stellungen erst gründ-
lich sturmreif schießen zu lassen, bevor wir mit
Infanterie draufgehen — sonst sind die Reste meines
Regiments auch verloren! . . .«

»Eine Verzögerung des Angriffs ist ausgeschlossen.
Gheluvelt muß morgen gefallen sein! — So ist der
Befehl. Wir haben unsere Pflicht zu tun! Was noch
geschehen kann, soll geschehen! Zeit darf nicht
verloren werden!«

Es herrschte der Eindruck, daß die Mehrzahl der
anwesenden Führer den geäußerten Bedenken inner-
lich zustimmte. Während die Ansichten hierüber noch
gesprächsweise ausgetauscht wurden, erschien Oberst
von Bendler, der Führer der Kampfgruppe in der
Versammlung, trat mit kurzem Gruße vor den Kreis
und begann sofort an Hand der Stellungsskizze mit

scharfpointierten Ausdruck: »Angriffsbefehl für den 31. Oktober . . .«
(Wiedergegeben nach dem Bericht des bayerischen Reserve-Infanterie-Regiments Nr. 16)

Das Schicksal der Bayern in Flandern läßt sich in einem einzigen kurzen Satz ausdrücken, den wir der Geschichte des Regiments 21 entnehmen: »Unsere Verluste sind groß.«
Resigniert wird im Vorwort zur Geschichte des Regiments 16 festgestellt:

> Das ganze Königreich Bayern verlor im Kriege 1870/71 nur 71 Mann mehr als das einzige bayerische Reserve-Regiment 16.

Hier ist allerdings hinzuzufügen, daß sich diese Feststellung auf den ganzen Weltkrieg von 1914 – 1918 bezieht, doch darf man auch bemerken, daß der Ort Wytschaete und mit ihm die ganze Flandernfront der Anfang der Barbarei war — gemeint ist die Rücksichtslosigkeit, mit der die Heerführer aller Grade und Nationen ihre Soldaten immer wieder in den Tod getrieben haben. Rechnet man noch ein gut Teil jener taktischen Unfähigkeit hinzu, wie sie sich bei der 4. Armee gezeigt hat, dann wird deutlich, wie miserabel die Männer geführt wurden, die mit einer Hingabe und einem Enthusiasmus ohnegleichen in den Krieg gezogen waren. Es erfüllt den Tatbestand eines üblen und zynischen Betrugs, wenn man einer Truppe erklärt, daß die Stellungen des Gegners »stark erschüttert seien und dem Angriff nicht mehr standhalten würden«, und wenn sich dann herausstellt, daß dieser Gegner nicht im geringsten angeschlagen ist.

13. Kapitel: Bixschote und das Deutschlandlied

Am Abend des 9. November 1914 erließ der Oberbefehlshaber der 4. Armee, Herzog Albrecht von Württemberg, folgenden Armeebefehl:

> Der Feind, der seine bisherigen Stellungen noch immer zäh verteidigt, soll am 10. November durch gemeinsamen, von Norden und Süden umfassenden Angriff der 4. und 6. Armee geworfen werden. Jeder Mann meiner Armee muß wissen, daß von ihm bei diesem Angriff das Höchste erwartet wird.

Dieser Armeebefehl steht am Anfang jener Ereignisse, deren Ende die Oberste Heeresleitung am 11. November als eine Reihe von Erfolgen meldete: die Erstürmung von Dixmuiden, das Vorbrechen der jungen Regimenter westlich Langemarck und die Vertreibung des Gegners aus St. Eloi (in der Nähe von Wytschaete) im Süden von Ypern.

Aber es waren keine Erfolge. Es war ein letztes, verzweifeltes, widersinniges Anrennen gegen die Front dreier Gegner (Engländer, Franzosen, Belgier), die während der schweren Kämpfe in den letzten drei Wochen von Krisen nicht verschont geblieben waren, aber sich zu guter Letzt doch zu einem unüberwindlichen Bollwerk zusammengefügt hatten. Die Oberste Heeresleitung und das Armeeoberkommando hätten längst gelernt haben müssen, daß es einfach kein Durchkommen gab, und es wären nicht noch einmal Ströme von Blut vergossen worden.

Vermutlich hatten sie sich durch die Entwicklung im Norden der Flandernfront irreleiten lassen. Hier war das zwischen Dixmuiden und der Küste operierende III. Reservekorps unter General Beseler durch die von den Nieuwpoorter Schleusen ausgehende Überschwemmung praktisch jedweder Aktivität beraubt worden, und so verlegte man dieses Korps, das ob seines geringen Anteils an schlecht ausgebildeten Freiwilligen als das schlagkräftigste innerhalb der 4. Armee galt, in den Abschnitt

Langemarck. Damit sollte einem für die Deutschen überaus nachteiligen Ereignis, eben der Überschwemmung, nun ein Vorteil abgekauft werden, indem man mit dem III. Korps jene Angriffstruppen verstärkte, die für einen letzten Durchbruchsversuch vorgesehen waren. Am 2. November wurde dem Korps die 44. Reserve-Division (XXII. Reserve-Korps) unterstellt und für den 10. November der Angriff befohlen. Wiederum verbietet es sich also, die Hauptlast dieses Angriffs den Freiwilligen oder gar den Studenten zuschreiben zu wollen. Das III. Reserve-Korps bestand hauptsächlich aus Reservisten.

Im übrigen haben die Deutschen an diesem 10. November den Ort Langemarck, den die Alliierten zu einem überaus festen Stützpunkt ausgebaut hatten, ziemlich unbehelligt gelassen. Der Tagesbericht der Obersten Heeresleitung sagt ja dann auch, daß die Ereignisse »westlich Langemarck« stattfanden.

Warum gerade dort?

Nun, fünf Kilometer westlich von Langemarck, genauer gesagt: nordwestlich, liegt das Dorf Bixschote; es deckt die große von Dixmuiden nach Ypern führende Straße und zugleich die Brücke, auf der diese Straße über den Ypern-Kanal führt. Direkt am Kanalübergang liegt der kleine Ort Steenstraat, dicht dabei die Häusergruppe Het Sas. Neben der Straße gab es noch den Bahndamm der Strecke Dixmuiden – Ypern, so daß sich das Gelände für die alliierten Verteidiger überaus günstig darstellte; sie hatten gleich mehrere natürliche Hindernisse, die ihren Absichten zu Hilfe kamen: die Straße, den Kanal, den Bahndamm und die Häusergruppen.

Eine erste Attacke gegen dieses Bollwerk hatte es bereits am 22. Oktober gegeben, als im Zuge der über die ganze Flandernfront reichenden Angriffe der 4. Armee das XXIII. Reserve-Korps (45. und 46. Reserve-Division) nördlich und südlich des Houthulster Waldes gegen die Linie Drie Grachten (Drie = drei; Gracht = Graben, Kanal) — Merkem — Bixschote vorging. Schon einen Tag früher, am 21. Oktober, als die Männer des XXIII. Korps der Front entgegenmarschierten, konnten sie sich ausmalen, was ihnen bevorstand: von Norden und Süden drang schwerster Gefechtslärm zu ihnen herüber; dort, bei Dixmuiden im Norden und bei Langemarck im Süden, hatte das blutige Drama der ersten Flandernschlacht schon begonnen. Aufs Ganze gesehen standen die neuen Korps wie folgt im Kampf:

Das XXII. Reserve-Korps
(43. und 44. Res.-Division)
bei Dixmuiden
Das XXIII. Reserve-Korps
(45. und 46. Res.-Division)
bei Bixschote
Das XXVI. Reserve-Korps
(51. und 52. Res. Division)
bei Langemarck
Das XXVII. Reserve-Korps
(53. und 54. Res.-Division)
bei Beselare

Bei dieser Gliederung ist es nicht geblieben. Da schließlich die ganze Front von der Küste über Dixmuiden, Bixschote und Langemarck bis hinunter nach Beselare in Flammen stand, konnte es nicht ausbleiben, daß sich die Ereignisse des einen Kampfplatzes sozusagen mit denen des anderen vermischten. Wo immer sich eine kritische Phase zu entwickeln, ein Schwerpunkt sich zu bilden schien, schob man Züge, Kompanien, Bataillone und auch Regimenter von einer Stelle zur anderen, nicht immer zweckmäßig, nicht immer geschickt, nicht immer erfolgreich. Diese Verschiebungen und Vermischungen erfolgten des öfteren auch ungewollt, etwa dann, wenn eine Truppe dem Abwehrfeuer des Gegners ausweichen wollte, wenn sie sich im Gelände verirrte oder wenn ganz einfach die Führung versagte. Alles in allem entwickelten sich die Dinge vom 21. Oktober an in der Weise, daß nicht nur das XXIII. Reserve-Korps um Bixschote kämpfte, sondern auch die anderen Korps der 4. Armee — mit Ausnahme des XXVII. Reserve-Korps, das in Beselare voll beschäftigt war und, wie wir gesehen haben, zeitweilig sogar die Hilfe der Bayern in Anspruch nehmen mußte — in die Bixschoter Ereignisse hineingerissen wurden.

So liefert z. B. gerade eine Einheit, die nicht zum XXIII. Korps gehörte, einen für die Kämpfe um und in Bixschote äußerst bemerkenswerten — und schließlich sehr umstrittenen — Bericht: es sind die 23er Reserve-Jäger vom XXVI. Korps, die uns in ihrer Bataillonsgeschichte mitteilen, »daß das ganze Bataillon (in der Nacht vom 21. auf den 22. Oktober) versprengt und der Kommandeur gefallen ist«. Die versprengten Reste werden vom Jäger-Bataillon 18 (XXIII. Korps) aufgesammelt und gehen mit diesem gegen Bixschote vor:

Am 22. 10. wird zur festgesetzten Stunde der Sturm angetreten, in Wellen geht's durch feindliches Artilleriefeuer sprungweise vorwärts. Das Dorf (hier Bixschoote genannt) lag noch weit entfernt. Bis sich die Wellen gesammelt hatten, um zum letzten Sprung auszuholen, vergehen verlustreiche Stunden. Schottländer verteidigen in gut angelegten Stellungen den Dorfrand von Bixschoote. Auf ein Pfeifensignal hin stürzen die dicht gedrängten Wellen zum letzten Sprung vor. Die deutschen Jäger stehen im feindlichen Graben und ringen den letzten Widerstand nieder. Im Graben häufen sich Tote und Verwundete. Inzwischen ist es wieder dunkel geworden. Das brennende Bixschoote soll weiter gestürmt werden. Wir denken an die Ungewißheit und Aufregung der vergangenen Nacht, das Singen gibt Mut in Not und Gefahr, und wir rufen den stürmenden Kameraden zu: »Deutschland, Deutschland über alles, wer nicht singt, ist Feind.« Ohne Schuß, nur mit dem Bajonett, wird jedem Nichtsingenden zu Leibe gerückt. Der Gesang ringt sich immer weiter durch, die ganze deutsche Front vor Bixschoote sang stoßweise und brüllend »Deutschland über alles«. — Auf den Dorfstraßen entsteht ein wildes Handgemenge, alles verliert sich in kleinen Gruppen, nur wenige Mann stark wird sich auf den tapfer Widerstand leistenden Gegner gestürzt . . . Ich erhalte einen Kolbenschlag in die Hüfte, krabble aber gleich wieder hoch . . . Der Nahkampf tobt fast ohne Schuß, nur mit Kolben und Bajonett wird Mann gegen Mann gekämpft. Dann

brechen die Schottländer zwischen uns durch, wir
werfen sie wieder zurück, mit trockener Kehle unser
Deutschlandlied singend. Endlich ist Bixschoote
unser! Das brennende Dorf im Rücken, liegen wir auf
Feldwache. In später Stunde kommt der Befehl
»Sofort im Dorf sammeln« — Ablösung sei im
Anmarsch. Im feindlichen Feuer ziehen wir uns
zurück und warten weitere Befehle ab. Plötzlich ist
der Feind wieder in Massen vor uns, wütend geht's
gegeneinander, da geht der laute Befehl durch: »Alle
Deutschen zurück marsch-marsch!« In wahnsinnigem Tempo, der Feind hinterher, geht's zurück. (Aus
der Geschichte des Res.-Jäger-Bataillons 23)

Je öfter man diesen Bericht liest, desto unwahrscheinlicher wird
er. Da steht: »Ohne Schuß, nur mit dem Bajonett wird jedem
Nichtsingenden zu Leibe gerückt.« Ob da nicht mancher
deutsche Kamerad erwischt wurde, der vor Schreck oder
Todesfurcht das Singen vergaß? Kann überhaupt in einem
solchen nächtlichen Durcheinander, in einer solchen bluttrie-
fenden Auseinandersetzung ein zusammenhängender Gesang
zustande kommen? Wie mag einer, während es ringsumher
kracht und schreit und lärmt, feststellen, daß »die ganze Front
vor Bixschote« das Deutschlandlied sang?
    Was dieser phantasievollen Darstellung wirklich zugrunde
liegt, ist dies: Den Deutschen gelang es, in der Nacht vom 22.
zum 23. Oktober in Bixschote einzudringen. Dann aber ereignet
sich aus Gründen der unzulänglichen Befehlsübermittlung und
der miserablen Führung wieder einmal eine Panne; die in
Bixschote eingedrungenen deutschen Truppen sollen abgelöst
werden, verlassen aber den Ort, ehe die Ablösung zur Stelle ist.
Der Gegner drängt sofort nach, während die Deutschen, wie der
Autor der 23er Bataillonsgeschichte schreibt, »in wahnsinnigem
Tempo« zurückgehen.
    Aber die Diskussion um das Deutschlandlied ist eröffnet.
Wenn man dem Berichterstatter folgt, so wurde es nicht erst am
10. November bei Bixschote gesungen, sondern schon am 22.
Oktober, besser noch: in der Nacht vom 21. zum 22. Oktober,

155

denn eine Seite vorher in der Bataillonsgeschichte der 23er Jäger wird geschildert,

> wie die Jäger, die in der stockfinsteren Nacht die Orientierung verloren haben, im Gelände umherirrten. Sie stießen wieder auf Engländer, die aber, da es sich wohl um ausgestellte schwache Postierungen handelte, vor ihnen flüchteten. Stundenlang krochen sie in Rübenfeldern und Furchen hin und her, immer wieder machten sie sich durch laute Rufe bemerkbar.

Und urplötzlich bemächtigt sich dieser bei Nacht und Nebel durch die Rübenfelder irrenden, von Angst und Verzweiflung gepeinigten Gruppe das Deutschlandlied:

> Unwillkürlich entringt sich unseren immer wieder »Deutsche« rufenden Lippen das Lied »Deutschland, Deutschland über alles!«

Darf man annehmen, daß es wirklich so gewesen ist? Kann man glauben, daß es sich so abgespielt hat? Ist es denkbar, daß da versprengte und verirrte deutsche Jäger in einem gottverlassenen Rübenacker hocken, daß sie von irgendwoher beschossen werden, daß es Tote in ihren Reihen gibt und daß es Verwundete gibt, die vor Schmerzen stöhnen und wimmern, Nervenschwache auch, die plötzlich aufspringen und brüllend in die Nacht hinausrennen? Daß sie da stehen oder liegen oder knien, oder meinetwegen auch im Gelände umherirren, daß sie zittern vor Angst und Kälte, vor Nässe und Hunger (denn auch bei den 23er Jägern haperte es mit der Verpflegung), und daß plötzlich einer sagt: »Laßt uns singen! Laßt uns damit den eigenen Leuten zeigen, wer wir sind und wo wir sind!?«
Und dann singen sie. Sie singen »Deutschland, Deutschland über alles«.
Ist es denkbar?
Es scheint denkbar zu sein, wenn zu hören ist, daß auch bei anderen Einheiten — sofern man den Regimentsgeschichten Glauben schenken darf — in einer ähnlichen Situation das Deutschlandlied gesungen wurde. So berichtet die Geschichte

156

des Reserve-Infanterie-Regiments 204, daß sich das Regiment nach einem vergeblichen Angriff auf Dixmuiden am Abend des 25. Oktober bei strömendem Regen eingräbt (»jeder an seiner Stelle, wo er liegt, zwischen Toten und Verwundeten«) und dabei unter ständigem Gewehrfeuer zu leiden hat, von dem man annimmt, daß es wieder einmal von eigenen Truppen kommt:

> In den Abendstunden einsetzender und in der Nacht anhaltender Regen macht die Lage der Mannschaften in den nassen Schützengräben nicht beneidenswert, als plötzlich in der Dunkelheit von rückwärts Infanteriefeuer in die vorderen Linien schlägt, das nur von eigenen Verbänden herrühren konnte. Bei der Dunkelheit und dem fortgesetzten Gewehrgeknatter ist eine Verständigung nicht möglich. Es wird deshalb in der vorderen Linie das »Deutschlandlied« angestimmt, das aber wirkungslos verhallt. Erst als »Die Wacht am Rhein« durch die dunkle Nacht braust, verstummt das Feuer, das von einer Kompanie eines fremden Regiments ausging, die den Anschluß verloren hatte.

Das Deutschlandlied zeigt also keine Wirkung, und erst »Die Wacht am Rhein«, das damals in Deutschland allbeliebte Schutz- und Trutzlied, hat die gewünschten Folgen. Könnte man daraus nicht den Schluß ableiten, daß die Männer, an die das Lied gerichtet war, gar nicht wußten, was da gesungen wurde, daß andererseits auch die Sänger im Schützengraben das Lied nicht kannten, und daß sie es somit überhaupt nicht gesungen haben können? Erst der Schreiber der Regimentsgeschichte, fügte, angesteckt von der Legende, die sich damals schon ausgebreitet hatte, hinzu, was sich womöglich gar nicht ereignet hat.

Aber die 23er Jäger und die Infanteristen vom Regiment 204 stehen nicht allein.

Mit einem Anflug von Galgenhumor schildert die Regimentsgeschichte von 209, wie die Männer des Regiments in der Nacht vom 22. zum 23. Oktober nach dem Angriff auf Bixschote nach hinten marschieren und dabei beschossen werden — vermutlich von eigenen Truppen:

> Dauernd knallte es von allen Seiten, war es Freund oder Feind? Man wollte wenigstens den Freund beruhigen, und so sang die Kolonne »Deutschland, Deutschland über alles«. Die Wirkung war verblüffend, jetzt prasselte es erst recht. Und so war man lieber mäuschenstill.

Gleich dreimal kurz hintereinander wird das Deutschlandlied in der Geschichte des Reserve-Infanterie-Regiments 211 erwähnt; man kann aber nicht sagen, daß diese Berichte übereinstimmen. Das Regiment wurde am 22. Oktober um 4.30 Uhr nachmittags »plötzlich schnöde aus seiner Ruhe gerissen (und) der 46. R.D. unterstellt, (um) ebenfalls gegen Bixschote vorzugehen«. Dieses Vorgehen ist wie üblich gekennzeichnet von erheblichen Verlusten (»Zahlreiche Gefallene und Verwundete der 46. R.R. liegen schon auf den Wiesen«) und von einem alsbald auftretenden Durcheinander unter den deutschen Angreifern, denen auch hier wiederum alle Fehler und Mängel des ganzen Flandernunternehmens anhaften (»Dann fehlen wieder zum Durchschneiden der Wieseneinzäunungen Drahtscheren«):

> Inzwischen ist es stockdunkel geworden. Einzelne Abteilungen verlieren gänzlich die Orientierung, wissen nicht mehr, was Freund, was Feind ist, gegenseitiges Beschießen eigener Truppen ist die Folge, zumal auch die Engländer häufig rufen: »Nicht schießen, hier Deutsche!« Man versucht, durch Blasen deutscher Hornsignale sich als Deutsche zu erkennen zu geben, und es geht trotz allem, wenn auch ungeordnet, langsam und unter ständigen Verlusten weiter gegen die Stellen, wo man den nächsten Feind glaubt, vor. Nur an einzelnen Punkten stockt der Sturm ganz. Da dringen aus der Ferne vertraute Töne ans Ohr. Man hört die Klänge des Deutschlandliedes. Das reißt alle, die es hören, empor, wieder gellen die Hörner ihren Sturmruf, und unter Gesang wird der Angriff vorwärts getragen.

Hier wird zum ersten Mal erzählt, daß »unter Gesang der Angriff vorwärtsgetragen« wird — eine Feststellung, die dem Verfasser aber wohl nicht ganz geheuer erschien, denn wenige Zeilen später fügt er hinzu:

> Nach Schilderung des Uffz. Bartknecht 4./211 hat zuerst Hptm. Dehrmann vor der Windmühle von Bixschoote das Deutschlandlied singen lassen, ehe es (mindestens dort) von anderer Seite gehört ist, zunächst auch, um vor allem gegenseitige Beschießung Deutscher zu vermeiden.

Ganz sicher scheint sich der Verfasser auch hier nicht gewesen zu sein; er läßt offen, ob das Lied erklang, als »der Angriff vorwärts getragen« wurde, oder ob es gesungen wurde, »um vor allem gegenseitige Beschießung Deutscher« zu vermeiden.

Zu guter Letzt wird auch noch der »Kriegsfreiwillige, spätere Leutnant Arndt« zitiert, der die Sache wieder anders gesehen hat:

> Ich trabe aus dem Ort und stoße auf viele Kameraden, die in einem Chausseegraben liegen. Sie haben alle Veranlassung dazu, denn durch die Hecke aus der Flanke pfeifen die Geschosse; ich quetsche mich auch noch in den Graben, einen Platz bietet mir freilich keiner an. Dort liegen und warten wir, worauf eigentlich, weiß ich nicht — vielleicht auf einen Führer. Da klingt es leise aus der Ferne gerade aus der Richtung des Feuers »Heil dir im Siegerkranz«, aus anderer Richtung erschallt es »Deutschland, Deutschland über alles!« — einer macht den Vorschlag: wir wollen auch singen, dann können uns die Unseren am besten erkennen. Der Gedanke ist nicht schlecht, zumal unsere Rufe: »Nicht schießen! Eigene Truppen!« nichts genützt hatten. Ein Lied ist ein untrügliches Kennzeichen und etwas heiser erklingt aus dem Graben auch bei uns »Heil dir im Siegerkranz«. Von rechts ertönt als Antwort: »Die Wacht am Rhein«. Aber erbarmungslos prasseln die fdl. Granaten auf uns nieder, mal schwächer, mal stärker.

Daß das »Heil dir im Siegerkranz« die gleiche Melodie hat wie das »God save the King«, scheinen weder der Leutnant Arndt noch der Verfasser der Regimentsgeschichte gewußt zu haben. Und somit übersehen sie auch folgende Möglichkeit: Was da »leise aus der Ferne gerade aus der Richtung des Feuers« zu hören ist, könnte, wenn überhaupt gesungen wurde, auch der Gesang englischer Soldaten gewesen sein.

Das Reserve-Infanterie-Regiment Nr. 213, das ebenfalls in der Nacht vom 22. zum 23. Oktober am Sturm auf Bixschote teilnahm, schließt sich der allgemeinen Darstellung an und berichtet in der Regimentsgeschichte, daß »in dieser Nacht des Durcheinanders einzelne Teile der deutschen Truppe deutsche Lieder (sangen), um sich dadurch zu erkennen zu geben«. Erwähnt werden Deutschlandlied und »Wacht am Rhein«. Leutnant Block vom Regiment 213, dessen entsprechende Tagebuchnotiz zitiert wird, hat nur die »Wacht am Rhein gehört«, kennt aber dafür ganz genau ihren Ursprung:

Himmeldonnerwetter, was ist denn das? Da wird ja das »Ganze« geblasen, und bald ertönt das »Halt«. Es ist doch wahrhaftig kein Manöver, in dem man nach dem Sturm diese Signale zu hören gewohnt ist! Wir hörten noch einmal, jawohl, es stimmt. Und was ist denn das? Da klingt mitten durch das prasselnde Schützen- und Maschinengewehrfeuer hindurch die »Wacht am Rhein!« Man kann keine zehn Schritt weit sehen und nicht erkennen, was Freund ist und was Feind. Vor uns tauchen plötzlich dunkle Gestalten auf, es sind Teile unseres Bataillons unter Führung des Offz.-St. Franzen (10/213). Wir halten ihn mit den Leuten an, und jetzt klärt sich das Rätsel des Signals auf. Franzen, der nach seiner Meinung von eigenen Truppen beschossen wurde, hat es blasen lassen, hat mit seinen Leuten die »Wacht am Rhein« gesungen, um sich zu erkennen zu geben und hat trotzdem Feuer von beiden Seiten erhalten.

Nicht zurückstehen möchte der Verfasser der 215er Regimentsgeschichte, der zweimal vom Deutschlandlied zu berichten weiß,

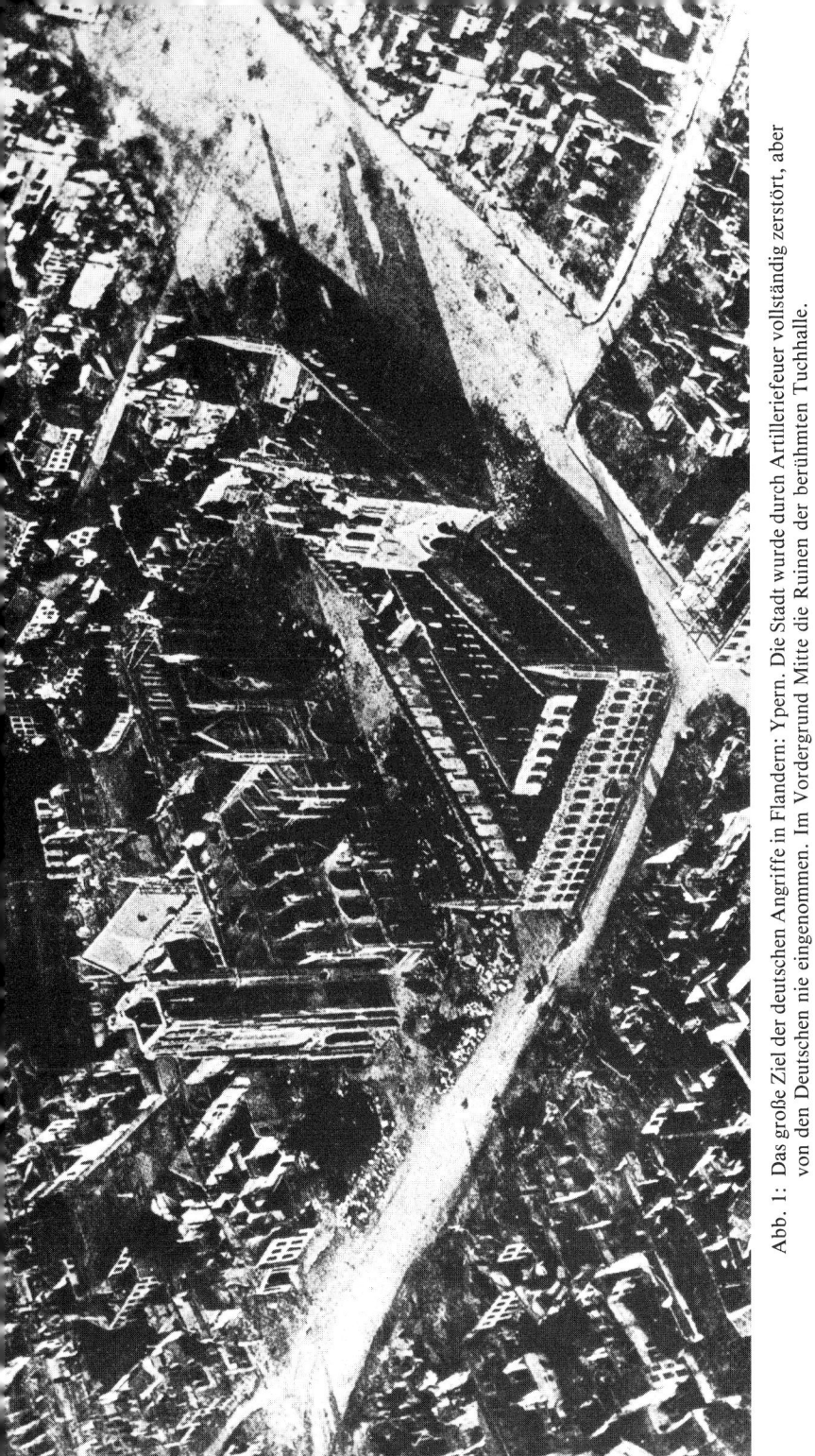

Abb. 1: Das große Ziel der deutschen Angriffe in Flandern: Ypern. Die Stadt wurde durch Artilleriefeuer vollständig zerstört, aber von den Deutschen nie eingenommen. Im Vordergrund Mitte die Ruinen der berühmten Tuchhalle.

Abb. 2: Von Langemarck, auch nach 1914 noch mehrmals heftig umkämpft, waren bei Kriegsende ein paar klägliche Trümmer übrig.

Abb. 3: Die Kirche von Beselare, die den Deutschen als Verbandsraum diente; sie lag ständig unter schwerem Beschuß englischer Artillerie.

III

Abb. 4: Das zerstörte Schloß Hollebeke in der Nähe von Beselare.

Abb. 5: Deutsche Truppen vor dem Sturmangriff in Belgien 1914.

Abb. 6 und 7: Das Gelände zwischen Poelkapelle und Langemarck. Über diese
Fläche ging der verhängnisvolle deutsche Angriff vom 21. Oktober 1914.

Abb. 8: Langemarck heute. Ortseingang in der Nähe des deutschen Soldatenfriedhofes.

Abb. 9: Langemarck, Portal zum deutschen Soldatenfriedhof.

Abb. 10: »Die Eltern«, zwei Skulpturen von Käthe Kollwitz auf dem deutschen Soldatenfriedhof in Vladslo bei Dixmuiden. Die Grabplatte ihres Sohnes befindet sich in der Nähe dieser Skulpturen. »Der schöne Schal kann unseren Jungen nicht mehr wärmen«, schrieb Käthe Kollwitz im November 1914 an eine Freundin. »Er ist bei Dixmuiden als erster seines Regiments gefallen.«

das, während das Regiment bei Bixschote stürmt, »in Richtung Langemarck« erklingt. Es ist »jenes Lied, das später sogar im Heeresbericht erwähnt wurde«, das der Verfasser stets mit einem »brausenden Hurra« in Verbindung bringt. Nachdem er im übrigen das Durcheinander bestätigt hat, von dem auch die anderen Einheiten vor Bixschote berichten; nachdem er erklärt hat, »daß von irgend welchen geordneten Verbänden gar keine Rede mehr« sein kann und »eine Ordnung dringend nottut«; nachdem er geschildert hat, daß das Regiment »von Langemarck bis Bixschoote auseinandergerissen ist« und zudem »19 verschiedene Bataillone durcheinander liegen«, setzt er fröhlichen Sinnes die Bemerkung hinzu:

> Auch in der Nacht dauern die deutschen Angriffe noch an. Klar hört man das Signal an verschiedenen Stellen: »Seitengewehr pflanzt auf!« Brausende Hurras und »Deutschland, Deutschland über alles« zeigen an, daß der Sturm erfolgreich ist.

Weil sich verschiedene deutsche Gruppen am 22. Oktober vor Langemarck wieder einmal gegenseitig beschossen, mußte auch hier das Deutschlandlied helfen — so jedenfalls meldete es die Regimentsgeschichte des Reserve-Infanterie-Regiments 235. Über den Erfolg wird nichts gesagt. Es heißt ganz einfach:

> Plötzlich sangen alle »Deutschland, Deutschland über alles«, um sich gegenseitig zu erkennen zu geben und sich gleichzeitig in die Erde einzuwühlen.

Wie das zu praktizieren ist, daß einer das Deutschlandlied singt und sich gleichzeitig in die Erde einwühlt — dies scheint der Berichterstatter der Phantasie des Lesers überlassen zu wollen.

Eigenartigerweise trägt auch ein Bericht, den wir von der anderen Seite, nämlich den Engländern erhalten, wenig zur Aufklärung der Vorgänge bei. In dem Buche »Tod einer Armee« (Death of an Army — The old Britisch Army — London 1967) ist nachzulesen, daß die Engländer die angreifenden Deutschen bei Bixschote mit rasendem Maschinengewehr-

und Schützenfeuer empfingen, daß das Feuer auf eine Entfernung von 900 Yards eröffnet wurde und bei 200 Yards noch unvermindert andauerte:

> Man sah deutlich, wie sich die Überlebenden zusammenschlossen, nachdem ihre Kameraden gefallen waren. Einige Einheiten sangen patriotische Lieder, als sie angriffen; andere gingen unter wehenden Fahnen vor. Unsere Gewehre nahmen sich der vorderen Kompanien an, Feldgeschütze und Haubitzen bekämpften die folgenden. Es war ein Tag des überschäumenden Mutes und des erbarmungslosen Gemetzels.

Wiederholt haben englische Autoren dem Verhalten der jungen deutschen Regimenter höchste Achtung und Bewunderung gezollt; was aber an diesem Bericht stutzig macht, das sind die wehenden Fahnen (»amongst others the colours flew«); die Regimenter der 4. Armee hatten keine Fahnen.

Auffallend ist, daß das Schwergewicht all dieser Berichte auf der Nacht vom 22. zum 23. Oktober liegt — nicht etwa auf dem 10. November. Es ist, als hätten die Autoren, die ihre Berichte größtenteils in den zwanziger oder Anfang der dreißiger Jahre schrieben, dartun wollen, daß ihre Einheiten die ersten gewesen seien, die das Lied gesungen, daß sie nicht erst bis zum 10. November gewartet haben. Soweit wir feststellen konnten, bekennen sich nur zwei Regimentsgeschichten zum 10. November — davon eine (über die andere werden wir später berichten) mit einer schier unglaublichen Darstellung, die alles bisher Dagewesene in den Schatten stellt. Es ist die Geschichte der 206er Infanteristen:

> In der Nacht zum 10. November wurden in unseren Stellungen die Ausfallstufen für den auf 6.30 Uhr vorm. angesetzten weiteren Sturm hergestellt. Noch bei vollkommener Dunkelheit verließen die deutschen Soldaten mit ungeladenen Gewehren und aufgepflanzten Bajonetten fast geräuschlos ihre Gräben.

Atemlos lauscht jeder nach vorn. In dichter Linie geht es vorwärts. Plötzlich — rechts M.G.-Feuer! Das ist das Zeichen für ein rasendes, aus einer Entfernung von kaum 20 Meter abgegebenes Schützenfeuer. — Die Angreifer stutzen, ein Teil wirft sich nieder, der andere weicht zähneknirschend in die alte Stellung zurück. Durch die Reihen geht es wie ein unwilliges Raunen. Da ertönt, nein, da gellt wie ein Schrei um Hilfe gen Himmel Gesang! Erst singt einer, dann eine kleine Gruppe, dann mehr und immer mehr, bis die ganze Front singt: »Deutschland, Deutschland über alles!« Die Verwundeten stimmen mit ein, den zu Tode getroffenen entflieht das Lied als letzter Seufzer. Getragen von dem Gesang stürmt alles wieder vorwärts, singend wird der Graben erreicht und mit Gesang der Feind geworfen und seine Stellung erobert.

Der Autor vergißt nicht zu bemerken, daß diese singenden Helden im Bericht der Obersten Heeresleitung vom 10. November 1914 erwähnt wurden, eben mit dem Satz »Westlich Langemarck . . .« Da die Regimentsgeschichte von 206 aber im Jahre 1931 erschienen ist, kommt man von dem Gedanken nicht los, daß es sich nicht um eine Tatsachenschilderung handelt, sondern daß die Geschichte dem Bericht der Obersten Heeresleitung angepaßt oder nachempfunden wurde. Dieses Bestreben geht sozusagen über die Grenzen von Langemarck und Bixschote hinaus, denn auch die Regimentsgeschichte von 202 (erschienen 1939) weiß vom vierten — letzten — Sturm auf Dixmuiden am 10. November 1914 zu berichten:

Ein letzter Blick auf die Uhr, und, den gezogenen Degen in der Hand-Faust, sprangen die Führer über die Deckung, die Mannschaften ihnen nach mit brausendem Hurra. Und dann sah man zur Rechten und zur Linken ein erhebendes Bild. In ungestümem Vorgehen brandeten die lichtgrauen Wellen unserer Regimenter gegen Dixmuiden, jeden Widerstand zerschlagend. Und da! Im brüllenden Toben des Kampfes schwang ein neuer Ton, erst zaghaft und verloren, dann machtvoll schwellend zu stolzem Opfersang: »Deutschland, Deutschland über alles, über alles in der Welt!« und wie bei Langemarck trug der Schwung des deutschen Liedes die jungen Truppen vorwärts im peitschenden Geschoßhagel gegen Maschinengewehre und Bajonette.

Wie ernst soll man eigentlich eine solche Darstellung nehmen, wenn der Verfasser kaum zwei Seiten weiter an die letzte Phase des Kampfes um Dixmuiden wie folgt erinnert.

Unvergeßlich hat sich jedem Mitkämpfer das grausige Bild jenes nächtlichen Dixmuiden eingeprägt. Die Hölle schien alle ihre Schrecken entfesselt zu haben. Geschosse zerbarsten mit sinnverwirrendem Krachen. Hauswände und Dächer stürzten donnernd auf das Pflaster. Trümmerhaufen rauchten und schwelten im sprunghaft flackernden Feuerschein. Dazwischen klang herzzerreißendes Schreien und Wimmern von Verwundeten und Sterbenden. Eine Granate fuhr mitten in eine Abteilung. In Blitz und Krach flogen zerfetzte Leiber durch die Luft.

Wir erinnern uns, daß an anderer Stelle diese Verwundeten und Sterbenden in das Deutschlandlied mit eingestimmt haben sollen. Man mag sich drehen und wenden, wie man will, man kann es den Berichterstattern nicht abnehmen. Man begreift indessen, daß von hier aus, von dieser Art der Darstellung, jene Berichte ihren Ursprung nehmen, die ganz im Unverbindlichen bleiben, die weder Ort noch Zeit noch nähere Umstände nennen und damit den Verfasser auf nichts festlegen, zu nichts verpflichten. Ein eklatantes Beispiel dafür liefert die Regimentsgeschichte von 203:

Auch die Sturmwellen der deutschen Jugend von Dixmuiden waren von dem Rhythmus des Deutschlandliedes, worin sich letzter Sinn des Stürmens und Sterbens dieser jungen Männer offenbarte, getragen.

14. Kapitel: Noch einmal Beselare

Kein Deutschlandlied gab es bei Beselare. Allerdings wird zweimal in der Geschichte des Leipziger Infanterie-Regiments 245 erwähnt, daß Angehörige des Regiments am 22. Oktober in höchster Not gesungen haben:

> Zwischen eigenes und feindliches Feuer eingekeilt, suchen sich solche isoliert kämpfenden Trupps durch Gesang kenntlich zu machen. Im Rücken werden sie von eigenen Abteilungen befeuert, aus der Front vom Feinde angegriffen.

Und einige Zeilen weiter:

> Einzelne Abteilungen durchstoßen den Wald an der Korte-Kehr, treffen auf starke feindliche Kräfte und müssen zurückgehen. Beim Zurückgehen werden sie von eigenen Kameraden befeuert. Der Gesang bleibt in dieser Not die einzige Rettung.

Eingebettet sind diese beiden kurzen Berichte in einen ganzen Katalog schwerster Belastungen, denen das Regiment ausgesetzt war; seit 36 Stunden keine Verpflegung, nicht einmal Wasser; Verluste durch eigenes Artilleriefeuer; keine Verbindung der Kompanien untereinander, unzulänglicher Sanitätsdienst (»Die zahlreichen Verwundeten im freien Gelände rufen die ganze Nacht um Hilfe«) — so daß die Frage berechtigt erscheint, woher die solcherart malträtierten Männer überhaupt noch die Kraft zu irgendeinem Liede genommen haben.

Von den bayerischen Reserve-Regimentern legt das Regiment 16 Wert auf die Feststellung, daß das Deutschlandlied gerade nicht gesungen wurde:

> Seit 1915 kehrt fast in allen Veröffentlichungen die Nachricht wieder, daß die Lister beim Sturm auf

Ypern das Deutschlandlied sangen. Das ist ein geschichtlicher Irrtum. Aber 14 Tage vor Langemarck sangen die Lister, sangen Münchner Studenten und Freiwillige beim Sturmlauf auf Gheluvelt das alte deutsche Trutzlied »Wacht am Rhein«. Es ist der höchste Ruhm des Regiments, daß seine Frontsoldaten nicht in jugendlicher, überquellender Begeisterung auf dem Vormarsch in die Schlacht das Lied sangen, sondern in Not und Tod, mitten im schwersten Ringen, wie das Regiment es befahl, um sich deutschen Landsleuten zu erkennen zu geben. Damals, als einschwärmende Sachsen und Württemberger in Unkenntnis, daß da vorne schon deutsche Kameraden fochten, irregeführt durch die Mützen, wiederholt auf die Lister das Feuer eröffneten.

Da sind sie also wieder, diese schrecklichen Wachstuchmützen, die soviel Unheil angerichtet haben. Aber nicht nur »einschwärmende Sachsen und Württemberger« schossen auf die Bayern. Das bayerische Reserve-Infanterie-Regiment 17 berichtet, daß es bei Wytschaete vom bayerischen Reserve-Infanterie-Regiment 21 unter Feuer genommen wurde, und »trotz Winkens mit Flaggen, Entfaltens der Fahne, Abgabe deutscher Signale und Absingens der ›Wacht am Rhein‹ gelang es nicht, den Irrtum aufzuklären«. Die Geschichte des bayerischen Reserve-Infanterie-Regiments 20 sieht den Vorgang umgekehrt: hier wurden die 21er von den 17ern beschossen; so oder so, man darf sicherlich aus alledem schließen, daß sich die wackeren Bayern in dem Durcheinander, das auch bei Wytschaete und Gheluvelt herrschte, selber bekämpft haben. Auch nach dem Bericht der 20er versuchte man, die Katastrophe durch das Absingen der ›Wacht am Rhein‹ zu beenden, doch wollen die 20er auch das Deutschlandlied gehört haben.

Eine bemerkenswerte Darstellung der Kämpfe um Beselare liefert Hermann Stegemann im zweiten Band seiner »Geschichte des Krieges« (Stuttgart 1917 bzw. 1918)[34]. Das heißt, es sind in

Wirklichkeit zwei Darstellungen — eine mit und eine ohne Deutschlandlied.

Zitieren wir zunächst die erste, wiedergegeben nach der 1. Auflage 1917:

Nordwestlich von Beselaere, wo sich Haigs Flügeldivision an d'Urbals rechte Schulter lehnte, war der Kampf blutiger, als Worte sagen. Aus ihren überhöhenden Stellungen überschütteten die Briten die Sturmgräben des XXVII. Reservekorps an der Halde von Beselaere mit Kreuzfeuer. Da stieg aus diesen verschlammten, zerfallenen Gräben das Lied »Deutschland, Deutschland über alles«, und als das Spitzenregiment 245 sich aus seinen Gräben erhob und Hunderte sanken, ehe sie sich auf die Böschung schwingen konnten, als der Graben sich mit Toten und Verwundeten füllte, da ging das Lied mit den Überlebenden zum Sturm und warf den Feind auch hier aus seinen ersten Linien. Doch vor Hooge und Westhoek erstarb auch das Lied, die tiefgestaffelte Stellung war nicht im Sturm zu nehmen und widerstand.

In der Ausgabe von 1918 dagegen liest sich diese Stelle wie folgt:

Nordwestlich von Beselaere, wo sich Haigs Flügeldivision an d'Urbals rechte Schulter lehnte, war der Kampf blutiger, als Worte sagen. Aus ihren überhöhenden Stellungen überschütteten die Briten die Sturmgräben des XXVII. Reservekorps an der Halde von Beselaere mit Kreuzfeuer. Die von General v. Schäfer geführte 54. Reserve-Division stieg aus ihren verschlammten, zerfallenden Gräben und stürzte sich auf die englischen Linien. Hunderte sanken, ehe sie sich auf die Brüstung schwingen konnten, und die Gräben füllten sich mit Toten und Verwundeten, aber über sie weg ging der Sturm der Überlebenden. Die schwäbischen Regimenter 246, 247 und 248 und

167

das sächsische 245. Regiment warfen hier den Feind aus seinen ersten Linien. Doch vor Hooge und Westhoek erstarb der Angriff, die tiefgestaffelte Stellung war nicht im Sturm zu nehmen und widerstand.

Unverändert von einer Auflage in die andere übernommen wurde von Stegemann jene Passage, die praktisch eine Wiederholung des Heeresberichtes vom 11. November 1914 darstellt und die Legende von den singenden deutschen Angreifern geschaffen hat:

> Doch als sie der Befehl zum Sturm rief, da warfen sich die Deutschen singend in die Schlacht. Tag- und Nachtangriffe folgten sich, bis junge Regimenter, Knaben und grauhaarige Männer Schulter an Schulter, von Begeisterung getragen, mit dem Vaterlandslied in die erste Linie der feindlichen Stellung westlich von Langemark einbrachen und sie nahmen und 2 000 Gefangene wegrafften. Langemark selbst wies alle Angriffe ab.

Den Hinweis, daß der Ort Langemarck selbst nicht genommen wurde, hat die Oberste Heeresleitung nicht gebracht.

15. Kapitel: Bixschote und die Kaiserparade von Semlin

Das Reserve-Infanterie-Regiment Nr. 205 erzählt die Geschichte seines Regimentsadjutanten, des Leutnants Freiherrn v. Wachtmeister, der am 10. November 1914 vor Bixschote seinen verwundeten Kommandeur nach hinten bringt und, auf dem Wege zurück an die Front, Versprengte, Verirrte »und was sonst irgendwie erübrigt werden kann« aufsammelt und mit nach vorne führt. Unterwegs begegnet diese Schar immer wieder größeren oder kleineren, von deutschen Bewachern begleiteten Trupps französischer Gefangener, woraus sich schließen läßt, daß der deutsche Angriff gut fortschreitet — ein Trugschluß, wie sich bald herausstellen sollte, denn die Deutschen sind nicht über Bixschote hinausgekommen.

Aber der Anblick dieser Gefangenenkolonnen versetzt die Truppe des Leutnants v. Wachtmeister in Begeisterung und Zuversicht:

> Freudig erregt stapfen sie vorwärts und verkünden jedem Verwundeten, der in entgegengesetzter Richtung vorbeigetragen wird, die Siegeszahlen. Im zerschossenen Bixschote muß nach dem Marsch durch den zähen Lehmbrei eine Atempause gemacht werden. Ein Mann entdeckt in einem halb eingestürzten Hause ein Klavier. Frhr. v. Wachtmeister läßt es herausholen. Einer, der es versteht, setzt sich ran und spielt. Ein Volkslied erklingt. Zu matt bei nahender Erschöpfung! Eine Tanzweise. Da zuckt's in den müden Knochen! Armeemärsche. Hei, das packt den ganzen Menschen und reißt ihn hoch! Und als der Führer zum Weitermarsche winkt, da hebt das einzige Lied, das paßt, auf die Höhe dieses großen Tages: mit dem Gesang:»Deutschland, Deutschland über alles« ziehen sie den vordersten Gräben zu.

Nichts Außergewöhnliches, wenn man bedenkt, was an ähnlichen Vorkommnissen quer durch die Flandernfront berichtet wird. Aber die Sache hat ein Nachspiel. Gut ein Jahr später, nämlich im Dezember 1915 wird das Regiment 205 nach Serbien verlegt und bezieht Quartier in dem befestigten Ort Semlin in der Nähe von Belgrad. Hier bleibt das Regiment in Ruhe und empfängt alle Segnungen und Belastungen einer Truppe, die man dazu bestimmt hat, sich zu erholen: Entlausung, Erneuerung von Wäsche, Montur und Schuhwerk, Kirchgang, Appelle, Besichtigungen und »täglich gutes Essen«. Dazu immer wieder »ein paar Stündlein Exerzieren«. Besichtigungen, Appelle und Exerzierdienst einschließlich Parademarsch und Üben des Präsentiergriffes nehmen dermaßen überhand, daß man auf ein großes Ereignis, dem der ganze Aufwand gilt, schließen muß. Und in der Tat — das Ereignis tritt ein. Seine Majestät der Kaiser kommt! Am 19. Januar 1916 um 10.30 Uhr vormittags ist es soweit.

Da rollen eine Reihe Autos heran. Der Kaiser und sein Gefolge entsteigen dem Wagen. Unter präsentiertem Gewehr begrüßen die Regimenter ihren Obersten Kriegsherrn mit einem dreifachen Hurra, und unter den Klängen des Präsentiermarsches und des Deutschlandliedes schreitet seine Majestät nach Begrüßung des Regimentskommandeurs die Front der Bataillone ab.

Unterlassen wir es, danach zu fragen, ob es wirklich das Deutschlandlied war, das da neben dem Präsentiermarsch erklang, und ob nicht doch — in Gegenwart des Kaisers! — das »Heil dir im Siegerkranz, heil Kaiser dir« gespielt wurde, und wenden wir uns der Ansprache zu, die der Kaiser hielt:

Es ist das erste Mal in diesem Kriege, daß ich die Freude habe, einem der neu zusammengestellten Korps ins Auge zu sehen, und zudem einem Korps, das sich stets so hervorragend tapfer geschlagen hat, auch jetzt wieder auf dem südöstlichen Kriegsschauplatz. Es hat selten etwas einen so tiefen Eindruck gemacht, wie, als in Deutschland bekannt wurde, daß

ein Regiment dieses Korps sich mit dem Gesang
»Deutschland, Deutschland über alles« mit gefälltem
Bajonett dem Feinde entgegengeworfen hat. Das weiß
in Deutschland jedermann. Die jungen Truppen des
Korps haben den alten nicht nachgestanden, als es
galt, den Ruhm an ihre Fahnen zu knüpfen. Was ihr
geleistet habt, bleibt in der Geschichte eingegraben,
und indem ich das Korps hierzu herzlichst beglück-
wünsche, flehe ich Gottes Segen auf euch herab, in der
Gewißheit, daß das Korps, wo immer es eingesetzt ist,
stets seine Tapferkeit und seinen Ruhm bewähren
wird.

Möglich, daß der Kaiser damit die Legende von Langemarck
festgeschrieben, ihr den Odem eingehaucht hat, den sie brauchte, um leben zu können. Nach dieser Ansprache jedenfalls, d. h.
in der zweiten Hälfte des Krieges, sprechen mehrere Autoren
vom Absingen des Deutschlandliedes bei Langemarck: Kircheisen 1916, Stegemann 1917, Schwinn 1918, ganz zu schweigen
von den Autoren der hier zitierten Regiments- und Bataillonsgeschichten.
Das Ende des Krieges im November 1918 und seine Folgen
ließen zunächst all jene verstummen, die im Kriege in erster
Linie eine Folge glorreicher Ereignisse gesehen hatten. Über
Siege und stürmisches Vordringen ist ohnehin leichter zu
berichten, als über Niederlagen und Rückschläge.
Etwa mit dem Jahr 1924 begann man, sich von dem Schrecken
zu erholen, und die Meinung breitete sich aus, daß man den
Krieg eigentlich nicht hätte zu verlieren brauchen, wenn dies und
das im Rücken der Front nicht geschehen wäre. Der Frontsoldat
gewann an Ansehen, er hatte seine Pflicht getan, er hatte den
Krieg nicht verloren — diesen Makel mußte man anderen
Kräften, anderen Institutionen, anderen Männern zuschreiben.
Und so hatte es bei Langemarck nur Tapferkeit und Heldenmut,
aber keine Angst, keine Verzweiflung, keine Panik und keine
miserable Führung gegeben. Während man den Frontsoldaten
sozusagen in einem Dauerverfahren rehabilitierte, vergaß man,
jenen Rechenschaft abzuverlangen, die in erster Linie verant-

wortlich dafür waren, was sich auf den Schlachtfeldern ereignet hatte — verantwortlich auch für das Desaster, mit dem alles geendet hatte. Oft genug tat man so, als habe es jene Generale und höheren Stabsoffiziere, die taktisches und operatives Verständnis durch Arroganz und Großmannsucht ersetzten, gar nicht gegeben. Ein General, ausgezeichnet durch hohes Einkommen und hohen sozialen Status, blieb ein General auch dann, wenn er versagt hatte. Und in der ersten Flandernschlacht hatten einige versagt.

Was aber das Deutschlandlied bei Langemarck anbetrifft, so möchte man dem Verfasser der Regimentsgeschichte von 214 folgen (das Regiment war bei Langemarck eingesetzt), der geschrieben hat:

> Deutschland über alles — das klang auch in unseren Herzen, wenn wir es auch nicht gerade beim Angriff sangen, weil uns dabei die Puste ausging auf den Rübenfeldern und in den Wassergräben und Hecken Flanderns.

16. Kapitel: Die andere Seite

Der Engländer Antony Farrar-Hockley erzählt in seinem Buche »Tod einer Armee« (Death of an Army — London 1967) ein paar bescheidene Episoden aus dem Leben des Leutnants J. G. W. Hyndson vom I. Bataillon des Loyal North Lancashire Regiments. So saß der Leutnant am 17. Oktober 1914 irgendwo in der Flußniederung der Aisne und brachte sein Tagebuch aufs laufende; er notierte, daß seine Einheit in der letzten Nacht von französischen Territorialtruppen abgelöst worden war, und er fügte hinzu, daß diese Ablösung mit der Präzision eines Uhrwerks abgelaufen sei — mit Ausnahme eines einzigen Mißgeschicks; die Spitzeneinheit der ablösenden französischen Truppen geriet in einen periodischen Feuerüberfall der deutschen Artillerie und verlor 50 Mann an Toten und Verwundeten.

Die nächste Tagebuchnotiz des Leutnants ist vom 20. Oktober; sie berichtet, daß das Bataillon in zwei Eisenbahnzügen über Paris, Amiens und Abbeville nach Boulogne gebracht wurde, wo der Leutnant Zeit zu einem kurzen Stadtbummel fand. Er benutzte den Ausflug, um in einem bahnhofsnahen Lokal das größte Omelett zu vertilgen, dessen er habhaft werden konnte. Im übrigen fiel ihm auf, daß sich die französische Bevölkerung weniger begeistert, weniger aufgeschlossen und weniger interessiert gegenüber den englischen Soldaten zeigte, als es seinerzeit bei der Landung des englischen Expeditionskorps im August 1914 der Fall gewesen war. Die Zeit war auch hier nicht stehengeblieben.

Weiter ging die Fahrt über Calais nach St. Omer, wo, was der Leutnant nicht erwähnt, das Bataillon ausgeladen wurde. Er spricht erst wieder von dem nahegelegenen Cassel, einem 3 000-Seelen-Städtchen, sechs Kilometer vor der französisch-belgischen Grenze und 30 Kilometer von Ypern entfernt, das — vermutlich im Fußmarsch — in der Frühe des 19. Oktober erreicht wurde. In den Gutshöfen und Bauernhöfen der Casseler

Umgebung bezog man Quartier, die Offiziere in den Wohnhäusern, die Soldaten in den Scheunen. Hier erfuhren die Männer des Bataillons, daß sie bei Ypern eingesetzt werden sollten.

Was der Leutnant Hyndson seinem Tagebuch anvertraute, war — gewissermaßen aus der Froschperspektive gesehen — ein Bericht über das Herauslösen der aus drei Infanteriekorps und einem Kavalleriekorps bestehenden englischen Expeditionstruppen aus der Aisne-Front und ihr Aufmarsch gegen die Deutschen bei Ypern. Das Bataillon des Leutnants gehörte zum I. englischen Korps, das zuletzt in Marsch gesetzt wurde; vorher, am 7. Oktober, hatte sich das III. Korps auf den Weg nach Norden gemacht, noch früher, am 4. Oktober, das II. Korps. Vor der Infanterie war das Kavalleriekorps abgezogen worden, das ohnehin im Stellungskrieg an der Aisne nie wirksam hatte eingesetzt werden können.

Initiator dieser Umgruppierung war der englische Oberbefehlshaber Sir John French; ihm waren die Chancen, die sich in Flandern den Alliierten boten, nicht entgangen, während er sich mit den Gefahren wohl weniger beschäftigte. Sein Blick war auf Brüssel, auf Köln, den Rhein und das Ruhrgebiet gerichtet. Sicherlich war ihm auch daran gelegen, mit seinem Expeditionskorps dem heimatlichen England näher zu sein, als dies an der Aisne der Fall war, wo seine Korps, eingeklemmt zwischen französischen Verbänden, einen Frontabschnitt hielten, an dem kaum Lorbeeren zu ernten waren. Ihn mochte die Erinnerung an die Schlacht von Mons im August 1914 plagen, in der er, ebenfalls zwischen französischen Einheiten operierend, nur deswegen der Umfassung und womöglich der Vernichtung entgangen war, weil die Deutschen ihre Chance zu spät erkannt und nicht energisch genug zugepackt hatten. Schuld an der kritischen Situation waren wieder einmal die Franzosen gewesen, die sich überstürzt zurückgezogen hatten. Die englischen Soldaten scheinen sich gleich ihrem Oberbefehlshaber nach einem flotten, fröhlichen Vorwärtsstürmen gedrängt zu haben, jedenfalls schrieb der Leutnant Hyndson in sein Tagebuch, daß sich der Männer seines Bataillons, als sie verlegt wurden, eine prächtige Stimmung bemächtigte — the men are in exceptionally good spirits, singing practically all the way.

174

Nicht zuletzt mag auch, was die Verlegung anbetrifft, ins Gewicht gefallen sein, daß Sir John von Hause aus Kavallerist war, erfüllt von einer unvergänglichen glühenden Liebe zu seiner alten Waffe; gerade für sie sah er in den weiten Ebenen Flanderns ein prächtiges Betätigungsfeld.

Der französische Oberbefehlshaber, General Joffre, hatte der Umgruppierung zugestimmt, und er stellte dem Flandernunternehmen neben einigen Territorialverbänden[35] die französische 2. und 8. Armee zur Verfügung. So ganz scheint er indessen nicht bei der Sache gewesen zu sein, jedenfalls spricht er in seinen Memoiren von einem Angriff der Deutschen, der zum Zeitpunkt der englisch-französischen Ablösung an der Aisne stattgefunden und die Franzosen in arge Bedrängnis gebracht habe. Vielleicht meinten er und der britische Leutnant Hyndson dasselbe — eben jenen Feuerüberfall der deutschen Artillerie, der die Franzosen 50 Mann an Toten und Verwundeten kostete. Joffre spricht ferner davon, daß zu dem Zeitpunkt, da das britische Expeditionskorps in allen verfügbaren Eisenbahnzügen durch Frankreichs Norden reiste, die Stadt Lille für die Alliierten verlorenging — in der Tat ein hoher Preis.

Falkenhayn bzw. die Oberste Heeresleitung hatten die neuen deutschen Armeekorps am 10. Oktober alarmiert. Eine halbe Woche später, um den 14. Oktober, konnten sie ihren Aufmarsch aus der Linie Brüssel – Gent – Brügge beginnen. Die Briten lagen also um einige Tage vorn, ohne daß ihnen daraus wesentliche Vorteile erwachsen wären. Das Herauslösen mehrerer Korps aus einer festgefügten Front ist fürwahr keine Kleinigkeit, und der Vorgang braucht sehr viel mehr Zeit und eine sehr viel größere Umsicht als das In-Marsch-Setzen von Truppenverbänden aus der Heimat in das Kampfgebiet. Außerdem wurden zwei der englischen Armeekorps, ehe sie Ypern erreichten, in die schweren Kämpfe um Lille verstrickt und erlitten erhebliche Verluste. Die Deutschen haben jedenfalls den Zeitverlust wieder aufgeholt, und am 20. Oktober hatten beide Seiten mit ihrer Hauptstreitmacht fast gleichzeitig die Linie Dixmuiden – Langemarck – Beselare erreicht.

Während die Deutschen also das große Abenteuer Flandern den unzulänglich ausgebildeten und ausgerüsteten jungen Einheiten überließen, griffen die Alliierten, vor allem die Engländer, auf ihre besten aktiven Korps zurück. Zu den Armeekorps von der Aisne kam noch das 4. Korps, das Antwerpen hatte entsetzen sollen, aber an dieser Aufgabe gescheitert war und nun Mühe hatte, sich dem Zugriff der Deutschen zu entziehen; es erreichte zusammen mit den Belgiern die Yser-Linie und wurde in die Front einbezogen. Hilfe und Unterstützung kamen auch direkt von der Insel: in Boulogne wurden um diese Zeit zwei weitere Divisionen ausgeladen. Und schließlich ging in Marseille ein indisches Korps an Land, das ebenfalls für Flandern bestimmt war.

Wie aber stand es um die Belgier?

Sie hatten unentwegt schwere Schläge hinnehmen müssen und von diesem Kriege nichts anderes kennengelernt als Rückzug, Flucht und Kapitulation. Der größte Teil ihres Landes war von den Deutschen besetzt, ein fester Platz nach dem anderen war verlorengegangen, Lüttich, Brüssel, Namur und schließlich Antwerpen. Die Hilfe der Verbündeten blieb unzulänglich oder blieb ganz aus. Es war, als seien Franzosen und Engländer immer dann, wenn es um Belgien ging, nur mit halbem Herzen bei der Sache. Oder spiegelte nicht doch die Lage der Belgier die Gesamtlage der Alliierten wider? Antwerpen jedenfalls hatte trotz Entsendung eines englischen Kontingents nicht gehalten werden können, und selbst der Erste Lord der Admiralität, Winston Churchill, der in die Stadt geeilt war, um sie zum Durchhalten anzustacheln, konnte am Ende nicht mehr tun, als sich schleunigst wieder abzusetzen, um nicht in die Hände der Deutschen zu fallen. Glück im Unglück für die Belgier und ihre englischen Freunde war es, daß die deutschen Truppen den Ring um Antwerpen nicht dicht genug hatten schließen können, so daß es den Eingeschlossenen gelang, in Richtung Gent – Brügge – Ostende zu entkommen.

Bei ihrem Rückzug an der Küste entlang wurden die Belgier von den in Antwerpen freigewordenen deutschen Einheiten, vor allem dem III. Reserve-Korps, hart bedrängt. Aber an der Yser bissen sie sich fest. Sie konnten die an der Ysermündung gelegene Stadt Nieuwpoort nebst Hafen und Schleusen halten, und damit wurde diese Stadt zu ihrem Schicksalsort. Sie wurde es nicht weniger für die Deutschen, die nicht rechtzeitig kamen, um zu verhindern, was der Flandernschlacht eine entscheidende Wende gab. Es war die Überschwemmung.

Über das Auslösen dieser Überschwemmung, über das Öffnen der Schleusen sind einige Märchen in Umlauf gesetzt worden: So sollen die Schleusen gesprengt oder die Dämme der zu den Schleusen fließenden Yper durchstochen oder zerschossen worden sein. Es fehlte nicht an Zeugen, die die Explosionen und Detonationen des Zerstörungswerkes gehört haben wollen — in Wirklichkeit ging es für die Belgier gerade darum, die Schleusen zu erhalten und sachgerecht zu nutzen.

Halten wir fest: die Schleusen dienen in erster Linie dazu, den Abfluß der Yser zum Meer und die Gezeiten an der Ysermündung zu regulieren. Gäbe es die Schleusen nicht, so würde das Meer bei Flut zur Yser hinaufdrängen und weite Landstriche unter Wasser setzen. Genau diesen Effekt macht man sich zunutze.

Mehr noch: man suchte zu vermeiden, daß das Meerwasser sich sozusagen planlos ins Land ergösse und irgendwo versickerte, man wollte einen bestimmten Abschnitt so überfluten, daß er für die Deutschen ein unüberwindliches Hindernis bildete. Man wollte dem Gegner einen See vor die Nase setzen. Man wählte dazu den Damm der Yser als linke Grenze (von Nieuwpoort aus gesehen) und den Damm der Eisenbahnlinie Nieuwpoort – Dixmuiden als rechte Grenze. Zwischen die beiden Dämme, in einer Breite von durchschnittlich vier Kilometer, konnte man das Meerwasser bei Flut einlassen; kam die Ebbe, so schloß man die Schleusentore, und das Wasser blieb zurück. Es war wie bei einem Staudamm. Um ein unerwünschtes Abfließen des Wassers über den vorgesehenen Abschnitt hinaus zu verhindern, wurden die Durchlässe am Eisenbahndamm — Viadukte und Abflüsse von kleinen Kanälen und Bewässerungsgräben — durch Sandsäcke oder Erdaufwürfe verschlossen.

Das Unternehmen lief nicht ohne erhebliche Probleme ab — technisch-mechanische und militärisch-politische. Es gelang zunächst nicht, die Schleusentore zur rechten Zeit zu öffnen und zu schließen. Es scheint, daß man unter dem Druck der deutschen Angriffe, die täglich oder gar stündlich zum Erfolg zu führen drohten, allzu nervös, allzu aufgeregt und schließlich auch zu wenig fachmännisch am Schleusenmechanismus hantiert hat. Es werden zu viele Personen, die von der Sache nichts verstanden, dazwischengeredet haben, und im übrigen lag die Gefahr deutscher Feuerüberfälle ständig in der Luft.

Die Rettung kam von einem einfachen und bescheidenen Mann namens Henryk Geeraert, einem Zivilisten, der aber allen Klugrednern von der militärischen Seite das eine voraushatte, daß er etwas von der Funktion der Schleusen verstand — er war Schleusenwärter von Beruf. Unter seiner Obhut und Anleitung wurden die Schleusentore bedient, und am 2. November hatte die Überschwemmung die gewünschten Ausmaße erreicht[36].

General Foch versucht in seinen Memoiren die Sache so darzustellen, als habe es zum Auslösen der Überschwemmung nur kurzer Verhandlungen zwischen den Oberkommandos der Alliierten bedurft. Der selbstherrliche, eitle und rücksichtslose General, spätere Marschall, liebt es, davon auszugehen, als habe stets er das überzeugende Wort gesprochen, die alles entscheidende Tat getan. In Wirklichkeit haben sich die Belgier hartnäckig zur Wehr gesetzt und darauf hingewiesen, daß man die Überschwemmung ebenso gut auf französischem Territorium einleiten könne, wo es, etwa bei Dünkirchen oder Calais, ebenfalls günstige Voraussetzungen gab. Man hört sie förmlich fragen: »Warum bei uns, warum nicht bei euch?«

Fochs Gegenargument wog schwer; mit fanatischem Eifer trug er seine These vor, daß man, um eine Verteidigung erfolgreich durchführen zu können, im Besitze einer von der Natur gegebenen Linie sein müsse, an die man sich klammern, hinter der man sich verschanzen könne, eines Flusses, eines Baches, eines Kanals, eines Eisenbahndammes. Und eine solche Linie, gebildet von der Yser plus Eisenbahnstrecke plus Ypernkanal gab es von Nieuwpoort über Dixmuiden, Bixschote, Ypern, bis hinunter zur Lys bei Komen (Comines). Am Ende kam es zu einem Kompromiß, über den Foch in seinen Memoiren foglendes schreibt:

Um jeder Möglichkeit Rechnung zu tragen, lasse ich (!) schließlich die Verteidigung Dünkirchens durch

Überschwemmungen ergänzen, die sich etwa 10 km weit erstrecken und längs der Küste ein starkes Hindernis bilden, hinter dem aufs neue Widerstand geleistet werden kann, falls die belgische Linie weggerissen werden sollte.

Für die Belgier mag mitentscheidend gewesen sein, daß man sich im Laufe der flämischen Geschichte schon mehrfach unter Zuhilfenahme der Nieuwpoorter Schleusen des Meeres als Waffe bedient hatte. Sie gaben jedenfalls nach und verloren auf Jahre hinaus weite Strecken fruchtbaren Landes — wenn sie es durch den weiteren Vormarsch der Deutschen nicht ohnehin verloren hätten. Sie hatten als Teilnehmer an einem mörderischen Krieg nichts Ungewöhnliches getan. Sie hatten lediglich das sonst übliche Mittel der »verbrannten Erde« durch das Mittel der »ersäuften Erde« ersetzt.

Die Belgier waren im Verband der drei alliierten Partner die schwächsten. Die beiden anderen, vor allem die Franzosen, zögerten nicht, die belgische Schwäche immer wieder deutlich werden zu lassen, und sie sparten, wenn es darauf ankam, auch nicht mit Demütigungen. Liliane und Fred Funcken weisen in ihrem Buche »L'uniforme et les armes des soldats de la guerre 1914–1918« (Tournai 1970) darauf hin, daß das französische »Builletin des armées de la Republique« vom 25. November 1914, das einen abschließenden Bericht über die Schlacht an der Yser brachte, der belgische Anteil an den schweren Kämpfen nicht einmal erwähnte. Die belgischen Opfer, heißt es, wurden unterschlagen und aus dem Ganzen ausschließlich ein französischer Sieg gemacht.

Auf der anderen Seite konnte es geschehen, daß es die Engländer auch den Franzosen heimzahlten. So war z. B. die Begegnung der Soldaten des I. englischen Korps mit den Territorialen der 88. französischen Division ein Ereignis, das die Engländer zu deprimierenden Kommentaren veranlaßte. Die langgedienten Berufssoldaten der englischen aktiven Armee hatten eine natürliche Abneigung gegen alle Reservisten oder Territorialen, die eigenen englischen nicht ausgenommen. Man betrachtete sie als uniformierte Zivilisten. Aber was die englischen Soldaten jetzt zu Gesicht bekamen, übertraf doch jedwede negative Vorstellung, die sie sich bisher von Reserve-Einheiten gemacht hatten:

> . . . diese mühselig daherstapfenden, schwerbeladenen[37] Gestalten in ihren blauen Mänteln waren keine jungen Kämpfer, keine Freiwilligen, es waren bejahrte Männer, viel zu alt für eine reguläre Truppe oder einfach zu lahm und unbeholfen. Nach einer Weile verschwanden sie hinter einer Bodenerhebung, und später kam die Hälfte von ihnen zurück, aufgelöst und verwirrt. Sie blockierten die Straße ausgerechnet in dem Augenblick, da die 1. britische Division zum Einsatz kam. Einige setzten sich nach hinten ab und erklärten, daß sie von den Deutschen beschossen worden wären, aber nicht einen einzigen Deutschen gesehen hätten. (Nach Farrar-Hockley.)

Eine gute Woche früher, am 11. Oktober, hatten englische Truppen im Raume Lille französische Kavallerie abgelöst. Die Engländer fanden, daß ihre Waffenbrüder, die buntscheckige Jacken, flatternde Umhänge, federgeschmückte Helme und teilweise sogar noch Brustpanzer trugen, den Eindruck erweckten, als wollten sie in einer komischen Oper auftreten.

Was die Alliierten an waffenbrüderlicher Zusammenarbeit zu demonstrieren vermochten, war gespickt mit Spannungen, Differenzen und manchmal sogar mit herzlicher Verachtung, aber es reichte aus, um einen deutschen Durchbruch in Flandern zu verhindern.

17. Kapitel: Das Ergebnis

Daß die Deutschen dieser Streitmacht der Alliierten im großen und ganzen nur halbfertige Einheiten entgegenstellten, hatte, wie wir gesehen haben, katastrophale Folgen. Falkenhayn, der Hauptverantwortliche, hatte sich verrechnet, und er hatte später, als man vor den Trümmern der 4. Armee stand, als Rechtfertigung kaum mehr als eine wegwerfende Handbewegung übrig. Er meinte, daß die Transportverhältnisse und Transportschwierigkeiten eine andere Lösung nicht zugelassen hätten — was nicht unwidersprochen blieb. Dazu Peter Graf Kielmansegg in seinem Buche »Deutschland und der Weltkrieg« (Frankfurt 1968):

> So bedeutend die organisatorische Leistung der Aufstellung von 6 Armeekorps in der kurzen Frist von 2 Monaten war, so wenig konnte man bezweifeln, daß ihr Ausbildungsstand am 10. Oktober noch unbefriedigend sein würde. Ein mit der Schlußbesichtigung beauftragter General kritisierte beispielsweise ihr »harmloses Vorgehen in dicken Massen«. Gleichwohl hielt Falkenhayn an dem Entschluß fest, sie noch im Oktober einzusetzen: 4 Korps bei der entscheidenden Offensive in Flandern, eins bei der 5. Armee und eins im Osten. Die schärfste, bitterste Kritik an diesem Vorgehen liegt in der Entscheidung, die der englische Kriegsminister Kitchener in der gleichen Lage fällte. Kitchener beharrte gegen alle drängenden Forderungen der Front darauf, daß vor dem Frühjahr 1915 England sein schwaches Expeditionskorps nicht wesentlich verstärken könne. Unausgebildete Truppen in den Kampf zu schicken, sei »beinahe Mord«.

Den blutigen Fehlschlag der Flandernschlacht vor Augen, ist es schwer geworden, die Überlegungen des Generalstabschefs unbefangen zu würdigen.

Es hätte nahegelegen, den neuen Reservekorps an ruhigen Frontabschnitten zunächst eine Periode der Eingewöhnung zu gewähren und den freigewordenen kampferfahrenen Verbänden die schwere Angriffsaufgabe zu übertragen. Die nötigen Transporte wären nach dem Urteil des Chefs des Feldeisenbahnwesens ohne großen Zeitverlust durchzuführen gewesen. Vielleicht hat Falkenhayn gleichwohl die Gefahr einer Verzögerung der Offensive für sehr schwerwiegend gehalten. Vor allem aber ging er von großer zahlenmäßiger Überlegenheit der Deutschen und schwachem feindlichem Widerstand aus, den — wie er meinte — die Reservekorps mit unverbrauchtem, ungestüm-opferbereitem Angriffsschwung überrennen würden.

Die Verluste der Flandernschlacht sollen für beide Armeen, die 4. und die 6., 80000 Mann, nach anderen Berichten 100000 Mann betragen haben. Erschreckend hoch ist die Zahl der Vermißten bei der 4. Armee, nämlich 19000, gegenüber 1000 bei der 6. Armee[38]. Die meisten Vermißten werden am Ende den Gefangenen zugerechnet werden müssen; aber auch zahlreiche Gefallene wurden anfangs als vermißt gemeldet. Zweifellos sind die Gefechtsfelder von den Einheiten der 4. Armee nicht sorgfältig genug abgesucht worden; noch im Frühjahr 1915, nachdem die grundlosen flämischen Äcker wieder besser begehbar geworden waren, sammelte man noch Tote aus den Herbstkämpfen 1914 ein.

Bei Falkenhayn gab es kein Bedauern. Er gibt sich den Anschein, als habe er stets das Rechte getan. Immer wieder kann man ihn und seinesgleichen dabei überraschen, wie sie in den Männern, die ihnen unterstellt und ausgeliefert sind, nur die Zahlen, die Bestände sehen.

Für den Mann an der Front bietet sich der Krieg anders dar. Auch wenn er selbst nicht getroffen oder betroffen ist, trägt er mit an der Bürde, die Tod und Verstümmelung seiner Einheit auferlegt haben. Und wenn er noch einmal davongekommen ist, so wird er hinfort doch wissen, wie schwer es ist, die Schmerzen eines einzigen Verwundeten oder die Qualen eines einzigen Sterbenden zu schildern.

Die Regimentsgeschichte der 214er Infanteristen berichtet:

Die Eindrücke der Truppe sind schwer, nicht nur die ersten eigenen Toten sind zu verwinden, auch die ersten toten Gegner sind als Eindruck stark. Wer dächte nicht an diesen aus dem Frieden so völlig ungewohnten Anblick eines scheinbar schlafenden Menschen in einer zusammengesunkenen Stellung, der eine sonderbar wachsgelbe Farbe hat und an dem sich irgendwo eine braunrote Stelle zeigt — blutig getränkte Uniformstücke, ein abgefallener Helm oder eine Mütze — umweht von jener grausig-ernsten und doch so beklemmenden Atmosphäre, die das uns eben noch so Nahe plötzlich in weite, unzugängliche Ferne rückt! — Es klingt so trocken und nüchtern: 20 Tote, 104 Verwundete, 17 Vermißte! Man liest darüber hinweg und hat nur Zahlen im Gedächtnis; und doch sind es Tragödien, schwerstes Erleben und namenlose Leiden! Das Opfer dieser Menschen und noch mehr ihrer Angehörigen ist so groß, daß es wohl verdient, grundsätzlich einmal angedeutet zu werden, welche Riesenverantwortung jedes dargebrachte Opfer den Verantwortlichen auferlegt.

Die Verlustlisten der unteren Einheiten sprechen eine deutlichere Sprache als die Berechnungen der hohen Stäbe und der Statistiker:
Das Regiment 205 meldete seine Verluste vom 19. – 31. Oktober 1914 in zwei Abschnitten.

	tot	verwundet	vermißt
19. – 26. Oktober	71	229	77
27. – 31. Oktober	51	327	222
	122	556	299

Das ergibt zusammen fast 1000 Mann, genau gezählt 977.

Regiment 208 ist ausgerückt mit 60 Offizieren und 2750 Mann. Am 14. November waren noch übrig 16 Offiziere und 213 Mann.

Verluste: 44 Offiziere und 2537 Mann.

Regiment 212 hatte am 10. Oktober einen Bestand von 3000 Mann (Offiziere, Unteroffiziere und Mannschaften). Am 11. November zählte es 707 Mann.

Verluste: 2293.

Vom Regiment 214 liegt eine genaue Meldung vom II. Bataillon vor. Es ist ausgezogen mit 17 Offizieren und 926 Mann, übrig waren am 1. November noch drei Offiziere und 398 Mann, Verluste also 14 Offiziere und 528 Mann.

Allein vom 21. bis 24. Oktober, also in vier Tagen, hatte das Regiment 234 folgende Ausfälle:

Gefallen	8 Offiziere	82 Mann
Vermißte	2 Offiziere	98 Mann
Verwundete	11 Offiziere	470 Mann
Gesamt	21 Offiziere	650 Mann

Regiment 235 meldete: Die Stärke der fechtenden Truppe betrug je Kompanie noch 60 bis 75 Mann. Da das Regiment am 21. Oktober ungefähr eine Gefechtsstärke von 900 Mann je Bataillon gleich 2700 Mann gehabt hatte, betrugen die Verluste vom 21. Oktober bis 1. November etwa 1900 Mann, wobei das III. Bataillon am meisten gelitten hatte. Die Gesamtausfälle an Toten, Verwundeten und Erkrankten beliefen sich also auf rund 70 Prozent.

Bemerkenswert an diesem Bericht ist, daß die Vermißten schamvoll verschwiegen werden. Dafür heißt es an anderer Stelle der Regimentsgeschichte, als über den zweiten Sturm auf Langemarck am 22. Oktober berichtet wird: Besonders war die Zahl der Vermißten erschreckend gewachsen, so daß jede Übersicht über die Stärke der Kompanien fehlte.

Eine genaue, nach den 3 Bataillonen gegliederte Aufstellung seiner Verluste in der Zeit vom 20. Oktober bis 31. Oktober gibt das Regiment 240:

	Gefallen		Verwundet		Vermißt		Gefangen		Gesamt
	Offz.	Mann	Offz.	Mann	Offz.	Mann	Offz.	Mann	
I. Btl.	8	73	9	256	—	153	—	—	499
II. Btl.	3	28	4	196	1	34	1	6	273
III. Btl.	1	39	8	252	—	80	—	3	383

1155

Auffallend ist die geringe Zahl der Gefangenen; ein großer Teil von ihnen wird unter der Rubrik »Vermißt« zu suchen sein.

Das Regiment 243 ist ausgerückt mit 67 Offizieren, 242 Unteroffizieren und 2616 Mannschaften. Am 1. Dezember 1914 zählte man 19 Offiziere, 70 Unteroffiziere und 605 Mannschaften. Verluste demnach 48 Offiziere, 172 Unteroffiziere, 2011 Mannschaften.

Das Regiment 247 meldete am 31. Oktober 31 Offiziere und 1900 Mannschaften (einschließlich Unteroffiziere) als Verluste.

Jäger 24: Als man das Bataillon am 30. Oktober aus der Front ziehen mußte, waren von 1000 Mann noch 135 übrig.

Jäger 26: Von 19 Offizieren und 912 Mannschaften und Unteroffizieren zählte man am 25. Oktober noch fünf Offiziere und 230 Mannschaften.

Auch hier Zahlen und immer wieder Zahlen; nur selten ist von Einzelschicksalen die Rede. Zitieren wir noch einmal den englischen Leutnant J. G. W. Hyndson, der an den Kämpfen um Langemarck teilnahm und wacker sein Tagebuch weitergeführt hat.

Als die Briten zum Gegenangriff übergingen, sah er versprengte deutsche Gruppen, die verzweifelt Widerstand leisteten und erst überwältigt oder ausgeschaltet werden konnten, nachdem man sie völlig umzingelt hatte; und Hyndson zeigte sich beeindruckt von einem ungewöhnlich tapferen deutschen Soldaten, der sich auf einem Windmühlenhügel festgesetzt hatte und unaufhörlich feuerte. Als er sich nicht ergab, schossen die Engländer die Mühle in Brand. Vergebens; der Mann schoß weiter, bis er in den Flammen umkam.

Es ist nicht der einzige Bericht über Beispiele von außerordentlicher Tapferkeit — von Tapferkeit auf beiden Seiten. Die Geschichte des Reserve-Infanterie-Regiments 233 erwähnt einen französischen Sergeanten, der sich, seine französische Uniform mit einem deutschen Militärmantel verdeckend, in die Reihe der Essenholer einer 233er Kompanie eingereiht hatte. Er wurde entdeckt, und nun zeigte sich, daß er in einem nahegelegenen Keller hinter den deutschen Linien gesessen hatte, um dort mit Hilfe einer »heimlichen Drahtleitung« das Feuer seiner Batterie zu lenken. Die 233er nennen ihn einen »tapferen Burschen«, und das läßt hoffen, daß man ihn nicht an die Wand gestellt hat. Da er französische Uniform trug, konnte er weder als Spion noch als Franktireur behandelt werden. Und den deutschen Militärmantel hatte er doch nur angelegt, weil er Hunger hatte und an die deutsche Feldküche herankommen wollte.

Andererseits gab es Fehler, Mängel, Unzulänglichkeiten und Dummheit auch bei den Alliierten. Zumindest englische Berichte (die Franzosen neigen eher dazu, dergleichen Zwischenfälle zu verschweigen) sprechen davon, daß englische Artillerie in die eigenen Reihen schoß, weil sie vorgehende englische Infanterie für angreifende Deutsche hielt. Auch die Alliierten hatten in Flandern böse, blutige Verluste, und die Engländer mußten beginnen, jene Gräberfelder anzulegen, denen in den nachfolgenden Kämpfen, besonders in der großen Flandernschlacht von 1917, ständig neue hinzugefügt werden mußten. Heute gibt es in Flandern über 100 englische Soldatenfriedhöfe, denen die Deutschen nur vier — Vladslo, Hoglede, Langemarck und Menen — entgegenzusetzen haben. Aber das will nicht viel besagen: die Endabrechnung, wenn sie je einer vorgenommen haben sollte, mußte auf beiden Seiten das Bild einer schrecklichen Katastrophe ergeben.

18. Kapitel: Die Folgen

Angesichts des Grauens, das sich im Herbst 1914 in dem Gebiet zwischen Beselare und der Meeresküste ausgebreitet hatte, ist es verwunderlich, mit welcher Beharrlichkeit die Fehler, die Mängel, die unnötigen Blutopfer und die falschen Befehle zugedeckt wurden — auch von denen, die dabei waren und überlebt haben. Zwar wird das Grauen zunächst nicht verschwiegen, aber nachher, in den 20er und 30er Jahren, als die meisten der Regimentsgeschichten und Bataillonsgeschichten entstanden, zeigt sich ein merkwürdiger Eifer, die schlimmen Ereignisse und unerträglichen Zustände durch kernige Sprüche zu überspielen.

So heißt es in der Geschichte des Reserve-Infanterie-Regiments 201 (sie erschien verhältnismäßig spät, nämlich 1941) über den ersten Sturm auf Dixmuiden, der kläglich scheiterte:

> Fassungslos stehen wir jungen Kriegsfreiwilligen dem Grauen dieses zu Ende gehenden Tages gegenüber.

Später, nachdem endlich der vierte Sturm gelungen war, teilt der Verfasser mit:

> Für die jungen Regimenter war der Tag von Dixmude von größter Bedeutung. Mit dieser siegreichen Waffentat hatten sie sich ruhmvoll als die »Dixmudestürmer« in die Geschichte des Großen Krieges eingeschrieben. Das Hochgefühl, das die 201er am Nachmittag des 10. November in der Brust verspürten, mit dem sie auf dem Marktplatz der eroberten Stadt ihr brausendes Hurra hinausjubelten, war vollauf berechtigt.

Hier hat sich der Verfasser tief vor dem Geist seiner Zeit (1941) verbeugt, der Langemarck und Flandern zu einem Ereignis von nationaler Größe oder gar zu einem Sieg zu machen versuchte.

Und dabei war es nach der Einnahme von Dixmuiden mit dem Bluten und Sterben, den Leiden und Todesängsten noch nicht vorbei. Alsbald nämlich setzte schweres Artilleriefeuer des Gegners ein, es wird von zusammenstürzenden Häusern, schwirrenden Splittern und Steinen, von krachenden Einschlägen und Volltreffern berichtet, und »dazwischen klang das herzzerreißende Schreien und Wimmern der Verwundeten« (Regimentsgeschichte 202).

Ein anderer Autor sieht im Sturm auf Dixmuiden »ein erhebendes Bild«. Wir erinnern uns an die Schilderung in der Geschichte des Infanterie-Reserve-Regiments 202 (erschienen 1939), wie nach einem letzten Blick auf die Uhr die Führer mit gezogenen Degen über die Deckung springen und die Mannschaften ihnen mit brausendem Hurra nacheilen, jeden Widerstand zerschlagend — ein erhebendes Bild, wie gesagt. Wir erinnern uns auch, was dann geschehen sein soll:

> Und da! Im brüllenden Toben des Kampfes, erst zaghaft und verloren, dann machtvoll schwellend zu stolzem Opfersang: »Deutschland, Deutschland über alles, über alles in der Welt!« und wie bei Langemarck trug der Schwung des deutschen Liedes die jungen Truppen vorwärts im peitschenden Geschoßhagel gegen Maschinengewehre und Bajonette.

Hier also begnügte man sich nicht mit dem »Deutschland, Deutschland über alles« von Langemarck, die braven 202er wollen es auch gesungen haben, am 10. November 1914 bei Dixmuiden. Von da ist es dann nicht mehr weit bis zu der imposanten Darstellung, daß die gesamte deutsche Front von der Schweizer Grenze bis zum Meer zu ein und derselben Stunde das Lied gesungen habe, gleichsam in einem riesigen Chor aller deutschen Soldaten, nicht gerade beim Sturm, sondern bei anderer Gelegenheit, etwa zu Weihnachten, wie es in dem Büchlein »Wir fochten in Flandern« von Ulf Uweson (München ohne Jahr) geschildert wird:

> »Weihnachtsabend!« sagte irgendwer. Und etliche Herzschläge später hatten wir wohl alle zugleich das

Lied angestimmt, unser Lied, unser deutsches Lied. »Deutschland, Deutschland über alles!« brauste es die Feuerlinie entlang. Deutsche Frontsoldaten feierten ihr Julfest.

Zwischen zwei Strophen des Liedes wurde durchgerufen, daß sie alle sängen, alle hinunter bis zur Schweizer Grenze und alle vom Meeresstrand her. Gleich mächtigem Donner vernahm man in unserer plötzlichen Stille — denn ein jeder sollte es hören — den wuchtigen Sang von der Ferne her. In Haltung standen die Jäger im Schützengraben. Ein Herz untereinander, ein jubelndes Bekennen zueinander, und ein einiges, gerechtes Stolzbewußtsein, das sich gleich einem unsichtbaren Schutzring um die Brust legte.

Ort und Zeit des Liedes werden nach Belieben verlegt, jeder wollte dabeigewesen sein, wenn nicht bei Langemarck, dann eben woanders. Man stellte sich auf eine Stufe mit den Sängern von Langemarck, indem man versicherte, daß es »wie bei Langemarck« gewesen sei. Auf diese Weise wurde der Ort ständig herausgestellt, emporgehoben, verherrlicht. Kaum jemand kam offenbar auf den Gedanken, daß man angefangen hatte, nunmehr ein nationales Symbol aufzurichten, das einer Katastrophe entstammte und mithelfen sollte, den Weg zu einer neuen Katastrophe zu tarnen.

Im Gegenteil. Bereits im Herbst 1919 trafen sich Überlebende des XXII. Reserve-Korps in der Kaiser-Wilhelm-Gedächtnis-Kirche zu Berlin zu einer Langemarck- und Dixmuiden-Feier. Obwohl es sich in erster Linie um eine Wiedersehensfeier der Frontkameraden von einst handelte, war doch ein richtungsweisender Anfang gemacht. Zwei Jahre später versammelten sich die Vertreter verschiedener Jugendverbände und der Berliner Studentenschaft zu einer Langemarck-Kundgebung, diesmal in der Garnisonkriche zu Potsdam. Ein »Langemarck-Ausschuß Hochschule und Heer« wurde gegründet und sollte hinfort für die einheitliche Ausrichtung der Feiern sorgen. Im Sommer 1924 fand aus Anlaß des 10. Jahrestages der Schlacht eine Gedenkfeier auf der Wasserkuppe in der Rhön statt, und im Jahre 1929 konnte dann der »Langemarck-Ausschuß Hochschule und Heer« seine große Bewährungsprobe ablegen, indem er zu einer Langemarck-Veranstaltung in den Berliner Sportpalast einlud; es kamen 15 000 Menschen. Während der Veranstaltungen wie auch sonst im Lande wurden eifrig Spenden gesammelt, die in erster Linie zur Instandsetzung des deutschen Soldatenfriedhofes Langemarck dienen sollten, den Studentenführer bei einer Fahrt zu den belgischen und nordfranzösischen Schlachtfeldern in einem verheerenden Zustand gefunden hatten.

Keine Frage, daß die Machthaber und Funktionäre von 1933 diese Tendenzen begierig aufnahmen und nachdrücklich unterstützten. Nachdem man angefangen hatte, dem Volk einzureden, daß der Krieg von 1914 – 1918 militärisch im Grunde genommen gar kein verlorener Krieg sei, fehlten die glorreichen Siege. Zwar hatte man Tannenberg und die Masurischen Seen, aber das zählte nicht so recht, es ging um die Westfront, um einen Triumph über Franzosen und Engländer. Da bot sich Langemarck an, für das die Verbände schon eifrig geworben hatten. Langemarck — das war wie ein Sieg. Wenn man die miserable Ausbildung verschwieg, wenn man die unzulängliche Ausrüstung und die fatalen Fehler der Führung überging, wenn man den Anteil der älteren Jahrgänge gar nicht erst erwähnte (hinfort ist nur noch die Rede von Studenten, Schülern, Jungarbeitern, jungen Kaufleuten, sogar von Knaben und Kindern), dann hatte man das Bild, das man brauchte, um das Volk, vor allem die Jugend, gehörig auf den nationalen Kurs mit allen uns bekannten Folgen einzustimmen.

Dominierend in der Pflege des Langemarck-Mythos wurde jetzt die Hitler-Jugend. Reichsjugendführer Baldur von Schirach übernahm am Langemarcktag 1934 die Langemarckspende der Deutschen Studentenschaft und führte sie hinfort als Langemarckspende der deutschen Jugend weiter, »um sie«, wie er selber verkündete, »aus den Bezirken des studentischen Lebens herauszuheben und zu einer Angelegenheit der ganzen deutschen Jugend zu machen«. Schließlich wurde der »Langemarck-Ausschuß beim Jugendführer des Deutschen Reiches« ins Leben gerufen, und damit war wirklich alles, was mit

Langemarck zusammenhing, die Feiern, die Pflege der Erinnerung, die Geldspenden in die Obhut der Hitler-Jugend übergegangen. Ihr Führer, Baldur von Schirach, trug dem Ereignis in einer Rede Rechnung, die an Einfältigkeit und nationalem Schwulst nicht zu übertreffen war. Am Langemarcktag 1934 sagte er u. a.:

> Ein ewiger Bestandteil des Geschwätzes der Besserwisser ist die Legende von der Sinnlosigkeit des Opfers von Langemarck. Der Sinn jener sakralen Handlung, die das Sterben der Blüte der Jugend im Sturm auf die Langemarckhöhen bedeutet, ist nicht dem faßbar, der mit dem Rechenstift den Wert einer militärischen Operation nach Erfolg und Einsatz verbucht und darauf dem Feldherrn, nach Art eines Schulmeisters, Zensuren erteilt. Schaut auf die Millionen der Jugend: Dies ist die Sinngebung von Langemarck.

Abgesehen von dem rhetorischen Unsinn, der hier geboten wird, läßt die Rede alles aus, was die patriotischen Phrasen stören könnte. Kein Wort über die jämmerliche Ausbildung und die unzureichende Ausrüstung; kein Hinweis auf den teilweise schlechten Gesundheitszustand der Regimenter (»Infolge des naßkalten Wetters hatten viele Mannschaften an ruhrartigen Anfällen zu leiden« — wobei das naßkalte Wetter nur die Hälfte der Wahrheit darstellt, denn die ruhrartigen Anfälle rührten auch von den Steckrüben her, die die Soldaten anstelle der ausbleibenden Verpflegung gegessen hatten); vergessen war die miserable Lage der Gruppen, Züge und Kompanien, als sie hilflos und verzweifelt ohne Schußfeld und ohne Sicht in den Rübenfeldern herumgekrochen waren; vergessen auch der hanebüchene Befehl vom 21. Oktober, der die Bataillone auf 1 200 Meter zum Sturm hatte antreten lassen — es wurde einfach alles verschwiegen, was nicht gefiel. Noch einmal sei gesagt: auf diese Weise wurde ein Ereignis zum nationalen Triumph hochgespielt, das in Wirklichkeit eine Katastrophe war.

Der Ausbruch des Zweiten Weltkrieges schien jeden Gedanken an Langemarck auszulöschen. Die ihn am eifrigsten entfacht hatten, verschwanden im Räderwerk des Krieges: Die älteren Führer der Hitler-Jugend wurden eingezogen oder — das waren sie ihrer Stellung und ihrem Ruf schuldig — meldeten sich freiwillig, während die Masse der Mitglieder zu Hilfsarbeiten jedweder Art herangezogen wurde, zum Zusammentragen von Skiern und Winterkleidung für die Soldaten in Rußland, zum Sammeln von Altmaterial, als Boten für Ämter und Parteidienststellen, zu Erntearbeiten und Fabrikarbeiten, ja selbst zur Bewachung von militärisch wichtigen Objekten und schließlich zum Militärdienst, als sogenannte Flakhelfer. Aber auch eine Hitler-Jugend-Division wurde aufgestellt (1943) und alsbald in 12. SS-Panzerdivision Hitler-Jugend umbenannt. Die Division kämpfte mit äußerster Tapferkeit an der Invasionsfront und erlitt schreckliche Verluste.

Dies alles waren keine günstigen Voraussetzungen, um Langemarck in großen und kleinen Kundgebungen zu beleben. Und dennoch war die Erinnerung geblieben, auch in diesem Kriege und über den Krieg hinaus. Der Mythos lebte weiter.

In ihrer Ausgabe vom 1. Mai 1977 wies die Zeitung »Bild am Sonntag« unter der Überschrift »Vier Louisdor für Deutschland, Deutschland über alles« auf ein Jubiläum besonderer Art hin: Am 2. Mai 1952, also vor 25 Jahren, hatte Bundespräsident Heuss das Deutschlandlied zur Nationalhymne der Bundesrepublik erklärt (bei offiziellen Anlässen sollte aber nur die dritte Strophe gesungen werden). Das Jubiläum diente der Zeitung als Anlaß, eine Geschichte des Liedes zu bringen, von seiner Entstehung im Jahre 1841 durch Hoffmann von Fallersleben, vom Verlegerhonorar in Höhe von vier Louisdors, das der Dichter erhalten hatte, bis zur Einführung des Liedes als Nationalhymne im Jahre 1922 durch Reichspräsident Friedrich Ebert (im Kaiserreich war das Lied nie Nationalhymne gewesen). Und auch von Langemarck ist die Rede. Nach dem Zitat des berühmten Heeresberichtes vom 11. November 1914 heißt es:

Diese Meldung hat die Gemüter bis heute nicht zur Ruhe kommen lassen. Von der Bewertung »reine Propagandameldung« über die Behauptung, die Soldaten hätten nur gesungen, damit sie im Nebel nicht den Anschluß untereinander verloren, bis zum Standpunkt »erwiesene Tatsache« reichen die Ansichten. Wenn man den Augenzeugen schon keinen Glauben schenken will, so läßt doch die allgemeine Kriegsbegeisterung des Jahres 1914 ein solches Verhalten bei einem jungen Regiment sehr glaubhaft erscheinen. 1939, als von großer Kriegsbegeisterung nicht die Rede sein konnte, hörte ich jedenfalls mit eigenen Ohren eine Schützenkompanie der 10. Panzerdivision beim Sturm auf die Zitadelle von Brest-Litowsk das Deutschlandlied singen. Ich sah auch die etwa 20 Soldaten dieser Kompanie, die aus dem Gefecht noch zurückkamen . . .

Hier soll dem Reporter nicht widersprochen werden, der den Vorteil des Augenzeugen für sich in Anspruch nimmt (»Ich sah auch die 20 Soldaten dieser Kompanie, die aus dem Gefecht zurückkamen«). Aber wenn er die Zahl der Zurückgekehrten nennt, hätte er auch die Zahl der Angreifer nicht verschweigen dürfen. Wie stark war die Kompanie bei Beginn des Angriffs? 150, 120 oder gar nur 100 Mann? Selbst wenn man die geringste Zahl voraussetzt, wären 80 Prozent Tote und Verwundete nicht zurückgekehrt. Wie und wann soll da das Lied gesungen worden sein?

Überzeugender, weil ausführlicher und kritischer wirkt ein Gefechtsbericht der 134. Infanterie-Division aus dem Zweiten Weltkrieg[39]. Eine Kampfgruppe in Stärke von 750 Mann war bei Nowy Dwor von überlegenen russischen Kräften von der Division abgedrängt und eingeschlossen worden. In welcher Richtung die Späh- und Stoßtrupps auch vorfühlten, sie stießen überall auf den Gegner. Wiederholt kam es zu Gefechtsberührungen mit dem nachdrängenden Feind. »Die Kampfgruppe«, so heißt es in der Geschichte der Division »stand inmitten des Gegners«. Der körperliche Zustand der Männer war schlecht. Sie hatten seit Tagen kaum gegessen und überhaupt nicht geschlafen. Die allgemeine Stimmung war so, daß die meisten sich willenlos führen ließen und an kein Durchkommen glaubten, während nur wenige ruhig und überlegt zu handeln imstande waren. Wegen der zunehmenden Erschöpfung der Truppe mußte öfter gerastet werden, wobei es fast jedesmal zu Gefechtsberührungen mit feindlichen Spähtrupps kam. Aber noch am Abend gelang ein erster Durchbruch. Dazu der Bericht:

> Dicht massiert durchbrachen wir eine russische völlig überraschte Batteriestellung . . . Durch weiße Leuchtkugeln, Zurufe und durch den Versuch, das Deutschlandlied anzustimmen, hofften wir, uns eigenen Kräften kenntlich zu machen. Nach einer kleinen Verschnaufpause wurde der Marsch durch die Sümpfe angetreten.

Endlich, in der Frühe des nächsten Tages, konnte die Verbindung zu den Nachbareinheiten hergestellt werden. Die Divisionsgeschichte sieht es so:

> 750 Mann des II. und III./IR. 439 hatten dank der Energie und des Durchhaltens einiger weniger Führer, Unterführer und Soldaten Anschluß an die Truppe gefunden . . . Empörung und Spott erntete ein späterer PK-Bericht, der die tatsächlichen Leistungen der Truppe verkitschte und bis zur Albernheit überzeichnete. »Gläubig wie ein Choral erklang das Deutschlandlied beim Durchbruch« schrieb der nicht dabeigewesene Berichterstatter.

Dieser Bericht zeigt ein Musterbeispiel für die journalistische Aufbereitung eines nüchternen Kriegserlebnisses zur pompösen Reportage. Mittels kräftiger Phrasen werden die wirklichen Vorgänge verfälscht bzw. »bis zur Albernheit überzeichnet«. Anscheinend wollte irgendein Mitglied der Kampfgruppe, Offizier, Unteroffizier oder einfacher Soldat, es den Männern von Langemarck gleichtun und hat darum seine Kameraden zum Singen aufgefordert, »um sich eigenen Kräften kenntlich zu machen«. Aber es ist beim Versuch geblieben. Wohl kaum einer hatte die Kraft und auch nicht den Mut, seine Stimme zu erheben. Es ist ja auch schwer vorstellbar, wie die getragene langsame, fast schwere Melodie des Deutschlandliedes von einer wild vorwärtsstürmenden Truppe hätte gesungen werden können. Im Herbst 1914 war es dem Reserve-Infanterie-Regiment 214 bei Langemarck ähnlich ergangen. In der Regimentsgeschichte wird erzählt, daß die Soldaten des Regiments das Deutschlandlied nicht hatten singen können, weil ihnen in den Rübenfeldern, den Wassergräben und Hecken Flanderns »die Puste ausging«.

Gelegentlich gibt es also ein Aufbäumen gegen die unzutreffende Darstellung, aber Schwulst und falsches Pathos leben anscheinend ewig und finden auch immer wieder verzückte und gläubige Zuhörer. Längst gibt es keine »Langemarck-Ausschüsse« mehr, aber immer noch zeigt sich das Bestreben, die Ereignisse von damals zu verfälschen und zu verklären. Das geschieht zuweilen selbst dann, wenn man an den schrecklichen Verlusten nicht vorbeigehen und die verhängnisvollen Fehler der Führung nicht verschweigen kann. Es ist, als würde der Versuch, die Dinge kritisch darzustellen, augenblicklich erdrückt von der Macht jenes allgewaltigen Heeresberichtes, der sich durch die Jahrzehnte erhalten hat. In dem Aufsatz »Geschichtliche Entwicklung der Gießener Korporationen« (enthalten in dem Band »Kleine Geschichte der Gießener Korporationen« von Jürgen Setter, Sande Kr. Friesland, 1938) heißt es:

> Mit Ausbruch des Ersten Weltkrieges mußten fast alle Gießener Verbindungen das Aktivleben einstellen, da es ihm Rahmen der allgemeinen nationalen Begeisterung natürlich für jeden Aktiven und Inaktiven Ehrensache war, sich als Kriegsfreiwilliger zur Verfügung zu stellen. Als Symbol und Höhepunkt dieser Zeit steht der Name Langemarck, wo am 10. November 1914 deutsche Freiwilligenregimenter über deckungsloses Gelände feindliche Stellungen unter fürchterlichen Verlusten erstürmten. Die unerfahrenen Soldaten, zum großen Teil das Burschenband auf der Brust unter der Uniform, hatten sich unter dem Gesang des Deutschlandliedes in einen nationalen Rauschzustand versetzt, der sie zu diesem militärisch äußerst zweifelhaften Unternehmen befähigte.

Niemand wird daran zweifeln, daß »es natürlich für jeden Aktiven und Inaktiven Ehrensache war, sich als Kriegsfreiwilliger zur Verfügung zu stellen;« auch wird man dem Verfasser abnehmen, daß die Studenten »zum großen Teil das Burschenband auf der Brust unter der Uniform« trugen, aber wo sind alle die anderen geblieben, die kein Burschenband trugen, die Handwerker, die Bauern, die Kaufleute, die älteren Jahrgänge, die Wehrmänner, die Familienväter?

Im Bericht über die Omnibusfahrt einer Gruppe von Veteranen des Ersten Weltkrieges nach Flandern im Juni 1974 wird erzählt:

> Als wir auf Langemarck zurollten, kam über Bordmikrofon die Mitteilung . . . daß hier beiderseits der Straße im Oktober 1914 die Blüte der deutschen Jugend, die sich von den Universitäten weg kriegsfreiwillig zu Hunderttausenden zu den Fahnen gemeldet hatte, den berühmten Sturmangriff auf Langemarck gemacht hat, wobei sie gesungen hat »Deutschland, Deutschland über alles!«

Hier lernen wir noch eine besondere Abart der unzutreffenden Berichte kennen, nämlich die Übertreibung. Es waren weder Hunderttausende, die sich »von den Universitäten weg« kriegsfreiwillig zur Fahne gemeldet hatten, obschon nachher zuviele junge Männer, auch Studenten, gedankenlos geopfert wurden, noch wurde im Oktober 1914 bei Langemarck das Deutschlandlied gesungen.

Die wenigen Sätze des Heeresberichtes vom 11. November 1914 haben über Jahrzehnte eine eigentümliche Gewalt ausgeübt und einen Strom von falschen, irrigen, verzerrten und übertriebenen Darstellungen entstehen lassen, so daß der Eindruck erweckt wurde, dort bei Langemarck sei allein von der Jugend oder sogar nur von den Studenten ein Heldenstück ersten Ranges vollbracht und ein bedeutender Sieg errungen worden. Manchmal werden auch die späteren Kriegsereignisse, vor allem die schweren Flandernschlachten von 1916 und 1917 in die Berichte einbezogen; dann scheint es, als seien die jungen Soldaten Jahr für Jahr von Sieg zu Sieg geeilt.

Aber die Kämpfe bei Langemarck, Dixmuiden und Beselare im Herbst 1914 waren eine Wende. Was danach kam, war überall gleich, an der Aisne, an der Somme, in der Champagne, am Hartmannsweilerkopf: das jämmerliche Dasein in Gräben, Sappen und Unterständen, die Welt der Minen und Drahtverhaue, das dumpfe und verzweifelte Ausharren im tagelangen Trommelfeuer, die verbissenen Frontalangriffe — ein ungeheures Gemetzel mit immer raffinierteren Waffen.

Die Welt atmete auf, als es vorbei war, und die Völker begannen, ihre Toten zu zählen. Aber alsbald wurde die Erinnerung an das Langemarck von 1914 wach, und es war manchmal, als sei all das andere nicht gewesen.

Anmerkungen

[1] Dixmude ist die französische Schreibweise, die hier von der Obersten Heeresleitung benutzt wird. Die Flamen nennen die Stadt Diksmuide, die Deutschen schreiben meistens Dixmuiden. Für die belgischen Orte, vor allem die größeren, gibt es oft zwei Namen, einen niederländisch-flämischen und einen französischen. Manchmal kommt, wie bei Dixmuiden, ein deutscher hinzu. So hat z. B. die Stadt Ypern (deutsch) eine flämische (Ieper) und eine französische (Ypres) Bezeichnung.
Da die von Freund und Feind benutzten Karten meistens französische Eindrucke hatten, hielt man sich hüben wie drüben an die französische Schreibweise. Die Deutschen machten im allgemeinen dann eine Ausnahme, wenn es für den Ort auch einen deutschen Namen gab, z. B. Lüttich (deutsch), Luik (flämisch), Liège (französisch). Wir haben uns in diesem Buche für die flämische Schreibweise entschieden, vorausgesetzt, daß es keine deutsche gibt.
Manchmal haben deutsche Autoren flämische Ortsnamen phantasievoll verändert — ohne ersichtlichen Grund. So wird das bei Dixmuiden gelegene Dorf Esen in deutschen Berichten zu Eessen, aus Beselare macht man Becelare. Langemarck heißt eigentlich Langemark, das c scheint eingefügt worden zu sein, weil der Name dann neben verschiedenen deutschen »marcks« (Bismarck, Königsmarck) sozusagen gleichberechtigt bestehen kann. Allerdings schreiben auch die Engländer gern Langemarck, obwohl der Ort selbst (z. B. auf den an den Ortseingängen aufgestellten Namensschildern) ohne c auskommt.
Da wir uns, wie angegeben, an die flämischen Namen halten, kann es vorkommen, daß (wenn andere Autoren zitiert werden) in einem Bericht über ein und dieselbe Stadt zwei Schreibweisen erscheinen: unsere eigene und — im zitierten Text — die andere.

[2] Auszugsweise zitiert nach der Abendausgabe der Frankfurter Zeitung Nr. 313 vom 11. November 1914, die auf der ersten Seite unter der Überschrift »Vorwärts im Westen« den Heeresbericht brachte.

[3] Seit 1893 dauerte in Deutschland der aktive Militärdienst, zu dem man mit dem 20. oder 21. Lebensjahr eingezogen wurde, zwei Jahre für die Infanterie und fahrende Artillerie, drei Jahre für die übrigen Waffengattungen. Auf die aktive Zeit folgte für die Dauer von vier Jahren ein Reserveverhältnis mit jährlich wiederkehrenden Übungen. Danach trat der Wehrpflichtige für fünf Jahre zur Landwehr über. Schließlich gab es noch die Landwehr zweiten Aufgebotes, der man bis zum 39. Lebensjahr angehörte.

[4] Die Kriegsbegeisterung blieb nicht auf Deutschland beschränkt. Golo Mann schreibt in seiner »Deutschen Geschichte des XX. Jahrhunderts« (Frankfurt

a. M. 1958): »Jubel herrschte in Europa in den ersten Augusttagen des Jahres 1914, Jubel, Kriegswut und Kriegsfreude. Nicht überall in gleichem Maße; in Frankreich wohl etwas weniger als in Deutschland, dort etwas stärker als in England. Aber in England auch. Selbst durch die Straßen von London wälzten sich lustig die Volksmassen und schrien nach Krieg, indes das Kabinett noch letzte schwache Friedensgesten machte. Die Völker Europas waren jahrelang von Politikern und Journalisten gegeneinander aufgehetzt und betrogen worden. Daß sie aber jetzt mit ihren Herzen am Frieden hingen, kann man nicht sagen. Der Krieg würde kurz sein und schön; ein erregendes, befreiendes Abenteuer. Und Gott würde auf allen Seiten sein: und alle würden siegen.«

5   Noch in unseren Tagen (am 19. Oktober 1975) wird von der Erinnerungs-feier eines Jägerbataillons berichtet, daß man des Kommandeurs gedacht habe, der bei Langemarck »allen voran im hellen Mantel und mit gezogenem Degen« gestürmt sei. Allerdings wird auch nicht verschwiegen, daß den Tollkühnen »nach kurzer Zeit die tödliche Kugel traf«.

6   Über die Besonderheiten der deutschen Heeresorganisation schreibt Imanu-el Geiss in seinem Buch »Das Deutsche Reich und der I. Weltkrieg« (München und Wien 1978): »Formal gab es keinen ›deutschen‹ Generalstab: Wie in manchen anderen Sektoren der eigenartigen Struktur des Deutschen Kaiserreichs übernahm Preußen auch hier gleichsam stellvertretend natio-nale Funktionen. Zwar gab es neben dem Preußischen Kriegsministerium entsprechende Ministerien auch in den größeren Bundesländern (Bayern, Württemberg, Sachsen), aber nur Bayern hatte der Form nach einen eigenen Generalstab, der freilich bei Kriegsbeginn sofort dem Preußischen unter-stellt wurde.« Und weiter: »Im Kriegsfall bildete der Generalstab die Oberste Heeresleitung, der alle deutschen Truppenkontingente unterstan-den.«

7   In Preußen und Deutschland wurden die Armeekorps mit römischen Ziffern numeriert (XXII., XXIII., Korps usw.). Wir haben diese Art der Numerie-rung beibehalten.

8   Zitiert nach Jehuda L. Wallach, Das Dogma der Vernichtungsschlacht. Frankfurt a. M. 1967.

9   Dies war der ältere Bruder Eugen des preußischen Kriegsministers, Gene-ralleutnant Erich von Falkenhayn, der im September 1914 als Nachfolger von Generaloberst v. Moltke Chef des Generalstabs des Heeres wurde.

10   Der englische General J. F. C. Fuller schreibt in seinem Buche »Die entartete Kunst Krieg zu führen« (Köln 1964) über den amerikanischen Sezessions-krieg (1861 – 1865): »Im Verlauf des Krieges gewann der Spaten zunehmend an Bedeutung, bis sich die Gefechte zwischen Grant und Lee in der Wilderneß von Virginia nur noch als Grabenkämpfe abspielten. Als sich Grant Petersburg und Richmond näherte, gruben sich beide Seiten derart ein, daß die darauffolgende Belagerung fast zehn Monate dauerte. Selbst bei Shermanns gleichzeitigem Vormarsch auf Atlanta hing die Beweglichkeit seiner Truppen nicht allein von seiner Manövrierkunst ab, sondern ebenso

von seiner Fähigkeit, die Truppen immer wieder schanzen zu lassen.« Und an anderer Stelle:»Die Anwendung von Gewehr und Spaten bewirkte, daß die Verteidigung der bestimmende Teil des Krieges wurde.« Diese Tatsache stellt auch Lyman (ein Oberst in der Armee der Nordstaaten) fest:»Gebt dem Soldaten ein gutes Deckungsloch und laßt hinter ihm auf einem Hügel eine Batterie auffahren, und er wird, selbst wenn er kein guter Soldat sein sollte, das Dreifache an Feinden abwehren.« Sollte man nicht annehmen, daß auch die deutschen Offiziere, gleichviel, ob aktiv oder inaktiv, sich zu ihrer Zeit mit dieser Entwicklung beschäftigt hätten?

[11] Dies war nicht die einzige schwerwiegende Fehleinschätzung, die ihm unterlief. Knapp anderthalb Jahre nach dem Fiasko in Flandern begann auf sein Betreiben die Schlacht um Verdun, in der er die französische Armee wollte »ausbluten« lassen. Das Ergebnis war das gleiche: kein Gewinn, kein Durchbruch, kein Sieg, aber schreckliche Verluste. Um den Kaiser für das Verdun-Unternehmen zu gewinnen, hatte er ihm u. a. geschrieben:»Frankreich ist militärisch und wirtschaftlich — dies durch die dauernde Entziehung der Kohlenfelder im Nordosten des Landes — nahe an die Grenze des Erträglichen geschwächt.« Das Verhalten der Franzosen bei Verdun strafte ihn auch hier Lügen.

[12] Zitiert nach Werner Hahlweg, Klassiker der Kriegskunst. Darmstadt 1960.

[13] Rudolf G. Binding, Gesammeltes Werk. Band II. Hamburg. Ohne Jahr. Diesem Band sind alle hier angeführten Binding-Zitate entnommen.

[14] Auffallend ist, daß die deutschen Soldaten fast immer, wenn es ihnen gelang, in einen feindlichen Befehlsstand oder auch nur ein Grabenstück einzubrechen, von reicher Lebensmittel-Beute berichten: Weißbrot, Butter, Schinken, Marmelade und Konserven aller Art. Die Vermutung liegt nahe, daß es mit dem Verpflegungsnachschub bei den Alliierten wesentlich besser geklappt hat als bei den Deutschen.

[15] Allerdings muß man darauf hinweisen, daß die Bedeutung des Spatens und die Notwendigkeit, in lichten Schützenketten anzugreifen, auch bei den aktiven Truppen zunächst noch nicht hinreichend anerkannt worden war. In dem Buche »Kaisers Zeiten — Bilder einer Epoche«, herausgegeben von Rolf Hochhuth und Hans-Heinrich Koch, München und Berlin, 1973 findet sich ein Auszug aus einem Essay von Winston Churchill, der 1906 und 1909 als Gast des Kaisers an deutschen Manövern teilnahm:
So imposant die Manöver in ihrem großen Maßstab waren, das unterrichtete Auge konnte dennoch viele Schwächen an dem Mechanismus entdecken. Gleich anderen in der kleinen Schar britischer Offiziere, die in verschiedenen Funktionen den Operationen zusahen, hatte ich im südafrikanischen Krieg einen sehr ausgeprägten, modernen Sinn dafür erworben, was Gewehrkugeln ausrichten können. Über die Wirkung des Feuers einer großen Anzahl von Geschützen konnten wir uns nur mit unserer Phantasie eine Vorstellung machen. Was jedoch die Wirkungsmöglichkeiten des Repetiergewehrs betraf, waren wir sicher, über eine praktische Erfahrung zu verfügen, die den Führern dieser einherstampfenden Truppen fehlte. Wir beobachteten

staunend die Bewegungen geschlossener Kolonnen über kahle Hänge, nur wenige hundert Meter von Wäldern entfernt, an deren Rändern eingegrabene Schützen ein unaufhörliches Feuer mit blinden Patronen unterhielten. Als der Höhepunkt der Manöver heranrückte, kamen die einander bekämpfenden Infanteriemassen einander sehr nahe. Bald sahen wir sie in geschlossenen Formationen, deren vordere Glieder wild feuerten, mit aufgesteckten Bajonetten, keine fünfzig Meter voneinander entfernt, auf dem Boden liegen. Noch erstaunlicher — als der Befehl zum Sturm gegeben war, erhoben sich diese gelassenen Schlachtformationen, marschierten, noch immer mit aufgesteckten Bajonetten, durcheinander hindurch und legten sich nach vollführter Bewegung gehorsam Fuß an Fuß wieder auf den Boden. Was immer das bedeuten mochte, mit der Wirklichkeit hatte es überhaupt nichts zu tun.

[16] Zitiert nach Philipp Witkop (Herausgeber), Kriegsbriefe gefallener Studenten. München 1928.

[17] Es gibt einen Bericht über die höheren Schulen des Großherzogtums Baden für das Schuljahr 1914/15 (J. Haußner, Der Weltkrieg und die höheren Schulen Badens im Schuljahr 1914/15, Beilage zu den Jahresberichten der höheren Schulen Badens. Ohne Verlagsangabe. Erschienen 1915 in Karlsruhe), der aber auch nur wenige Hinweise auf Schüler enthält, die sich zu Kriegsbeginn freiwillig an die Front gemeldet hätten. Man beschränkt sich auf allgemein gehaltene Bemerkungen, die durchsetzt sind von Schilderungen über Ausnahmefälle wie den folgenden: »Schon gleich nach den ersten Mobilmachungstagen meldeten sich in Deutschland über zwei Millionen Kriegsfreiwillige zu den Fahnen, so daß die Regimenter erst gar nicht alle fassen konnten ... Fast alles, was über 17 Jahre alt war, suchte anzukommen und war unglücklich, wenn eine Abweisung erfolgte. Ein hochgeschossener, prächtiger Junge von 15½ Jahren, der eben sein Examen für den einjährig-freiwilligen Dienst ablegte und dazu schon in der Uniform erschienen war, meinte auf die verwunderte Frage, ob er denn wirklich bei seiner großen Jugend vom Regiment eingestellt worden sei, in fast beleidigtem Stolze: Er sei kräftig genug und wolle daher mit seinem um 1 Jahr älteren Bruder auch hinausziehen! — Der Bericht läßt zumindest für Baden den Schluß nicht zu, daß die höheren Schüler in Scharen zu den Fahnen geeilt seien. Wo es geschehen ist, dürfte man sie im allgemeinen wegen ihrer Jugend abgewiesen haben. Dafür wird erwähnt, daß die Schüler der höheren Lehranstalten sich zu den verschiedenartigsten — nicht soldatischen — Diensten zur Verfügung stellten wie z. B. als Hilfskräfte bei Post, Bahn und Straßenbahn, als Aushilfen in Lazaretten, Apotheken und Verwaltungsstellen und bei der Landwirtschaft. — Schließlich wird noch eine »Jugendwehr« erwähnt, die sich vor allem aus Schülern der Oberklassen rekrutierte, eine pseudomilitärische Kindertruppe, die zwar eifrig Kriegsspiele betrieb, aber nie zu einem Fronteinsatz kam.

[18] Zitiert nach Heinrich Ruprecht zum Gedächtnis. Göttingen 1915. — Ruprecht war Student in Göttingen und als Freiwilliger in das Reserve-Infanterie-Regiment 234 eingetreten. Seine Äußerung zeigt, daß es im

202

Taumel der allgemeinen Begeisterung auch nachdenkende und nachdenkliche Soldaten gab, die das Schreckliche, das ihnen bevorstand, zu ahnen begannen. Dazu eine Bemerkung aus der Geschichte des Reserve-Jäger-Bataillons Nr. 16 (aufgestellt in Groß-Lichterfelde bei Berlin): »Es ging nicht auf einen Truppenübungsplatz an der Grenze zur weiteren Ausbildung, es ging nicht zur Besetzung des vor kurzem genommenen Antwerpen, nein, es ging in den Krieg. In den blutigen Krieg wurde die junge, noch kümmerlich ausgebildete Truppe geführt.«

[19] Die Marschordnung der zum XXVII. Korps gehörenden 54. Reserve-Division (Kommandeur: Generalleutnant v. Reinhardt), wie sie am 19. Oktober 1914 beim Vormarsch der Division in der Nähe von Kortrijk in Flandern befohlen war, zeigt in ihrer Vielfalt etwas von den Problemen, die bei der Führung eines größeren Verbandes zu lösen waren:

A.) *Vorhut* Oberst v. Roschmann
  1.) Reserve-Infanterie-Regiment 246
  2.) Reserve-Kavallerie-Abteilung ohne ½ Zug
  3.) II. Abteilung Reserve-Feldartillerie-Regiment 54
     mit leichter Munitionskolonne
  4.) 1. Kompanie Reserve-Pionier-Bataillon 18

           1500 m Abstand

B.) *Gros* Generalleutnant v. Reinhardt
  5.) ½ Zug Reserve-Kavallerie-Abteilung
  6.) 2. Kompanie Landwehr-Pioniere 64
  7.) Reserve-Infanterie-Regiment 245 ohne 1
  8.) I. Abteilung Reserve-Feldartillerie-Regiment 54
  9.) 2. Kompanie Reserve-Infanterie-Regiment 248
10.) III. Abteilung Reserve-Feldartillerie-Regiment 54
11.) Reserve-Infanterie-Regiment 248 ohne 2. Kompanie
12.) ¼ I. Fußartillerie-Regiment 3
13.) ½ I. Fußartillerie-Regiment 9
14.) Reserve-Infanterie-Regiment 247
15.) Leichte Munitionskolonne I. Reserve-Artillerie-Rgt. 54
16.) Leichte Munitionskolonne III. Reserve-Artillerie-Rgt. 54
17.) Reserve-Sanitätskompanie 54

              Nach Klotz, Das württembergische
              Reserve-Feldartillerie-Regiment 54
              Stuttgart 1929

[20] Das Wort, abgeleitet vom französischen franc = frei und tireur = Schütze, also Freischütze, hat mit den Vorgängen der romantischen Oper von K. M. Weber nichts zu tun (weshalb wir im Deutschen lieber Freischärler als Freischütze sagen); vielmehr handelt es sich, wie der »Große Brockhaus« (Brockhaus Enzyklopädie, 17. Auflage des Großen Brockhaus, Wiesbaden 1966 – 1984) erklärt, um Landeseinwohner, die in Kriegszeiten (Frankreich 1870, Belgien 1914) entgegen den völkerrechtlichen Bestimmungen mit der Waffe den Kleinkrieg hinter der militärischen Front führen. Anders der

»Petit Larousse«, das französische Wörterbuch, Ausgabe 1961, das den Franktireur (franctireur) so beschreibt: »Soldat qui ne fait pas partie de l'armée regulière« — also ein Soldat, der nicht im Verband einer regulären Armee kämpft, aber eben doch ein Soldat. Das ist etwas ganz anderes als die deutsche Auffassung vom Landeseinwohner, der entgegen den völkerrechtlichen Bestimmungen den Kleinkrieg hinter der Front führt.

[21] Der französische Schriftsteller Emile Zola, gewiß kein Freund der Deutschen und der Preußen, stellt den Franktireuren kein gutes Zeugnis aus. Er schreibt: »Sie sollten den Feind aus dem Hinterhalt bekriegen, ihm hinter den Hecken auflauern, ihn hetzen, seine Wachposten töten und die Wälder besetzen, so daß kein Preuße mehr lebend herauskäme. Und in Wahrheit waren sie daran, der Schrecken der Bauern zu werden, die sie schlecht verteidigten und deren Felder sie verwüsteten. Aus Abscheu gegen den regelmäßigen Soldatendienst traten alle Ausgestoßenen in diese Compagnien ein, glücklich darüber, der militärischen Zucht zu entgehen, sich in den Büschen herumzuschlagen, gleich lustigen Banditen zu zechen und zu schlafen, wo's der Zufall wollte. Die Mannschaft in einzelnen Compagnien war geradezu schmachvoll.« Zitiert nach Emile Zola, Der Krieg von 1870—71 (Der Zusammenbruch). Illustrierte Ausgabe. Stuttgart und Leipzig. Ohne Jahr.

[22] Der Löwener Zwischenfall hat immer wieder die Gemüter bewegt und zu Publikationen herausgefordert — pro und contra. Zu erwähnen ist in diesem Zusammenhang die Schrift »Der Fall Löwen und was dort wirklich geschah« von Dr. Wilhelm Hahn und Johann Kühn (Plön in Holstein 1963); sie will die Ergebnisse einer Untersuchung »Der Fall Löwen und das Weißbuch« von Dr. Peter Schöller, Köln, Graz 1958 widerlegen, die der belgischen Darstellung das Wort redete. Wenn Schöller sagt: »Heute verbietet sich der Weg der unmittelbaren Tatsachenforschung und Zeugenvernehmung von selbst«, so stellt er seiner eigenen Schrift ein schlechtes Zeugnis aus; er gibt zu, daß es zu gar nichts führt, wenn man über die Löwener Ereignisse noch einmal zu streiten beginnt. — Im übrigen fehlt es nicht an Behauptungen — vor allem auf alliierter Seite — daß es überhaupt keine Überfälle durch Zivilisten gegeben habe. Da erscheint es nützlich, auf eine Eintragung hinzuweisen, die Rudolf G. Binding unter dem 5. März 1916 in sein Tagebuch »Aus dem Kriege« gemacht hat: »In diesen letzten Wochen kam es durch Zufall an den Tag, daß einer meiner Leute, W. mit Namen, der am 18. Oktober 1914 mit einer starken Patrouille auf Moorslede-Langemarck geschickt war, von Eingeborenen nach schwerer Verwundung mißhandelt und totgeschlagen wurde. Die Patrouille bekam Feuer, in dem sofort ein Mann fiel, ein Pferd erschossen und eines verwundet wurde. W. hatte einen Knieschuß vom Pferde. Ein Sergeant von der Patrouille wollte ihn mit auf sein Pferd nehmen, kriegte ihn aber nicht hoch und mußte ihn im feindlichen Feuer liegenlassen. Als die deutsche Patrouille weg war, kamen die belgischen Bauern und Fabrikarbeiter der Umgegend (es war Sonntag) und umstanden den Dragoner, den sie danach mißhandelten und beraubten. Er vermochte sich noch auf den Bauch

zu drehen. Dann erschlug ihn ein in der Gegend bekannter Rohling mit dem Kolben seines eigenen Karabiners, den er ihm abnahm. Dies kam durch Gespräche in der Überwachungsstelle Kortryk (Courtrai), wo immer zweifelhafte Elemente aufgegriffen werden, an den Tag. Ein Bauer hat es von seinem Gehöft aus gesehen, und ein Mädchen hat dabeigestanden, das den Mörder und den Räuber namentlich kannte und auch benannt hat. Man hat die Täter festgenommen; sie werden sicher zum Tode verurteilt.«

23 Dazu ein Beispiel aus der Schrift »Heinrich Ruprecht zum Gedächtnis«: »Von Dickelvenne ging der Marsch über das zwischen Deynze und Thielt gelegene Städtchen Aerseele, wo mehrere Regimenter Quartier nahmen und in der Nacht fortwährend gestört wurden. Die Schuld daran trug ein Offizier, der auf den unbegreiflich unbesonnenen Gedanken gekommen war, gegen Abend seinen Revolver zu probieren.«

24 Im Gegensatz zu den übrigen Waffengattungen trugen die Jäger grüne Uniformen statt der feldgrauen.

25 Dieser Vorgang ist die logische Folge dessen, was das Reserve-Infanterie-Regiment Nr. 205 in seiner Regimentsgeschichte über das Ende der Ausbildungszeit mitteilt:»Nur Schanzen war noch nicht geübt worden, als am 11. Oktober die Abbeförderung ins Feld Wirklichkeit wurde.«

26 Was die Brandschatzung des zwischen Dixmuiden und Woumen gelegenen Schlosses für einen Sinn haben sollte, läßt sich schwer begreifen — es sei denn, man berücksichtigt die Tatsache, daß der Komplex den Verteidigern der Stadt als vorgeschobener Stützpunkt gedient hatte, den man im Zuge des Angriffs glaubte beseitigen zu müssen. Auf der anderen Seite hatte das Schloß, das so oder so erst einmal genommen werden mußte, auch den Angreifern als Stützpunkt dienen können.

27 La campagne de l'armée belge (31. Juli 1914 – 1. Januar 1915) d'après les documents officiels. Paris 1915. — Unsere Wiedergabe folgt der Übersetzung des Textes in der Geschichte des Reserve-Infanterie-Regiments 202.

28 Dixmuiden wurde von belgischen und französischen Einheiten verteidigt. Das französische Kontingent umfaßte neben algerischen und marokkanischen Schützen vor allem Marinefüseliere unter dem Kommando des Admirals Ronarc'h. Der Admiral war zugleich Befehlshaber aller in Dixmuiden eingesetzten alliierten Truppen.

29 Der General v. Carlowitz allerdings warf sehr schnell das Handtuch. Schon am 27. Oktober meldete er sich krank und wurde durch den General v. Schubert abgelöst.

30 Unter dem Feuer eigener Truppen hatten vor allem auch die bayerischen Verbände (Reserve-Infanterie-Regimenter 16, 17, 20 und 21) zu leiden, die im Süden und Südosten der Ypernfront eingesetzt waren. Sie gehörten nicht eigentlich zur 4. Armee, wurden aber zeitweise und teilweise dem XXVII. Korps bzw. der 54. Reserve-Division unterstellt. Die Regimentsgeschichte von 247 bemerkt dazu lakonisch:»Da die Bayern Wachstuchmützen trugen, gaben sie zu Verwechslungen mit den Engländern Anlaß und wurden von

eigenen Leuten beschossen« — Im übrigen ist den Bayern in diesem Buche ein eigenes Kapitel gewidmet.

³¹ Das »einigermaßen« läßt darauf schließen, daß es ein dürftiger Schutz war, den die Soldaten, mit bloßen Händen und allenfalls mit dem Seitengewehr wühlend, gefunden hatten. Es fehlten immer wieder die Spaten, und wer womöglich einen Spaten hatte, konnte nicht damit umgehen. Es ist schier unfaßbar, wie wenig die höhere Führung auf die Nöte der Soldaten einging und sie dafür zu immer neuen Angriffen trieb. — Bemerkenswert ist, daß Falkenhayn in seinem Buche »Die Oberste Heeresleitung 1914−1916 in ihren wichtigsten Entscheidungen« zwar verschiedene Unzulänglichkeiten des Flandernunternehmens zugibt (überhastete Aufstellung und Ausbildung, Mängel bei der Feldartillerie) und das Versagen der Führung wenigstens kurz erwähnt (»Auch die Führung war nicht durchweg glücklich«), daß er aber mit keinem Wort auf die unzureichende Ausrüstung der Soldaten eingeht.

³² Ganz ähnlich klingt der Bericht der 244er Infanteristen, die ihre Verwundeten in einem der Kirche gegenüberliegenden Hause untergebracht hatten:
Der Truppenverbandsplatz selbst hatte in der Nacht vom 25. zum 26. Oktober aus Beselare wieder rückwärts nach Osthoek verlegt werden müssen. Das feindliche Schrapnell- und Granatfeuer, mit dem der Feind Beselare belegte, steigerte sich von Tag zu Tag. Einst ein freundliches Landstädtchen mit rotbedachten, sauberen Häuschen, bunten Heiligenbildern und einer altehrwürdigen Kirche mit hochragendem Turme; nach wenigen Wochen ein wüster, rauchender Trümmerhaufen, aus dem nur noch der Koloß des Turmes trotzig aufragte. Am 25. Oktober erhielt diese Kirche, obwohl sie weithin sichtbar die rote Kreuzflagge trug, einige schwere Volltreffer. Sie schlugen durch das Dach in die hohe Mittelhalle, in der dichtgedrängt sächsische und württembergische Verwundete lagen, und richteten dort eine furchtbare Verheerung an. Unter Führung der Ärzte griffen alle zu, um die hilflosen Schwerverwundeten zu retten. Aber die Bahren reichten nicht. Im schwersten Artilleriefeuer rasen Lastwagen auf den besonders gefährdeten Platz vor der Kirche und werden mit Schwerverwundeten beladen, während sich alles, was noch laufen kann, an die Wagen klammert, um der Hölle von Beselare zu entrinnen. Auch in dem weißen Haus gegenüber der Kirche, das mit Verwundeten dicht belegt ist, haben Granaten das Dach eingeschlagen. Stabsarzt Dr. Lohrisch, von oben bis unten mit Kalk und Staub bedeckt, schleppt selbst mit Verwundete aus dem brennenden Hause. Unterarzt Kolberg holt aus den Trümmern der Kirchen noch Offizierstellvertreter Kühn heraus, der am 24. Oktober durch fünf Kopfschüsse schwer verwundet worden war. Die Krankenträger büßen bei dem Rettungswerk zwei Tote und drei Verwundete ein. Auch der Regimentsstab, der bis dahin in Beselare Unterkunft gefunden hatte, verließ jetzt das an allen Ecken brennende Städtchen und bezog Quartier in Molenhoek.

³³ Hitler, der als Freiwilliger in das Bayerische Reserve-Infanterie-Regiment

Nr. 16 eingetreten war, dem er bis Kriegsende angehörte, schildert in dem Buch »Mein Kampf« seine ersten Fronterlebnisse wie folgt:

Und dann kommt eine feuchte, kalte Nacht in Flandern, durch die wir schweigend marschieren, und als der Tag sich dann aus den Nebeln zu lösen beginnt, da zischt plötzlich ein eiserner Gruß über unsere Köpfe uns entgegen und schlägt in scharfem Knall die kleinen Kugeln zwischen unsere Reihen, den nassen Boden aufpeitschend; ehe aber die kleine Wolke sich noch verzogen, dröhnt aus zweihundert Kehlen dem ersten Boten des Todes das erste Hurra entgegen. Dann aber begann es zu knattern und zu dröhnen, zu singen und zu heulen, und mit fiebrigen Augen zog es nun jeden nach vorne, immer schneller, bis plötzlich über Rübenfelder und Hecken hinweg der Kampf einsetzte, der Kampf Mann gegen Mann. Aus der Ferne aber drangen die Klänge eines Liedes an unser Ohr und kamen immer näher und näher, sprangen über von Kompanie zu Kompanie, und da, als der Tod gerade geschäftig hineingriff in unsere Reihen, da erreichte das Lied auch uns, und wir gaben es nun wieder weiter: Deutschland, Deutschland über alles, über alles in der Welt.

[34] Hermann Stegemann, geb. 30. Mai 1870 in Koblenz, gest. 8. Juni 1945 in Mertingen/Schweiz, schrieb neben Romanen und Gedichten eine vierbändige »Geschichte des Krieges« (Stuttgart 1917 – 1921) mit ausgesprochen deutschfreundlichem Charakter, die seinerzeit große Beachtung fand, auch bei den Feindmächten.

[35] Der französische Soldat gehörte nach seiner Entlassung aus dem aktiven Dienst elf Jahre der Reserve an, danach sieben Jahre den Territorialen, die demnach der deutschen Landwehr entsprechen.

[36] Das Andenken an Henryk Geeraerd wird in Nieuwpoort heute noch bewahrt, wenngleich es, wie ein Besuch in der Stadt ergab, bei der jungen Generation nicht mehr sehr wach ist. Ganz in Schleusennähe gibt es eine Gastwirtschaft »Zum Schleusenwärter« (»Café Exlusier«), die auf einer Fensterbank im 1. Stock Geeraerds Büste ausgestellt hat. Unweit der Gastwirtschaft weist eine Gedenktafel auf die Stelle hin, an der Geeraerd sich aufhielt, wenn er die Schleuse bediente. Und im Stadtmuseum von Nieuwpoort werden neben einer Portraitfotografie des Schleusenwärters einige Erinnerungsstücke aufbewahrt, darunter die große Kurbel, mit der die Schleusentore bewegt wurden.

[37] Die Last, die der französische Infanterist mit sich zu schleppen hatte, war — wie bei dem deutschen — in der Tat beträchtlich. Allein der vollgepackte Tornister wog 30 kg, dazu kamen noch Gewehr, Seitengewehr, Patronentaschen mit Patronen, Brotbeutel, Feldflasche und Schanzzeug. Erst im Laufe des Krieges erlöste man hüben wie drüben den Infanteristen von der Qual des Tornisters, indem man ihm eine sehr viel kleinere Last anhängte — bei den Deutschen »Sturmgepäck« genannt.

[38] Kielmansegg schreibt: Die 4. und die 6. Armee verloren allein in Flandern 100000 Mann.
Ein unter Leitung von Fritz Klein stehendes Autoren-Kollektiv der DDR

sagt in dem Buche »Deutschland im Ersten Weltkrieg« (Berlin 1970) unter Berufung auf das Reichsarchiv Band 5, Seite 401: Die Gesamtverluste der 4. und 6. Armee betrugen seit Mitte Oktober rund 80 000 Mann. In der Regimentsgeschichte der 214er Infanteristen heißt es: Die Gesamtverluste der 4. Armee von Mitte Oktober bis Anfang November (also in ganzen 14 Tagen) betrugen 39 000 Tote und Verwundete sowie die fabelhaft hohe Zahl von 13 000 Vermißten; bei der anschließenden 6. Armee 27 000 Tote und Verwundete und rund 1 000 Vermißte, insgesamt also bei beiden Armeen 80 000 Mann.

[39] Unser Bericht folgt dem Buche von Werner Haupt, Geschichte der 134. Infanterie-Division (Tuttlingen 1971).

Quellen- und Literaturverzeichnis

a) Allgemeine Literatur

Bellstedt, Max: Das Tagebuch eines Begeisterten. Leipzig 1932.

Berkner, Kurt: Kriegsfreiwillige 1914. Berlin, Leipzig, Wien 1936.

Beumelburg, Werner: Flandern 1917, Schlachten des Weltkriegs, Bd. 27. Oldenburg, Berlin 1928.

Beumelburg, Werner: Sperrfeuer um Deutschland. Oldenburg 1929.

Beumelburg, Werner: Ypern 1914, Schlachten des Weltkriegs, Bd. 10. Oldenburg, Berlin 1925.

Binding, Rudolf G.: Gesammeltes Werk, Bd. II. Hamburg, ohne Jahr.

Blumentritt, Günther: Strategie und Taktik. Konstanz 1960.

Böhme, Klaus: Aufrufe und Reden deutscher Professoren im Ersten Weltkrieg. Stuttgart 1975.

Brockhaus Enzyklopädie 17. Aufl. des Großen Brockhaus, Band 6. Wiesbaden 1966 – 1981.

Davis, H. W. C.: The Battle of Ypres-Armentières. Oxford 1915.

Delbrück, Hans: Ludendorff, Tirpitz, Falkenhayn. Berlin 1920.

Delmelle, Joseph: Belgique des champs de Bataille. Brüssel 1976.

Domke, Helmut: Flandern. München 1972.

Dreysse, Wilhelm: Langemarck 1914. Minden, Berlin, Leipzig, ohne Jahr.

von Falkenhayn, Erich: Die Oberste Heeresleitung 1914 – 1916 in ihren wichtigsten Entscheidungen. Berlin 1920.

Farrar-Hockley, Antony: Death of an Army. London 1967.

Foch, Fernand: Meine Kriegserinnerungen. Leipzig 1931.

Fuller, J. F. C.: Die entartete Kunst Krieg zu führen 1789 – 1961. Köln 1964.

Fuller, J. F. C.: Erinnerungen eines freimütigen Soldaten. Stuttgart, Berlin 1937.

Funcken, Liliane u. Fred: L'Uniforme et les Armes des Soldats de la Guerre 1914 – 1918. Tournai 1970.

Geiss, Imanuel: Das Deutsche Reich und der Erste Weltkrieg. München, Wien 1978.

Geiss, Imanuel: Das Deutsche Reich und die Vorgeschichte des Ersten Weltkrieges. München, Wien 1978.

Hahlweg, Werner: Klassiker der Kriegskunst. Darmstadt 1960.

Hahn, W. und Kühl, J. (Hrsg.): Der Fall Löwen 1914 und was dort wirklich geschah. Plön 1963.

Häußner, Josef: Der Weltkrieg und die höheren Schulen Badens im Schuljahr 1914/15. Karlsruhe 1915.

Hedin, Sven: Ein Volk in Waffen. Leipzig 1915.

Heer und Wehr im Buche der Gegenwart: Verzeichnis der Neuerscheinungen der Deutschen Heeresbücherei von Oktober 1919 bis September 1933. Berlin 1934.

Hermann, Carl Hans: Deutsche Militärgeschichte. Frankfurt a. M. 1966.

Herzfeld, Hans: Der Erste Weltkrieg. München 1968.

Hitler, Adolf: Mein Kampf. München, 14. Aufl. 1932.

Illustrierte Geschichte des Weltkriegs 1914–1916 in »Allgemeine Kriegszeitung«. Stuttgart 1917.

Johann, Ernst: Innenansicht eines Krieges. Frankfurt a. M. 1968.

Kaufmann, Günter: Langemarck, Das Opfer der Jugend an allen Fronten. Stuttgart, ohne Jahr.

Keegan, John: Das Antlitz des Krieges. Düsseldorf 1978.

Keller, Ernst: Nationalismus und Literatur. Langemarck — Weimar — Stalingrad. Bern, München 1970.

Kielmansegg, Peter Graf: Deutschland und der 1. Weltkrieg. Frankfurt a. M. 1968.

Kircheisen, F. M.: Die Schlachten bei Ypern und Dixmude. Aarau 1916.

Klein, Fritz (Leiter eines Autoren-Kollektivs): Deutschland im 1. Weltkrieg. Berlin 1970.

Koch, Hansjoachim: Geschichte der Hitlerjugend, Percha 1979.

Koerner, Peter: Der erste Weltkrieg 1914–1918. München 1969.

Kohn, Hans: Wege und Irrwege. Vom Geist des deutschen Bürgertums. Düsseldorf 1962

Kollwitz, Käthe: Ich will wirken in dieser Zeit. Frankfurt a. M. 1952.

Krieg — Der große Krieg. Eine Chronik von Tag zu Tag. Urkunden, Depeschen, Berichte der »Frankfurter Zeitung«. Frankfurt a. M. 1914.

Lange, Karl: Marneschlacht und deutsche Öffentlichkeit 1914–1939. Düsseldorf 1947.

Mann, Golo: Geschichte des XX. Jahrhunderts. Frankfurt 1958.

Mayence, Fernand: Die Legende der Franctireurs von Löwen. Löwen 1928.

Meurer, Christian: Loewen und der belgische Volkskrieg in der Auffassung von Fernand Mayence. Tübingen 1918.

Miksche, Ferdinand Otto: Vom Kriegsbild. Stuttgart 1976.

Military Operations: France and Belgium 1914, Antwerp, La Bassée, Armentières, Messines and Ypres October–November 1914. London 1952.

Paul, Wolfgang: Das Feldlager. Esslingen 1970.

Propyläen-Weltgeschichte, 9. Band. Berlin, Frankfurt a. M., Wien.

Ritter, Gerhard: Reserve-Infanterie-Regiment 210 in den Kriegsjahren 1914–15. Stettin 1916.

Rühle, Günther: Zeit und Theater, Diktatur u. Exil 1933 – 1945, Band 3. Berlin 1974.

Ruprecht: Heinrich Ruprecht zum Gedächtnis. Göttingen 1915.

Schöller, Peter: Der Fall Löwen und das Weißbuch. Köln, Graz 1958.
Schönfelder, Hans: Das flandrische Jahr. Berlin 1938.
Schreiner, Wilhelm: Der Tod von Ypern. Herborn 1917.
Schröter, Klaus: Literatur und Zeitgeschichte. Mainz 1970
Schüddekopf, Otto Ernst: Der Erste Weltkrieg. Gütersloh 1977.
Schulte, Bernd-Felix: Die deutsche Armee 1900 – 1914 zwischen Beharren und Verändern. Düsseldorf 1977.
Schwietzke, Bruno: . . . starben in Flandern. Gütersloh 1938.
Schwink, Otto: Die Schlacht an der Yser und bei Ypern im Herbst 1914. Oldenburg 1918.
Statistisches Jahrbuch für das Deutsche Reich 1915.

Taddey, Gerhard: Lexikon der deutschen Geschichte. Stuttgart 1977.
Thimmermann, Hermann: Der Sturm auf Langemarck. München 1936.
Tuchmann, Barbara: August 1914. Bern 1965.

Uweson, Ulf: Wir fochten in Flandern. München, ohne Jahr.

Vondung, Klaus (Hrsg.): Kriegserlebnis. Der Erste Weltkrieg in der literarischen Gestaltung und symbolischen Deutung der Nation. Göttingen 1980.

Wallach, Jehuda L.: Das Dogma der Vernichtungsschlacht. Frankfurt 1970.
Wehner, Josef Magnus: Langemarck — Ein Vermächtnis. München, ohne Jahr.
Wie war's? Ein Nachschlagebuch über die Streitfragen des Weltkriegs. Berlin 1919.
Witkop, Philip (Hrsg).: Kriegsbriefe gefallener Studenten. München 1928.

Zola, Emile: Der Krieg von 1870/71 (Der Zusammenbruch). Illustrierte Ausgabe. Stuttgart, Leipzig, ohne Jahr.

b) Regimentsgeschichten

43. Reserve-Division

Hayner, Frantzius, Zarn: Geschichte des Reserve-Infanterie-Regiments 201. Berlin 1940.
Bergeder, Fritz: Das Reserve-Infanterie-Regiment 202. Berlin 1939.
Fuehrer, Wilhelm: Geschichte des Reserve-Infanterie-Regiments 203. Berlin 1960.
Schwedt: Das Reserve-Infanterie-Regiment 204. Zeulenroda 1929.
v. Eucken-Addenhausen, Micke u. a.: Das Reserve-Jäger-Bataillon Nr. 15. Neudamm 1924.

211

44. Reserve-Division

Appel, Friedrich: Das Reserve-Infanterie-Regiment Nr. 205 im Weltkrieg. Berlin 1937.

Maywald, Werner: Geschichte des Reserve-Infanterie-Regiments 206. Berlin 1931.

Haleck, Fritz: Das Reserve-Infanterie-Regiment Nr. 208. Oldenburg und Berlin 1922.

Atzerod, Hans: Das Reserve-Jäger-Bataillon Nr. 16. Oldenburg und Berlin 1923.

Boesser, Karl: Geschichte des Reserve-Feldartillerie-Regiments Nr. 44. Crossen (Oder) 1932.

45. Reserve-Division

Schulz-Kißler-Schulze: Geschichte des Reserve-Infanterie-Regiments Nr. 209 im Weltkriege 1914–1918. Oldenburg und Berlin 1930.

Gieraths, Günther: Geschichte des Reserve-Infanterie-Regiments Nr. 210. Oldenburg und Berlin 1928.

Fuhrmann, Pfoertner, Fries: Königlich Preußisches Reserve-Infanterie-Regiment Nr. 211 im Weltkriege 1914–1918. Berlin 1933.

Makoben, Ernst: Geschichte des Reserve-Infanterie-Regiments Nr. 212 im Weltkriege 1914–1918. Oldenburg 1933.

Eckert, Otto (Hrsg.): Erinnerungen aus den Kriegserlebnissen des Reserve-Feldartillerie-Regiments Nr. 45. Oldenburg 1932.

46. Reserve-Division

Tiessen, Max: Königlich Preußisches Reserve-Infanterie-Regiment 213. Glückstadt und Hamburg 1937.

Bastianer, Jacobi, Krüger, Mangel, Tegtmeier: Geschichte des Großherzoglich-Mecklenburgischen Reserve-Infanterie-Regiments Nr. 214. Dessau 1933.

Willers, Hans: Königlich-Preußisches Reserve-Infanterie-Regiment Nr. 215. I. Teil. Oldenburg und Berlin 1926.

Währer, Georg, Asmus: Das Reserve-Feldartillerie-Regiment Nr. 46. Oldenburg und Berlin 1927.

51. Reserve-Division

Brendler, Wilhelm: Kriegserlebnisse 1914–1918 im Reserve-Infanterie-Regiment 233 (Regimentsgeschichte). Zeulenroda 1929.

Knieling-Bölsche: Reserve-Infanterie-Regiment 234. Zeulenroda 1931.

Henning, Otto (Hrsg.): Das Reserve-Infanterie-Regiment Nr. 235 im Weltkriege. Oldenburg 1931.

Mayer, Arthur und Görtz, Joseph: Das Reserve-Infanterie-Regiment 236 im Weltkriege. Zeulenroda 1939.

Holste, Walter: Das Reserve-Jäger-Bataillon Nr. 23. Hildesheim 1934.

Riemann, H., Vogt, F.: Das Reserve-Feldartillerie-Regiment Nr. 51 im Weltkrieg. Kassel 1933.

52. Reserve-Division

Schatz, Josef: Geschichte des badischen Reserve-Infanterie-Regiments 239. Stuttgart 1927.

Lennartz und Nagel: Geschichte des badischen (später rheinischen) Reserve-Infanterie-Regiments 240. Zeulenroda 1938.

53. Reserve-Division

Dr. Grill: Das Sächsische Reserve-Infanterie-Regiment 241 im Weltkriege 1914–1918. Kriegserinnerungen eines Truppenarztes. Dresden 1922.

Winzer, v. Koppenfels, Sieglitz: Das Königlich Sächsiche Reserve-Infanterie-Regiment Nr. 243. Dresden 1927.

Ulbricht: Die Geschichte des Königlichen Sächsischen Reserve-Infanterie-Regiments 244 im Weltkriege 1914–1918. Chemnitz 1928.

Albrecht, Otto: Das Königlich Sächsische Reserve-Jäger-Bataillon Nr. 25 im Weltkriege. Dresden 1927.

54. Reserve-Division

Krämer, Max: Geschichte des Reserve-Infanterie-Regiments 245 im Weltkriege 1914–1918. Leipzig, ohne Jahr.

Orgeldinger, Louis: Das Württembergische Reserve-Infanterie-Regiment Nr. 246. Stuttgart 1931.

Herkenrath, August: Das Württembergische Reserve-Infanterie-Regiment 247 im Weltkrieg 1914–1918. Stuttgart 1923.

Reinhardt, Ernst: Das Württembergische Reserve-Infanterie-Regiment 248 im Weltkrieg 1914–1918. Stuttgart 1924.

Lehmann, Heinz: Das Königlich Sächsische Reserve-Jäger-Bataillon Nr. 26. Dresden 1923.

Klotz, Eugen: Das Württembergische Feld-Artillerie-Regiment Nr. 54. Stuttgart 1929.

6. Bayerische Reserve-Division

Solleder, Fridolin: Vier Jahre Westfront. Geschichte des Regiments List (R.I.R.16). München 1932.

Großmann, August: Das Königlich Bayerische Reserve-Infanterie-Regiment Nr. 17. München 1923.

Bayerisches Reserve-Infanterie-Regiment Nr. 20. (Vervielfältigung in Maschinenschrift der Vereinigung ehemaliger Angehöriger des Bayerischen Reserve-Infanterie-Regiments 20. Nürnberg 1964.)

Braun, Julius Ritter von: Das Königlich Bayerische Reserve-Infanterie-Regiment Nr. 21. München 1923.

Beckh, Emil: Das Reserve-Feldartillerie-Regiment Nr. 6 im Weltkrieg 1914–1918. München 1940.

Haupt, Werner: Geschichte der 134. Infanterie-Division. Tuttlingen 1971.

Personenregister

Der Autor

Karl Unruh, Jahrgang 1913, geboren in Frankfurt/Main, jetzt dort lebend.

1934 Abitur in Dresden, anschließend Ausbildung als Verlagsbuchhändler. 1939 Anstellung in einem Berliner Verlag, im gleichen Jahr Eheschließung. Ab Kriegsbeginn Einsatz als Infanterist, Frankreichfeldzug, Rußlandfeldzug. Offizier. Nach schwerer Verwundung in Rußland ein Jahr in der Heimat, dann Kompaniechef in Italien. Amerikanische Gefangenschaft, 1946 Rückkehr aus einem Camp in den USA nach Deutschland. Nach »Überlebensarbeiten« rasch wieder im Buchhandel, u. a. Dozent an der Deutschen Buchhändlerschule.

Heute im Ruhestand in Frankfurt.

Über sein erstes Buch »Alles Fleisch ist wie Gras«, erschienen im Eckart-Verlag, Witten und Berlin, schreiben die »Hannoversche Allgemeine« ». . . Dieses Erstlingswerk eines jungen Autors bezeugt soviel Beobachtungsgabe, Warmherzigkeit und sprachliche Disziplin, daß man dem Verlag bescheinigen kann, einen neuen deutschen Autor entdeckt zu haben . . .«, und die »Frankfurter Neue Presse« ». . . Es war nicht die Absicht des Autors, das Elend und die Greuel des Krieges aufzuzeichnen, sondern die Bewährung und Bewahrung des Menschen in Situationen schier unerträglichen Leids zu schildern . . .«

Wie sieht Karl Unruh selbst den Krieg: »Was immer man gegen den Krieg sagen kann, er war ein Erlebnis, groß, stark und erschütternd. Ich sage nicht, daß er ein schönes oder gutes Erlebnis gewesen wäre. Der Krieg, wie ich ihn erlebt habe, war in erster Linie schmutzig, blutig und gemein. Ich habe ihn wie Millionen meiner Gefährten in aller Welt als Erlebnis weder gesucht noch gewollt. Aber er war da, und wir mußten sehen, wie wir mit ihm fertig wurden; manche von uns sind nicht damit fertig geworden — bis zum heutigen Tage nicht.«

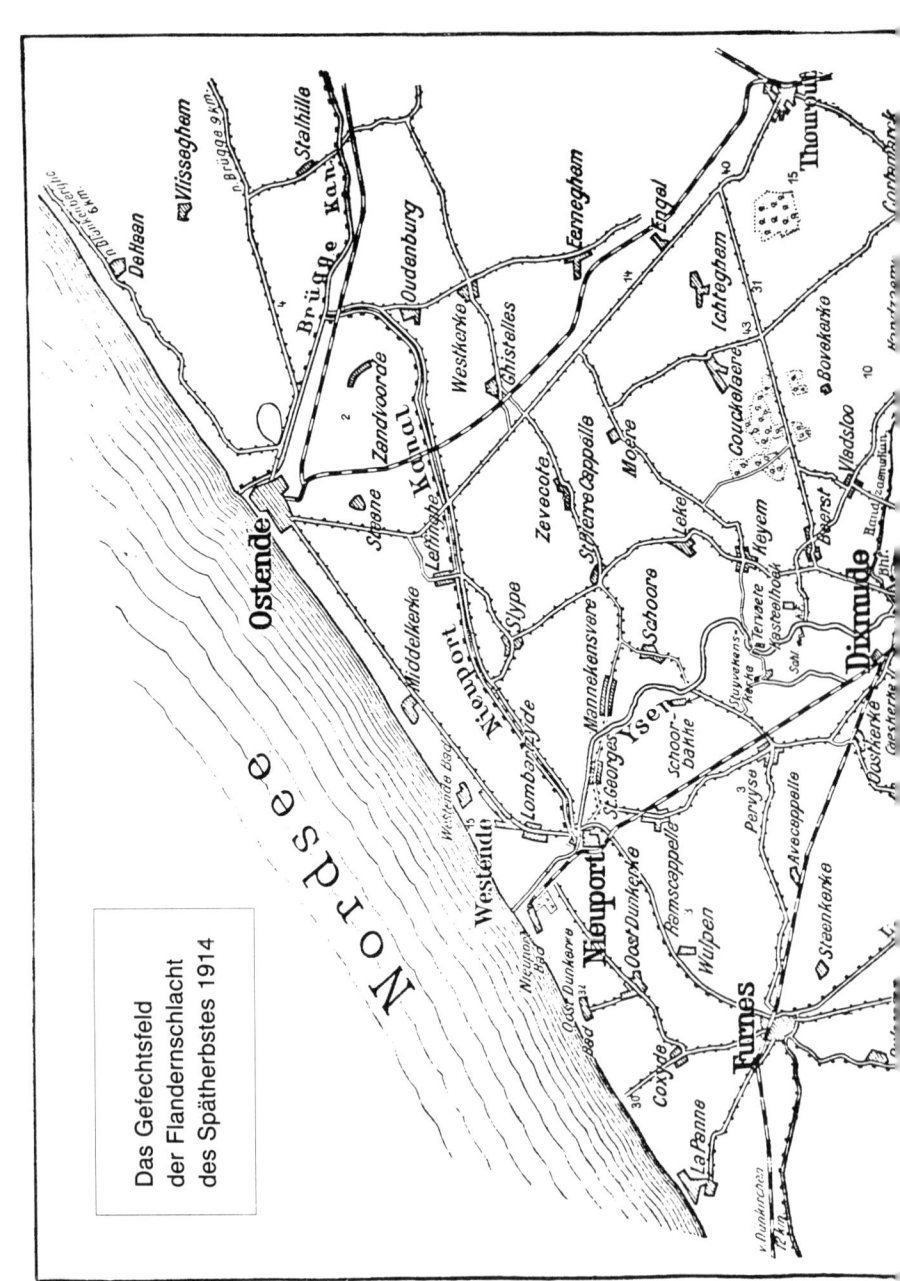

Das Gefechtsfeld
der Flandernschlacht
des Spätherbstes 1914